教育部职业教育与成人教育司推荐教材
中等职业学校汽车运用与维修专业教学用书

Qiche Diangong yu Dianzi Jichu

汽车电工与电子基础

（第三版）

全华科友　组织编写
张成利　金　星　主　编
孙永江　庄成莉　李建东　副主编

人民交通出版社股份有限公司
China Communications Press Co.,Ltd.

内 容 提 要

本书是教育部职业教育与成人教育司推荐教材,主要内容包括:直流电路、交流电路、电磁原理、电动机与发电机、工业企业供电及用电知识、常用半导体器件、汽车常用电子电路、数字电路、汽车电子控制系统、汽车电工常用仪器,各单元末附有适量的习题。

本书可供中等职业学校汽车运用与维修专业师生教学使用,也可供汽车使用、维修、检测技术人员参考。

图书在版编目(CIP)数据

汽车电工与电子基础 / 全华科友组织编写;张成利,金星主编. —3版. — 北京:人民交通出版社股份有限公司,2018.4

ISBN 978-7-114-14271-0

Ⅰ.①汽… Ⅱ.①全… ②张… ③金… Ⅲ.①汽车—电工技术—职业教育—教材②汽车—电子技术—职业教育—教材 Ⅳ.①U463.6

中国版本图书馆CIP数据核字(2017)第255901号

教育部职业教育与成人教育司推荐教材
中等职业学校汽车运用与维修专业教学用书

书　　　名:	汽车电工与电子基础(第三版)
著 作 者:	张成利　金　星
责任编辑:	李　良
责任校对:	赵媛媛
责任印制:	刘高彤
出版发行:	人民交通出版社股份有限公司
地　　址:	(100011)北京市朝阳区安定门外外馆斜街3号
网　　址:	http://www.ccpress.com.cn
销售电话:	(010) 59757973
总 经 销:	人民交通出版社股份有限公司发行部
经　　销:	各地新华书店
印　　刷:	北京市密东印刷有限公司
开　　本:	787×1092　1/16
印　　张:	15.25
字　　数:	312千
版　　次:	2005年8月　第1版
	2011年2月　第2版
	2018年4月　第3版
印　　次:	2020年9月　第3版　第2次印刷　总计第27次印刷
书　　号:	ISBN 978-7-114-14271-0
定　　价:	34.00元

(有印刷、装订质量问题的图书由本公司负责调换)

第三版前言

为深入贯彻《国务院关于加快发展现代职业教育的决定》以及教育部等六部委《关于实施职业院校制造业和现代服务业技能型紧缺人才培养培训工程的通知》精神，积极推进课程改革和教材建设，为中等职业教育教学提供更加丰富和多样化的实用教材，适应经济发展、产业升级和技术进步，满足交通运输业科学发展的需要，人民交通出版社股份有限公司和相关机构组织全国交通职业院校的专业教师，按照"专业设置与产业企业岗位需求对接、课程内容与职业标准对接、教学过程与生产过程对接、明显提升职业院校毕业生就业质量"的要求，依据教育部颁布的《中等职业院校汽车运用与维修专业领域技能型紧缺人才培养培训指导方案》，对教育部职业教育与成人教育司推荐教材进行了再版修订，供全国中等职业院校汽车运用与维修等专业教学使用。

此次再版修订教材符合国家对技能型紧缺人才培养培训工作的需要，体现了中等职业教育的特色，教材特点如下：

1. "以服务发展为宗旨，以促进就业为导向"，加强文化基础教育，强化技术技能培养，符合高素质中、初级汽车专业实用人才培养的需求；

2. 总结近几年教学改革经验，教材修订符合中等职业院校学生的认知规律，注重知识的实际应用和对学生职业技能的训练，符合中职院校教学与培训的需要；

3. 依据最新国家及行业标准，剔除上一版教材中陈旧过时的内容，教材修订量在20%以上，反映了新知识、新技术、新工艺。

《汽车电工与电子基础（第三版）》是中等职业学校汽车类专业的核心课程用书。本书是在多年从事汽车相关课程教学及大量社会调研的基础上，充分考虑了目前国内中等职业教育教学的特点，紧密结合汽车新知识、新技术，以理实一体化的教学方法来组织编写的，有较强的针对性和实用性。

全书由辽宁省交通高等专科学校张成利、日照职业技术学院金星担任主编，孙永江、庄成莉、李建东担任副主编，参加本书编写工作的还有张立新、李培军、黄艳玲、张义、孙涛、黄宜坤、李泰然、金雷、张丽丽、卢忠德等。

在本书的编写过程中，编者参考了国内外大量资料与参考文献，再次，向相关作者致以最诚挚的谢意。由于编者水平有限，书中难免有不妥和错误之处，恳请广大读者批评指正。

编者
2017年10月

CONTENTS 目录

单元 1　直流电路
1.1　电路的基本概念 ········· 2
1.2　电路的基本物理量 ········· 3
1.3　串联电路与并联电路 ········· 8
1.4　欧姆定律 ········· 13
1.5　基尔霍夫定律 ········· 15
1.6　电容器及其充放电 ········· 17
1.7　直流电桥 ········· 21
理论测试 ········· 22

单元 2　交流电路
2.1　交流电与交流电路 ········· 25
2.2　正弦交流电的基本概念 ········· 25
2.3　电阻、电感、电容器的交流电路 ········· 28
理论测试 ········· 31

单元 3　电磁原理
3.1　磁的基本概念 ········· 34
3.2　电与磁的关系 ········· 36
3.3　电感 ········· 40
3.4　电磁感应 ········· 45
3.5　汽车上常见的电磁元件 ········· 49
理论测试 ········· 58

单元 4　电动机和发电机
4.1　直流电动机 ········· 61
4.2　三相交流发电机 ········· 70

4.3　步进电动机 …………………………………………………………… 73
　　理论测试 …………………………………………………………………… 76

单元 5　工业企业供电及用电知识

　　5.1　供电电压 ……………………………………………………………… 79
　　5.2　供电质量 ……………………………………………………………… 79
　　5.3　触电事故 ……………………………………………………………… 80
　　5.4　电器防雷、防火和防爆 ……………………………………………… 85
　　5.5　节约用电 ……………………………………………………………… 86
　　理论测试 …………………………………………………………………… 86

单元 6　常用半导体器件

　　6.1　概述 …………………………………………………………………… 89
　　6.2　PN结 …………………………………………………………………… 90
　　6.3　二极管 ………………………………………………………………… 95
　　6.4　三极管 ………………………………………………………………… 105
　　6.5　晶闸管 ………………………………………………………………… 108
　　6.6　集成电路 ……………………………………………………………… 111
　　理论测试 …………………………………………………………………… 114

单元 7　汽车常用电子电路

　　7.1　电源电路 ……………………………………………………………… 117
　　7.2　放大电路 ……………………………………………………………… 132
　　7.3　三极管开关电路 ……………………………………………………… 144
　　7.4　汽车常用电子电路举例 ……………………………………………… 147
　　理论测试 …………………………………………………………………… 156

单元 8　数字电路

　　8.1　模拟与数字 …………………………………………………………… 159
　　8.2　二进制数与布尔代数 ………………………………………………… 160
　　8.3　基本逻辑门 …………………………………………………………… 164

8.4　集成门电路简介 ··· 169
理论测试 ··· 171

单元 9　汽车电子控制系统

9.1　电子控制模块 ··· 174
9.2　传感器 ··· 181
9.3　执行器 ··· 213
理论测试 ··· 214

单元 10　汽车电工常用仪器

10.1　指针式万用表 ·· 218
10.2　数字式万用表 ·· 222
10.3　汽车万用表 ·· 224
10.4　双踪通用示波器 ·· 227
理论测试 ··· 232

参考文献 ··· 234

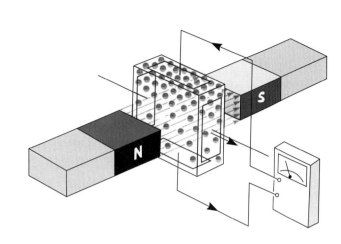

单元1

直流电路

- 知识目标:
    1. 正确描述电路的基本概念;
    2. 掌握电路中基本物理量的含义;
    3. 简单叙述串并联电路的性质;
    4. 理解电路的基本定律。

- 能力目标:
    1. 会用万用表测量电路的电压、电流、电阻;
    2. 能解决直流电路中的连接问题;
    3. 会分析较复杂的电路。

- 建议学时:
    14 学时

1.1 电路的基本概念

1.1.1 电路的组成

电路是指电流所经过的路径,一般是由电源、用电器、导线和开关四部分组成的闭合回路。日常生活中的手电筒是一个最简单的直流电路。汽车上的照明系统是直流电路的典型应用。

电源是把其他形式的能量转换成为电能,为电路提供电能的设备或器件。其作用是提供电子移动的势能或电压。汽车上常见的电源有蓄电池和发电机,前者可以在发动机未运行时向有关用电设备供电,后者可以在发动机达到一定转速后取代蓄电池向有关用电设备供电,同时也对蓄电池进行充电。

用电器是消耗电能的设备或器件,也常被称为电源的负载。其作用是把电能转化为其他形式的能(如热、光、声、机械能)。汽车上常见的负载有起动机、电喇叭、照明灯、刮水器和各种电子控制装置等。

导线是指连接电源与用电器的金属线,它可以把电源产生的电能输送到用电器,常用铜、铝等材料制成。汽车用导线均为铜线。

开关是指控制电路接通或断开的器件。

1.1.2 电路图

电路图是用国家统一规定的电器元件或设备的符号来表示电路连接情况的图。如图1-1b)就是表示图1-1a)的实际电路的电路图。电路图能帮助人们了解整个电路工作原理和电器连接顺序。

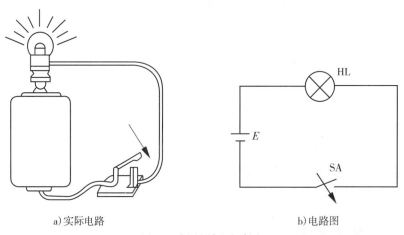

a) 实际电路　　　　　　　　　　b) 电路图

图1-1　实际电路和电路图

识图就是看懂电路图,它包括三个方面:认识电路图中的符号,看懂电路的结构,了解各部分的作用和工作原理。

1.1.3 汽车电路的特点

1）低压直流供电

为了简化结构和保证安全，汽车电器设备采用低压直流（DC）供电。柴油车大都采用24V低压直流供电，汽油车大都采用12V低压直流供电。低压供电取自蓄电池或发电机，两者的电压保持一致。12V低压直流电压由一块蓄电池提供，24V的直流电压由两块12V蓄电池串联或一块24V蓄电池提供。

2）单线制

单线制是利用汽车发动机、底盘、车身等金属机件作为各种电气设备的公用连线（俗称搭铁或接地），而用电设备到电源只需另设一根导线。任何一个电路中的电流都是从电源的正极出发，经导线流入用电设备后，由搭铁的负极通过金属车架流回电源负极而形成回路。

采用单线制不仅可以节省材料（铜导线），使电路简化，而且也便于安装、检修，同时也使故障率大大降低。

3）负极搭铁

采用单线制时，电源的一端必须牢固地接到车架上，即搭铁，用符号"⊥"表示。按电源搭铁的极性，可分为正极搭铁和负极搭铁。包括我国在内的大多数国家的汽车都采用负极搭铁。

采用负极搭铁方式的优点是：汽车车架和车身均不易锈蚀，汽车电气对无线电设备（例如汽车音响、通信系统等）的干扰也较电源正极搭铁方式小得多。

4）用电设备并联

用电设备并联是指汽车上的各种用电设备都采用并联方式与电源连接，共同应用同一12V电源，每个用电设备都由各自串联在其支路中的专用开关控制，互不产生干扰。

5）导线有颜色和编号特征

汽车电路中用不同颜色或编号的导线，主要是因为维修或检测时识别及定位方便。不同国家汽车导线使用的颜色或编号不同。

1.2 电路的基本物理量

1.2.1 电流

电荷的定向运动形成电流。在金属导体中，电流是自由电子在电场力作用下作定向运动形成的。将良导体制成电线，一端连接于蓄电池的负极（产生负电荷电子的一端），另一端连接于蓄电池的正极（缺少负电荷电子的一端）。在同性相斥，异性相吸的作用下，导线内的自由电子便受到负极的排斥，正极的吸引，而由负极往正极方向移动。此自由电子的流动便形成了"电子流"，如图1-2所示。

在富兰克林早期的实验中，因注明电流是由"+"，流到"–"，所以沿用下来都认为电流的方向是由正到负。随着电子学理论的发展，人们已经发现，电流是电子由负极移向正极所产生的。为顾及已经形成的习惯和避免混淆，就以 + → – 表示电流的方向，而将 – → + 定为电子流的方向（图1-3）。其实，电流和电子流根本指的是同一件事。

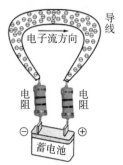 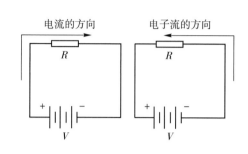

图1-2 电子的流动　　　　　图1-3 电子流的方向

电流的强弱用电流强度来表示,其数值等于单位时间内通过导体某一横截面的电荷量。设在 dt 时间内通过导体某一横截面的电荷量为 dq,则通过该截面的电流强度为:

$$i=\frac{\mathrm{d}q}{\mathrm{d}t}$$

在一般情况下,电流强度是随时间而变的。如果电流强度不随时间而变,即 dq/dt= 常数,则这种电流就称为恒定电流,简称直流。它所通过的路径就是直流电路。在直流电路中,电流符号以 I 表示。

电流的计量单位是安培(Ampere),简称 A,1 安培定义为每一秒有 1 库仑的电量流过。在实际电路中,电流常以毫安培(mA)来表示,1A 等于 1000mA。

1.2.2　电压

电压是推动电子流动的动力,是电流产生的原动力。电位差就是形成电压的原因,电子从低电位往高电位流。

电压越高,电位差也越大,电子就较容易发生流动,而产生电流。相同数目的电子分别在 110V 和 20kV 电压下,后者会比前者更容易"电"到人。有时,微量的电子在 1.5V 电压时无法导通,却可以在 12V 电压的条件下导通,便是这个道理。

电流要能流动的必备条件是:电位差与电子,缺一不可。正如尼亚加拉大瀑布若只有 50m 的水位差(相当于电位差)却没有一滴水(相当于电子),也就不能称其为大瀑布了。

电位差则指某一点电位与参考点(零电位)间的差值。在汽车电路中常用的"搭铁"一词,其意义即是指"接地",也就是以搭铁作为参考点,其电位为 0V。所以,12V 的蓄电池是指蓄电池的正、负极间电位差是 12V。在电学中电位差、电动势却不同:

（1）电位差:指导体任两点间的电位差值。

（2）电动势:指在电源内部,电源力将单位正电荷从电源负极移到电源正极所做的功,用字母 E 表示。

另外一个常见的名词是电压降,它是指电压受到线路中电阻的影响所产生的衰减。

电压的计量单位为伏特(Volt),简称 V。1 安培电流流过 1 欧姆电阻所需的压力为 1 伏特。电压的符号,在直流电源中以大写的 U 表示,在交流电源中则以小写的 u 表示。

1.2.3 电阻

电阻是指电子在流动时所受到的阻力。所有的物质都有电阻,只是大小不同而已。容易导电的物质,电阻较小,称为导体;不容易导电的物质,电阻较大,称为绝缘体。

在直流电路中,电流唯一的阻力为电阻;但是交流电路中,除了电阻之外,电感器、电容也都会对电流产生阻力。因此,在交流电路中便以阻抗来代表这些阻力。

电阻的单位为欧姆,用符号 Ω 表示。1欧姆定义为当具有1伏特电位差的导体两端,能够产生1安培电流时的阻力。任何电路中的电阻大小由下列5个因素所决定:

(1)材料的原子结构:导体材料的自由电子数目越少,电阻越大。

(2)导体的长度:导体越长,电阻也越大。

(3)导体的直径:导体截面积越小,其电阻越大。

(4)温度:一般来说,金属材质导体的温度升高时,电阻也随之增大。

(5)导体的物理状况:如果导体出现腐蚀、断裂等毁损状况时,电阻就会增加。这是由于导体的截面积变小的缘故。另外,触点松动也会使线路电阻增大。

电阻器可以说是电子电路中最基本且重要的电子元件。电阻器一般简称为电阻,其用途不外乎下列3种:①作为负载。②控制电流量。③作为感测元件,提供电控单元系统变化信号。电阻器的图形符号如图1-4所示。

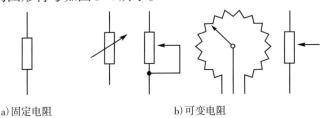

a)固定电阻　　　　b)可变电阻

图1-4　电阻器的图形符号

电阻器符号的种类繁多,若依工作性质可分成固定电阻、可变电阻及特殊用电阻等三大类。可变电阻器可用来调整电动机的转速,如图1-5所示。汽车上的可变电阻根据接线和作用的不同又分为变阻器与电位计两种,如图1-6所示。这两种可变电阻极易被混淆。

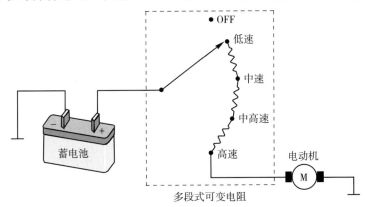

图1-5　利用可变电阻来调整电动机转速

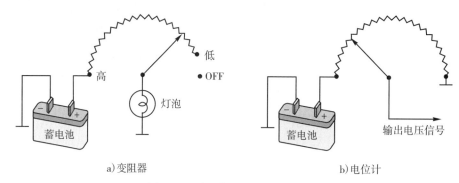

a) 变阻器　　　　　　　　　　　　b) 电位计

图1-6　两种汽车上常见的可变电阻器

变阻器是一种两线式的可变电阻器，用来调节负载元件（如灯泡）的电流大小。电阻器的一头为固定端，另一头则连接到滑动臂触点处。汽车仪表板上的调光器开关便是变阻器的应用实例。当旋转调光钮时，滑动臂转动，电阻值跟着变化，使灯泡亮度改变。

电位计则是一个三线式的可变电阻器，其作用如分压电路。当滑动触点改变位置时，输出的电压值亦随之呈连续比例性变化。安装电位计时，将电阻器一头接到电源端，另一头连接搭铁端，第三条线则接到滑动臂。当滑动臂在电阻器上移动时，便可感测出电压降的变化。由于电流所流经的电阻大小一直保持在固定值，因此电位计所测得的总电压降非常稳定。这也是电位计能够成为现今汽车电控单元所常用的输入传感器的原因。

汽车上常用的特殊电阻器为热敏电阻，它是一种电阻值随温度改变而变化的电子元件，分为正温度系数和负温度系数两种，多用在温度传感器上。

图1-7所示为各种电阻器。利用先进的制造技术，如真空蒸发法、溅射法，将导电物质或半导体物质于高真空中蒸发，喷涂在陶瓷棒表面形成很薄的金属薄膜，再覆以塑胶保护绝缘就可制成同轴圆筒形金属膜电阻器，如图1-8所示。

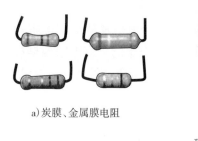

a) 炭膜、金属膜电阻

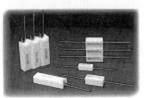

b) 水泥电阻

c) 芯片电阻

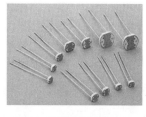

d) 光敏电阻

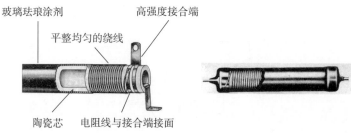

e) 绕线电阻

图1-7　各种电阻器

目前，随着电子产品轻量化需求的增加，除了传统的圆筒形电阻器之外，芯片电阻、网络状的集成电阻器也越来越多。厚膜式产品已渐渐取代传统导线型产品，如图1-9所示。

图1-8 炭膜、金属膜同轴圆筒型电阻构造

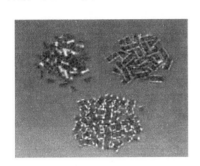

a) 外观

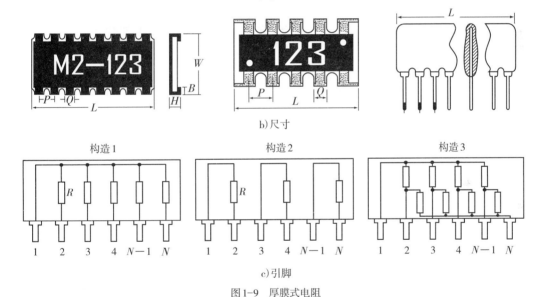

b) 尺寸

c) 引脚

图1-9 厚膜式电阻

芯片电阻是采用精纯氧化铝结晶陶瓷基板，印上高品质的金属厚膜导体，外层涂以玻璃釉保护体制成的。其优点为：小型化，适于高精密度的小型基板、高稳定性、低装配费，并且可用在自动表面贴片生产线上。

网络电阻是精选稳定性佳的厚膜电阻材料，将它先印刷在陶瓷基板上，然后烧制，再用高速激光切割，加上引线后涂装制成的。其特点为：高密集包装、适于印刷电路板、价廉、稳定性高等。

1.2.4 电功率

电功率是指电在单位时间内做功的能力。常用的计量单位为瓦特（Watt），简称W，1W定义为每一秒可产生1焦耳（Joule）功的电力。1W等于1000mW。电功率以符号P代表。

电路中的电功率值可以由电压乘上电流得出,即 $P=UI$。若代入欧姆定律,则:

$$P=I^2R=\frac{U^2}{R}$$

举例来说,某车使用55W/12V前照灯两盏,其消耗电流为:

$$I=\frac{P}{U}=\frac{55+55}{12}=9.2\,(A)$$

瓦特除了作为电功率的度量单位之外,也常作为机械功率的单位,这是因为电功率也可转换为机械功率。机械功率的英制马力(hp)和米制马力(PS)转换成电功率分别为:

1hp=745.700W

1PS=735.499W

1.3 串联电路与并联电路

将电源、负载以导线连接起来,就构成一个电路。此负载也就是一个消耗或转换电能的电子元件,例如:电阻、线圈等。电流从电源正极流出后,流经负载并回到电源的负极,而完成一个回路,如图1-10所示。

在汽车电子学中常常会遇见断路、短路。现以回路的观点进行解释:

(1)断路:在一完整电路中,任何一处出现中断,使电流无法流回电源负极,称为断路,也有称为开路的。发生断路现象会使电路无法工作。

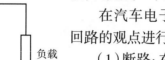

图1-10 简单的完整电路

(2)短路:电流原来应流过整个负载及导线而完成回路,却因导线或负载的绝缘损坏使电流未经负载回到电源负极,此现象称为短路,又称搭铁短路,如图1-11所示。短路是否会影响负载的工作,需视短路所发生的位置而定,若短路发生在负载之前,将会使熔断丝熔断,甚至发生更严重的后果。

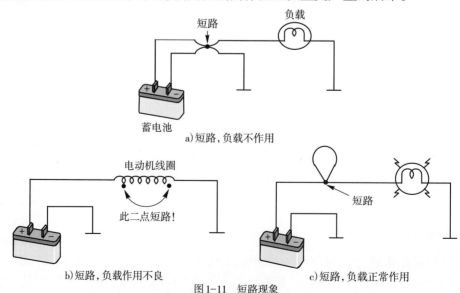

图1-11 短路现象

电路依照其连接方式的不同,可分为:串联电路、并联电路、混联电路(串并联电路)。

1.3.1 串联电路

在讲述串联电路之前,先来看看什么称作串联。串联与并联有何不同?我们利用图1-12中小朋友的牵手方式来做说明。A、B、C三位小朋友一字排开,手牵手,小朋友A的左手连接小朋友B的右手,小朋友B的左手则连接小朋友C的右手,假设电子从小朋友A右手端进入,则电子会根据前述的顺序经过每个小朋友,最后从小朋友C左手流出。每位小朋友的右手都是电子的进入端,而左手则都是流出端,如此将不同状态的端点连接在一起的接法即称作串联。以上述观点来看图1-13电路中的3个电感,便可以清楚地了解其串联的关系。同样地,在图1-14中,共有3个电阻:R_1、R_2及R_3,但其中却只有R_1与R_2为串联关系。

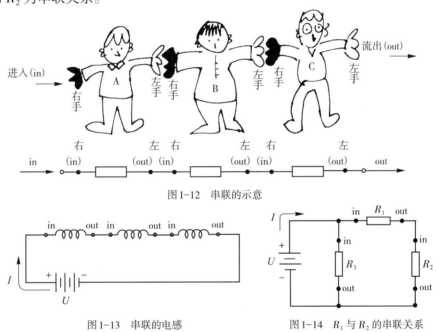

图1-12 串联的示意

图1-13 串联的电感

图1-14 R_1与R_2的串联关系

串联电路可以说是最简单的电路形式,电路中流过所有负载元件的电流的大小均相等,如图1-15所示。串联电路具有下列特性:

(1)串联电路中,不论电压源或电阻如何变化,流经各个负载的电流均相同。

(2)串联电路中,如有任何一个负载断路,则整个电路便不再有电流流过,所有负载的电流皆等于零。

(3)串联电路负载连接越多,电路的电阻也越大,电阻串联后的等效电阻等于各个电阻的总和,如图1-15c)所示。

串联电路的电流、电阻及电压关系分别如下:

如图1-16所示,电源电压为U,电路中分别串联R_1、R_2及R_3电阻,U_1、U_2及U_3分别为3个电阻的电压降,而I_1、I_2、I_3则分别为流经3个电阻上的电流值。

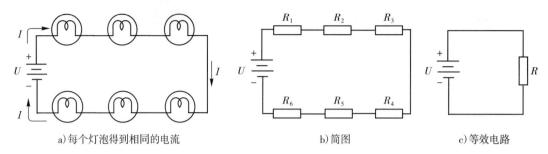

a) 每个灯泡得到相同的电流　　　　　　b) 简图　　　　　c) 等效电路

图 1-15　串联电路

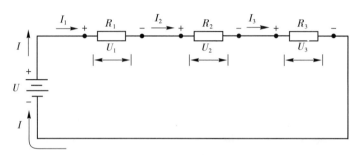

图 1-16　串联电路的计算

总电流　　　　　　　　　$I = I_1 = I_2 = I_3 = \cdots$　　　　　　　（1-1）

总电阻　　　　　　　　　$R = R_1 + R_2 + R_3 + \cdots$　　　　　　（1-2）

总电压　　　　　　　　　$U = U_1 + U_2 + U_3 + \cdots$

$\qquad\qquad\qquad\qquad\quad = I_1 R_1 + I_2 R_2 + I_3 R_3 + \cdots$

$\qquad\qquad\qquad\qquad\quad = IR$　　　　　　　　　　　　　　（1-3）

由式（1-3）看出，电源电压 U 被 R_1、R_2、R_3 所分担，由此可见，串联电路具有分压作用。

1.3.2　并联电路

在了解了串联的定义之后，我们再进一步了解并联。串联是将不同状态的端点（如左或右、in 或 out）彼此连接在一起，如图 1-12 所示的小朋友们。而将状态相同的端点连接在一起的接法，称为并联，如图 1-17 所示。并联的电路电流流入之后，便流向各个分路，然后再汇集流出。

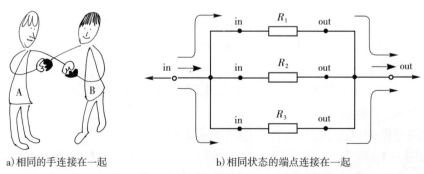

a) 相同的手连接在一起　　　　　　b) 相同状态的端点连接在一起

图 1-17　并联的示意

以上述观点来看图1-18的3个电感器,便可轻易分辨其并联的关系。再看图1-19的串并联电路,其中有4个电阻:R_1、R_2、R_3及R_4,其中R_1与R_4为串联,R_2与R_3为串联,然后两组电阻再发生并联关系,如图1-19b)所示的等效电路。

在并联电路中,所有分路上的负载元件都具有相同的端点电压,但电流大小则视负载电阻大小而不相同,如图1-20所示。

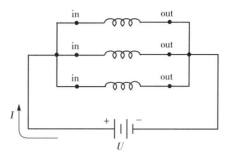

图1-18 并联的电感器

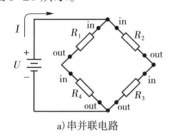

a) 串并联电路

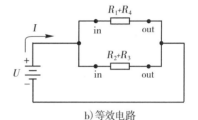

b) 等效电路

图1-19 串并联电路电阻间的关系

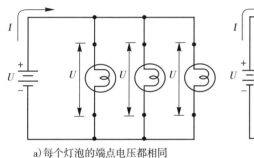

a) 每个灯泡的端点电压都相同

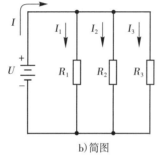

b) 简图

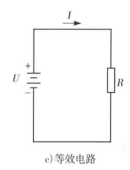

c) 等效电路

图1-20 并联电路

并联电路具有下列特性:

(1)并联电路中,不论负载大小,各个负载两端的电压都相等。

(2)并联电路中,任一分路负载断路,都会影响其他负载上原本流过的电流。

(3)并联电路负载连接越多,对总电流而言,其流通的面积将增大,因此,当并联越多负载时,其总电阻将越小,电路电流越大。并联后的总电阻为各负载电阻倒数和的倒数,即:

$$R = \frac{1}{\frac{1}{R_1} + \frac{1}{R_2} + \frac{1}{R_3} + \cdots}$$

(4)并联电路中,各分路的电流视其电阻大小而定:电阻越小,流过电流越大;反之,电阻越大,则流过电流越小。电阻大到无限大(∞)即视同断路;电阻小到零时则视同短路。

并联电路的电流、电阻及电压关系分别如下:

如图1-21所示,设电源电压为U,电路中分别并联R_1、R_2及R_3电阻,I为总电流,I_1、I_2、I_3分别为流经R_1、R_2、R_3的电流,U_1、U_2及U_3则分别为3个电阻的电压降。

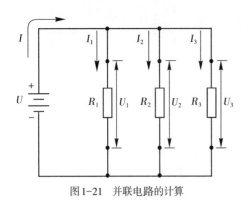

图1-21 并联电路的计算

总电压　　$U=U_1=U_2=U_3=\cdots$ （1-4）

总电阻　　$\dfrac{1}{R}=\dfrac{1}{R_1}+\dfrac{1}{R_2}+\dfrac{1}{R_3}+\cdots$ （1-5）

总电流　　$I=I_1+I_2+I_3+\cdots$

$\qquad\quad=\dfrac{U_1}{R_1}+\dfrac{U_2}{R_2}+\dfrac{U_3}{R_3}+\cdots$

$\qquad\quad=U\left(\dfrac{1}{R_1}+\dfrac{1}{R_2}+\dfrac{1}{R_3}+\cdots\right)$

$\qquad\quad=U\times\dfrac{1}{R}$ （1-6）

由式(1-6)看出，电路总电流被各支路电阻分担，可见，并联电阻具有分流作用。

在并联电路中，如果每个分路负载电阻都相同，如图1-22所示，则可利用下列公式算出总电阻R：

$$R=\dfrac{R_\mathrm{b}}{N} \quad (1\text{-}7)$$

式中：R_b——分路上的负载电阻值；

$\qquad N$——分路数目。

若并联电路中只有两条分路，如图1-23所示，则可利用式(1-8)计算出总电阻R：

$$R=\dfrac{R_1\times R_2}{R_1+R_2} \quad (1\text{-}8)$$

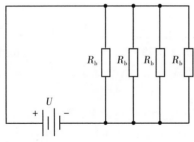

图1-22 相同分路负载的电阻计算

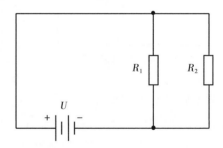

图1-23 两分路电阻的简易算法

1.3.3 混合电路

混合电路是将串联电路与并联电路混合而成，故又称串并联电路。在混合电路中，电流会分别流过串联的负载元件而同时又流过并联的负载组件。图1-24所示为两种基本的混合电路。

在图1-24a)中，欲求其等效电阻，只要先以并联电路公式算出R_2和R_3的总电阻后，再和R_1及R_4串联即可。而在图1-24b)中，等效电阻的算法，则需先将R_1和R_2，R_3和R_4分别相加后，再用并联公式计算。在绝大多数的电路中，都不只是单纯的串联或并联电路，而是采用较复杂的连接形式。尽管如此，我们仍需要通过运用各样定理来将电路化简成等效电路,并视为串、并联电路。

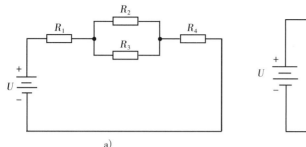 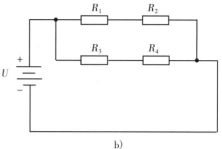

图1-24 混合电路

1.4 欧姆定律

1827年,40岁的德国物理学家欧姆在实验中发现电流的强度和阻力(电阻)之间的关系而发表了重要的欧姆定律。为了纪念欧姆先生的发现,后人也将电阻的单位取作欧姆。所谓欧姆定律是指电路中的电流大小,与所加的电压成正比,而与电路的电阻成反比,其数学式为:

$$I = \frac{U}{R} \qquad (1-9)$$

式中:I——电流,A;

U——电压,V;

R——电阻,Ω。

若以文字来描述欧姆定律,则可以说:以1伏特的电压将1安培的电流推动而通过1欧姆的电阻。在式(1-9)中,符号I代表流过整个电路的电流,单位为安培(A);U表示加在电阻(负载)两端的电压或电位差,单位为伏特(V);R代表电路中的电阻,单位为欧姆(Ω)。

欧姆定律是电子学最基本的定律,它说明了电路中电流与电阻之间的反比关系。以图1-25为例,当电压固定不变时,则电路的电阻越大,其所流过的电流就越小;而当电阻值固定不变时,电路的电压越大,则电流也越大。在图1-26中,两电路同为12V系统,灯泡都是3Ω,在图1-26a)中,流过灯泡的电流为4A,假如在电路中加装一个1Ω的电阻,

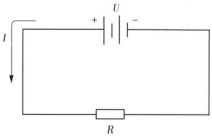

图1-25 电阻电路

如图1-26b)所示,则电路总电阻值为4Ω,电阻值增加了,根据欧姆定律计算求出,流过灯泡的电流变成3A。由于电阻增加,电流减少,因此灯泡将变得不太亮。

利用欧姆定律还可以解释关于电压降现象。在加装1Ω电阻以前,电源12V的电压完全加在灯泡上,即灯泡两端的电压降为12V,如图1-26a)电压表所示。然而当电路中多了1Ω电阻之后,灯泡的电压降降至9V,即只有9V的电压用以推动灯泡发光,剩下的3V

则被用来加在1Ω 电阻上面,如图1-26b)所示。这个现象可以利用欧姆定律获得证明。当电路中的电流值为4A,而灯泡电阻为3Ω 时,则电压降可由电流乘上灯泡电阻得到:

$$U = I \times R$$

即
$$U = 4 \times 3 = 12(V)$$

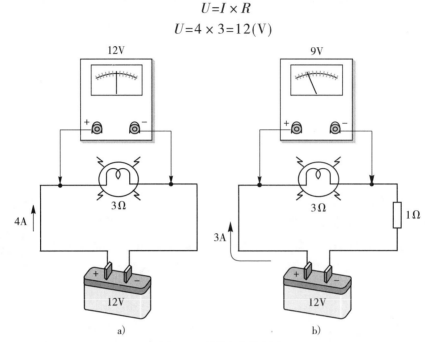

图1-26 欧姆定律的应用

但是当电路中加入额外的电阻时,灯泡仍为3Ω,电流却降为3A。灯泡的电压降仍可由欧姆定律计算得到:

$$U = I \times R$$

即
$$U = 3 \times 3 = 9(V)$$

电路中所加装额外电阻的电压降也可以用相同计算方法得出:

$$U = I \times R$$

即
$$U = 3 \times 1 = 3(V)$$

在两个电路实例中,其总电压皆相同(同为12V),但是发生在灯泡上的电压降却出现变化。由于电压降的减少,灯泡的亮度也因此产生改变。在许多汽车电路实例中,由于电路出现了额外不需要的电阻,例如线束芯部分断损、触点不良等,而使得负载两端的电压降降低,导致出现灯泡不够亮、电子元件作用不正常或是电动机转速减慢等的故障现象。

以图1-27来说明负载上电压降的意义。电路上有两个电子元件(负载):灯泡与电动机。用电压表量得 A、B 点的电位值分别为12V 和9V,因此在灯泡两端的电压降即为12V-9V=3V,此3V 也为灯泡的工作电压。再以电压表测得 C、D 点的电位分别为9V 和0V,即电动机的电压降为9V。倘若电路中各点出现与上述测得电位值不符的数值时,即表示有额外的电阻加入,其结果将导致元件作用不良。

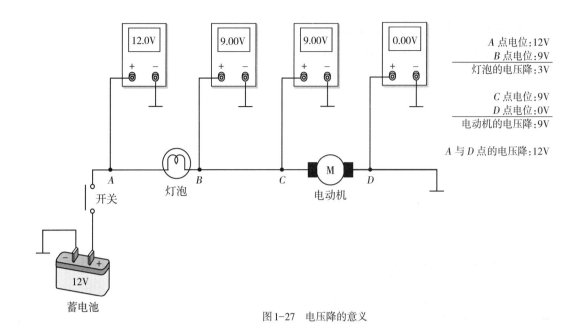

图 1-27　电压降的意义

1.5　基尔霍夫定律

基尔霍夫定律包括：基尔霍夫电压定律和基尔霍夫电流定律。

将此两定律与欧姆定律结合，可以分析任何的电阻电路。在学习基尔霍夫定律以前，先介绍几个概念：

（1）节点：指两个或两个以上的电子元件连接在一起的触点，如图 1-28a) 所示，在 2Ω 电阻的两端的 b、e 两点，就是节点。其中，b 点是 2Ω 电阻、3Ω 电阻和 6V 电压源的共同连接点。b、c 点以及 d、e 和 f 各点事实上各为同一节点，因为其间并无电子组件连接。

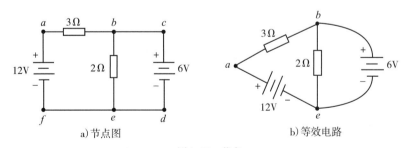

图 1-28　节点

（2）环路：它又称回路，即由电子元件所构成的封闭路径。任选电路上某点为起点，沿电流方向行进，并返回到起点为止，电流所流过的路径即为一环路。如图 1-28b) 所示，在以 a—b—e—a 外环路中，电流流经 3Ω、6V 及 12V 电源各元件；而在内环路则电流流经 3Ω、2Ω、12V 电源各元件。

（3）电压升：以电流流过元件后能量的变化来判断电压升或电压降。电压升是指当电流由该元件的负极流入，由正极流出时，该元件得到电荷，如图 1-29a) 所示。

（4）电压降：若电流由元件的正极流入，由负极流出时，则该元件将电荷转换成为功，电荷能量减少，故称为电压降，如图1-29b）所示。

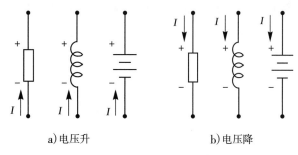

a）电压升　　　　　　b）电压降

图1-29　电压升与电压降

1.5.1　基尔霍夫电压定律

基尔霍夫电压定律指出：在电路中所有电压降的总和等于电源电压。换句话说，全部电源电压都将被电路所用。下面以图1-30为例来说明，在电路的封闭回路中，一定方向下电压的升高，必相等于沿此方向的电压降。假如电流从 a 点起始，流经 R_1、R_2、R_3 及 U 后，回到 a 点，电流通过封闭回路 $a—b—c—d—a$ 的环路。则由前述的电压升与电压降定义可知，电源电压 U 为电压升，电阻 R_1、R_2 及 R_3 皆为电压降。因此，基尔霍夫电压定律的公式为：

$$U-U_1-U_2-U_3=0 \qquad (1-10)$$

1.5.2　基尔霍夫电流定律

基尔霍夫电流定律指出：流入电路中任何一个节点的电流和必等于流出该节点的电流和。

以图1-31为例说明，节点 a 上有3股电流流过，分别为 I_1、I_2 及 I_3。由基尔霍夫电流定律，可知，流入节点 a 的电流 I_1 必等于流出电流 I_2 和 I_3，即：

$$I_1=I_2+I_3 \qquad (1-11)$$

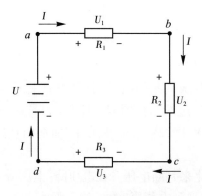
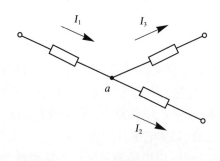

图1-30　基尔霍夫电压定律　　　　图1-31　基尔霍夫电流定律的说明

1.6 电容器及其充放电

电容是指两片导体间所具有储存电量的能力。如果把电子比喻成水,那么电流就类似水流,水要用水槽储存,那么电子就要由电容器来储存。电容器在电路中具有三种基本功能:

(1)充电:储存电能。

(2)放电。

(3)控制电路:如滤波、耦合电路。

电容器根据其工作性质可分成固定电容及可变电容两类,电容器的图形符号如图1-32所示,汽车上常用的电容器多属固定电容。电容器由两块分开的导电板(金属箔)构成,在两板片之间加入不易导电的绝缘材料,称作介电物质或介电层,如图1-33所示。将金属箔与介电层一起卷成筒状,再封入金属壳内,引出导线,即可制成传统圆筒型电容器,如图1-34所示。

图1-32 电容器的图形符号

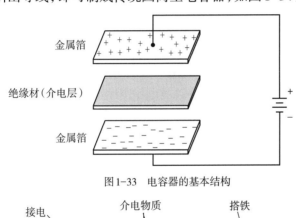

图1-33 电容器的基本结构

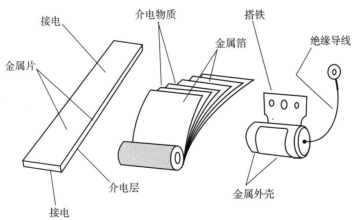

图1-34 圆筒型电容器

理论上,电容器并不会消耗任何能量,当放电时,所有储存在电容器内的电压应该全部回到电路中。电容器可以无限期地保存其电荷,但实际上这些电荷会慢慢通过介电物质损失掉。通常,介电物质绝缘性能越佳,保持电荷的时间越长。由于电容器有储存电压的特性,所以能够吸收电路内电压的变动,因而能控制一些破坏性的电压脉冲,常应用在收音机噪声的衰减上。

电容器的作用是根据电荷异性相吸以及不同极板间具有电位差的原理而制成的,如图1-35所示。

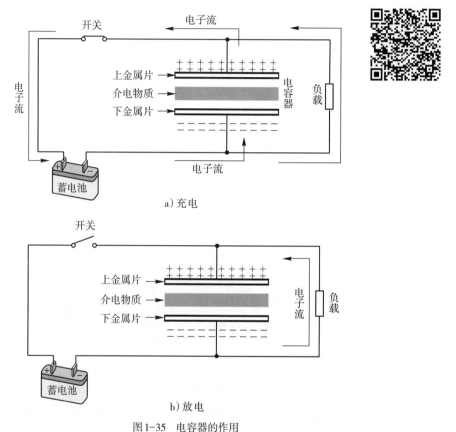

图1-35 电容器的作用

（1）充电:当开关接通时,蓄电池正极的质子便会吸引电容器上金属片的一些电子,使它们离开介电物质附近的区域,导致电容器上金属片原子结构中,带正电的质子比带负电的电子数量多,而成为正电荷金属片(正极板)。正极板的正电荷将吸引另一块金属片上来自蓄电池负极的电子,然而受到介电物质的阻挡,电子无法到达正极板,使电子储存在下金属片,形成负极板。电子离开正极板而流入负极板的效应则形成了电子流,如图1-35a)所示。

蓄电池负极继续送出电子,直到电容器所储存的电荷电压值与蓄电池电压相等为止。实际上,电子并未真正"流过"电容器,正负极板上的电荷并不能穿过静电场。它们只是各自储存于正负极板上,形成如静电(不会移动的电子)般的状态,也不会流到负载去。

（2）放电:当开关打开时,蓄电池流过负载电阻上的电子流停止,但是电容器负极板上却已储存了足够的电子。由于正负极板与电阻是串联的关系,因此电容器的功能就如同蓄电池一样，电容器将向负载电阻放电，直到正负极板上的原子回到平衡状态为止，如图1-35b)所示。

除了如上述可利用电容器吸收电压脉冲，以免损坏电路元件之外，汽车上常见的是：当线路断开时，电容器能够快速地阻止电流流动（点火系统），在平时储存高压电荷，而在电路需要时放电（安全气囊系统）。

电容器按照极板间的介电物质（绝缘材料）种类不同可分为陶瓷、玻璃、纸质、塑料以及电解质等电容器，还有空气电容器（图1-36）。其中，电解电容器多以氧化膜为绝缘材料，能够在较小的体积内提供很大的电容量，电容量可为1μF至5000μF以上。需要注意的是，电解电容器多具有极性，其上标有+、-符号，这是由于此类电容器利用电化学作用，制造时在电解质两侧极板上加上直流电压，使正极板表面形成一层铝氧化物分子薄层作为介电物质，而负极板是直接和电解质接触的。电解电容器的极性若接错就会破坏介电物质薄层，损坏电容器，如图1-37所示。电解电容器现已有无极性产品。

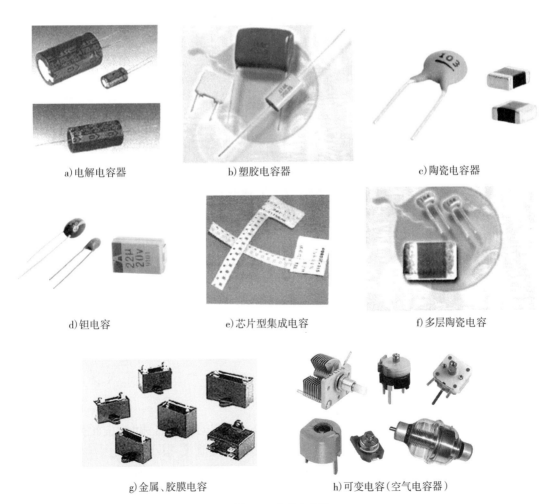

a) 电解电容器　　　b) 塑胶电容器　　　c) 陶瓷电容器

d) 钽电容　　　e) 芯片型集成电容　　　f) 多层陶瓷电容

g) 金属、胶膜电容　　　h) 可变电容（空气电容器）

图1-36　各种电容器

图1-37 电解电容器(长接脚为正极)

近年来随着电子元件制造技术的进步,出现许多新型厚膜电容器,如钽电容器。钽不易与其他元素发生反应,故具有较高的电容稳定性,它可以制成有极性与无极性电容。另外利用半导体技术制成的芯片电容,因具有体积小的优点,被广泛使用在各种小型印制电路板上。

电容器的单位为法拉,简写作 F,1 法拉定义为当将电容器充以 1 伏特电压时,极板间储存满 1 库仑的电量。电容量常用的单位为微法拉(μF),$1F=10^6 \mu F$。影响电容量大小的因素有 3 个:

(1)极板面积:正负极板面积越大,则电容量也越大。

(2)两板间的距离:距离越小,电容量越大。

(3)介电物质的材料:绝缘性越好,则电容量也越大。

一般在选择电容器时,除电容量规格外,还需留意其工作电压值,即耐压值,例如 150V,1000μF,表示使用在 150V 以下电压范围。

电容器在电子电路中的重要性不仅只是储存电能或放出电能,电容器所具有的容抗也是一项实用的特性。容抗以 X_c 代表,X_c 的大小与所加电压的频率成反比 $\left(X_c = \dfrac{1}{2\pi fC}\right)$。如图 1-38 所示,对电路输入含有交流成分的直流信号(脉动直流)时,由于 X_c 与频率成反比,所以电容器 C 对直流($f=0$)输入信号所呈现的容抗值 X_c 趋近无限大,线路可视为断路(开路),因此,直流信号被阻挡,而只输出交流成分。这就是电容器的"耦合作用",一般对直流电有阻止流动的效果。

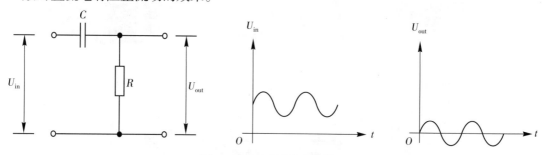

图1-38 电容器的耦合作用

如图 1-39 所示,在电路中并联电容器,当输入相同的脉动直流时,由于电容器对交流(脉冲)信号,特别是高频信号($f \gg 0$),所呈现的容抗值 X_c 很小,因此,当交流信号通过电容器,输出的就只有直流信号,此即电容器的滤波作用。在此电路中,若电容器的电容量太小或是交流成分的频率太低时,输出信号仍会含有原来的交流成分。因此,对低频信号宜采用电容量较大的电容器;反之,在高频信号下,则可选用电容量较小的电容器。

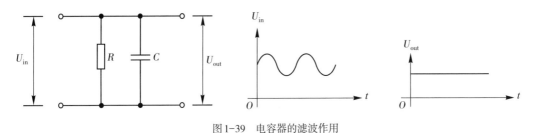

图1-39 电容器的滤波作用

1.7 直流电桥

图1-40所示为电桥电路,它是测量技术中常用的一种电路。利用直流电桥可以测量电阻,也可以用来测量一些能够通过电阻的变化而反映出来的非电学量,例如温度等,常应用于汽车电阻类的传感器电路中。

如图1-40所示,电桥由四臂、检流计及电源等构成。其中R_2、R_3、R_4为标准电阻,R_X为敏感元件,放在需要测量的地方;G为检流计,当G中无电流时,电桥处于平衡状态,其平衡条件可通过理论推导得出

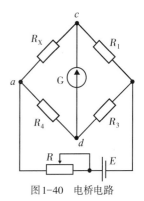

图1-40 电桥电路

$$\frac{R_X}{R_2} = \frac{R_4}{R_3}$$

R_X受外界影响时电阻值改变,电桥平衡打破,G中有电流。

图1-41所示为汽车电子控制汽油喷射系统主要装置——热线式空气流量计,其电桥如图1-42所示。它采用电桥电路检测进气量并转换成电信号送入发动机电控单元(ECU),是确定发动机基本喷油量的重要信号之一。

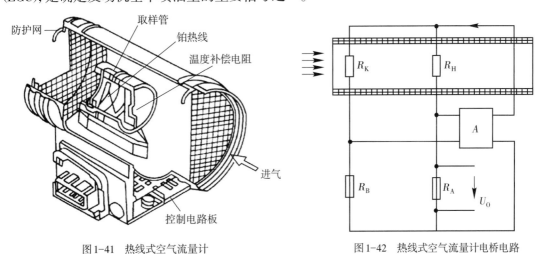

图1-41 热线式空气流量计 图1-42 热线式空气流量计电桥电路

图1-42所示为热线式空气流量计工作原理,图中热线(铂)电阻R_H和温度补偿电阻R_K分别是电桥的一个臂,精密电阻是R_A也是电桥的一个臂,该电阻上的电压即是热

线式空气流量计的输出信号电压,另一个臂 R_B 安装在控制电路板面上。

当进气气流流过热线电阻时,其热量被流过的空气吸收,使热线温度降低,且空气流量增大时,被带走的热量也增加,热线式空气流量计就是利用热线与空气之间的这种热传递进行空气流量测定的。

混合集成电路 A 控制热线温度,当空气流过该热线时,由于空气带走热量使热线的温度降低而引起其电阻值降低,从而电桥失去平衡,为了保持电桥平衡,必须提高电压,加大通过热线的电流,进而使热线的温度升高,使原来的电阻值恢复。根据这一原理,通过控制电路,改变电桥的电压和电流,使热线损失的热量与电流加热热线产生的热量相等,并使热线的温度和其电阻值保持一致。这样通过热线电阻的电流量便是空气流量的单调函数,即热线电流随空气流量的增大而增大,随空气流量的减小而减小。加热电流通过精密电阻产生的电压降作为电压输出信号输送给 ECU,于是 ECU 便可通过电压降的大小测得空气流量。

压敏电阻式进气压力传感器、热膜式进气流量传感器、电阻应变计式碰撞传感器、中央加速度传感器等均采用电桥电路进行信号转换。

理 论 测 试

一、填空题

1. 通过一个电阻的电流是5A,经过3min,通过这个电截面的电量是_____。
2. 当参考方向与电流的实际方向一致时,电流为_____,当参考方向与电流的实际方向相反时,电流为_____。
3. 电路中 a、b 两点电位分别是 V_a、V_b,a、b 两点间的电压为 U_{ab} = _____。
4. 电压的方向规定为从_____指向_____。
5. 电路的三种状态分别是_____、_____、_____。
6. 电动势的方向规定为_____指向_____。
7. 基尔霍夫电流定律的内容是:在任一瞬间通过电路中任一节点的电流代数和_____。
8. 基尔霍夫电压定律的内容是:对于任一闭合回路,沿回路绕行方向上各段电压_____。

二、选择题

1. 已知从 A 点到 B 点的电流是 -2A,AB 间的电阻为5Ω,则 BA 之间的电压为____。
   (A) 10V (B) -10V (C) 7V (D) -7V
2. 电源的三种状态,不允许出现的是____。
   (A) 开路状态 (B) 短路状态 (C) 有载状态 (D) 不存在

3. 下列说法正确的是____。
   (A) 负载的额定电压值一定等于实际电压值
   (B) 负载的额定电压值不一定等于实际电压值
   (C) 负载的额定电压值一定大于实际电压值
   (D) 负载的额定电压值一定小于实际电压值
4. 习惯上规定电流的实际方向为____运动的方向。
   (A) 负电荷   (B) 正电荷
   (C) 带电粒子   (D) 带负电离子
5. 用万用表测得 AB 之间的电压为 –52V，则电压的实际方向是____。
   (A) 从 A 点指向 B 点   (B) 从 B 点指向 A 点
   (C) 不能确定   (D) A 点电位高于 B 点

三 判断题

1. 电压与电位都是反映电路中能量特性的物理量，所以电压与电位无区别。（   ）
2. 在电路中 A、B 两点间的电压等于 A、B 两点间的电位差。（   ）
3. 一个具体电路中的参考点可以任意多个选定。（   ）
4. 当负载开路时，流过负载中的电流为0，负载两端的电压也为0。（   ）
5. 电动势与电压两个物理量的物理意义完全相同。（   ）
6. 在分析与计算电路时，电流电压的方向可以任意假定。（   ）

四 简答题

1. 电阻串、并联的性质有哪些？

2. 什么是欧姆定律？

3. 基尔霍夫定律的内容是什么？

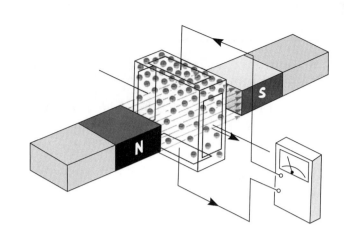

单元2

交流电路

● 知识目标:

1. 正确描述正弦交流电的基本概念和基本关系;
2. 简单叙述三相交流电的特点及星形连接和三角形连接时的基本关系。

● 能力目标:

1. 能用电笔和万用表检查并排除照明电路故障;
2. 具备分析简单三相交流电路的能力。

● 建议学时:

6学时

2.1 交流电与交流电路

2.1.1 交流电

目前,发电厂向用户提供的电源都是交流电源,这是因为交流电可以用变压器方便地将电压升高或降低,能够解决远距离输电需用高压而民用电需用低压的矛盾。同时,交流电动机比直流电动机结构简单、效率高、价格低且维修方便,所以交流电获得广泛应用。在某些必须用直流的场合,可以通过整流装置将交流电转变成直流电。

大小和方向都随时间作周期变化的电动势、电压和电流统称为交流电。最常用的交流电是正弦交流电。正弦交流电是随时间按正弦规律变化的,而非正弦交流电则不按正弦规律变化,分别如图 2-1c)、d) 所示。图 2-1a) 为恒定直流电,图 2-1b) 为脉动直流电。本单元只讨论正弦交流电及其电路。

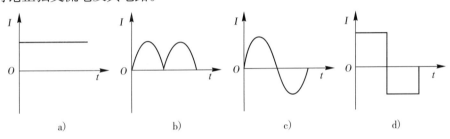

图 2-1 直流电与交流电的波形图

2.1.2 交流电路

在交流电作用下的电路称为交流电路。日常生活及生产实践中所接触到的电路大多数为正弦交流电路,如照明电路、三相异步电动机拖动电路等。所谓正弦交流电路,就是指含有正弦交流电源,其电压和电流均随时间按正弦规律变化的电路。

在交流电路中,主要有三种不同性质的负载元件:电阻、电感和电容。三种元件在电路中有不同的作用。电阻把电能转化为热能消耗掉,其转换过程不可逆转,因此,它是耗能元件。电感把从电路中吸收的电能转化成磁场能储存起来。电容把从电路中吸收的电能转化成电场能储存起来,但它们又能在一定的条件下放出能量返送回电路。因此,电感和电容是储能元件。

我们学习交流电时,不但要注意它与直流电的共同点,而且要注意两者之间的区别,要加深对交流电特性的理解,千万不要将直流电路的规律简单地套用到交流电路中去。

2.2 正弦交流电的基本概念

2.2.1 正弦交流电的周期、频率和角频率

周期:正弦交流电每重复一次变化所需要的时间称为周期,用字母 T 表示,单位是秒(s),如图 2-2 所示。

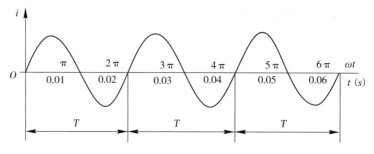

图2-2 正弦交流电的波形

频率:正弦交流电在1s内重复变化的次数称为频率,用字母f表示,单位是赫兹(Hz)。如果交流电在1s内变化了一次,我们就称该交流电的频率是1Hz。比赫兹大的常用单位是千赫(kHz)和兆赫(MHz)。其换算关系如下:

$$1\text{kHz}=10^3\text{Hz}$$
$$1\text{MHz}=10^6\text{Hz}$$

根据周期和频率的定义可知,周期和频率互为倒数,即:

$$f=\frac{1}{T} \quad 或 \quad T=\frac{1}{f} \tag{2-1}$$

我国工业及民用交流电频率为50Hz,习惯上称为工频,其周期为0.02s。日本等国家的交流电用电的频率为60Hz。

角频率:正弦交流电在1s内变化的电角度(或相角、相位)称为角频率,用字母ω表示,单位是弧度/秒(rad/s)。如果交流电在1s内变化了1次,则电角度正好变化了2π弧度,也就是说该交流电的角频率$\omega=2\pi$ rad/s。若交流电1s内变化了f次,则可得角频率与频率的关系式为:

$$\omega=2\pi f \tag{2-2}$$

因为正弦函数总是与一定的相位角相对应,所以正弦交流电变化的快慢除了用周期和频率表示外,还可以用角频率表示。

周期、频率和角频率都是表示交流电变化快慢的物理量。三个物理量中只要知道其中一个,就可以通过式(2-1)和式(2-2)求出另外两个。

2.2.2 正弦交流电的瞬时值、最大值和有效值

瞬时值:正弦交流电随时间按正弦规律变化,任意时刻正弦交流量的大小均有对应的值,我们把正弦交流电在任意时刻的数值称为瞬时值,正弦电动势、电压、电流的瞬时值分别用字母e、u、i表示。瞬时值可以是正值、负值,甚至是零。正弦交流电压的瞬时值表达式为:

$$u=U_m\sin(\omega t+\varphi) \tag{2-3}$$

最大值:正弦交流电最大的瞬时值称为最大值(或峰值、振幅)。正弦交流电动势、电压和电流的最大值分别用E_m、U_m、I_m来表示。最大值虽然有正有负,但习惯上最大值都

以绝对值表示。

有效值：正弦交流量的有效值是根据交流电流和直流电流热效应相等的原则而确定的，即让交流电和直流电分别通过阻值完全相同的电阻，若在相同的时间内直流电流和交流电流在两个电阻上产生的热效应相等，则将此直流电数值定义为该交流电的有效值。交流电流、电压和电动势有效值的符号分别是 I、U 和 E。

交流电是在不断变化的，瞬时值和最大值均不能反映交流电实际做功的效果。因此，在电工技术中，常用有效值来衡量做功能力的大小。

可以证明，正弦交流电的有效值和最大值之间有以下关系：

$$\left. \begin{array}{l} I = \dfrac{I_m}{\sqrt{2}} \approx 0.707 I_m \\[4pt] U = \dfrac{U_m}{\sqrt{2}} \approx 0.707 U_m \\[4pt] E = \dfrac{E_m}{\sqrt{2}} \approx 0.707 E_m \end{array} \right\} \quad (2\text{-}4)$$

特别应指出的是，今后若无特殊说明，交流电的大小总是指有效值。各种交流电气设备上所标注的额定电压和额定电流的数值也都是有效值。我们通常说照明电路的电压是220V，便是指它的电压有效值为220V，电压最大值为：

$$U_m = \sqrt{2} \times 220\text{V} \approx 311\text{V}$$

2.2.3 正弦交流电的相位、初相位和相位差

相位：正弦交流电随时间按正弦规律变化，正弦量任意时刻所对应的电角度称为该正弦量的相位角，简称相位，其单位为度或弧度。电压瞬时值表达式中的 $(\omega t + \varphi)$ 就是反映正弦交流电压在变化过程中任意时刻所对应的电角度，它随着时间而变化，通常把它称为相位角，又称相位或相角。

初相位：在 $t=0$ 时，正弦交流量所对应的相位称为该正弦量的初相位，简称初相。初相反映了正弦交流电计时起点的状态。在正弦量的解析式中，通常规定初相大于 $-180°$，小于或等于 $180°$。

在此规定下，初相为正角时，正弦量对应的初始数值一定为正值；初相为负角时，正弦量对应的初始数值一定为负值。在波形图上表示初相角时，横坐标常以弧度(rad)或度(°)为单位，取曲线由负值变为正值的零点（取离坐标原点最近的零点）与坐标原点间的角度为初相角，在坐标原点左侧的初相角为正值，在右侧的为负值。如图2-3中的 φ_1 为正，φ_2 为负。

相位差：为了比较两个同频率正弦交流电在变化过程中的相位关系和先后顺序，我们引入相位差的概念。所谓相位差，就是两个同频率正弦交流电的相位之差，用字母 $\Delta\varphi$ 表示。设 i_1 的相位为 $(\omega t + \varphi_1)$，i_2 的相位为 $(\omega t + \varphi_2)$，则两者的相位差为：

$$\Delta\varphi = (\omega t + \varphi_1) - (\omega t + \varphi_2) = \varphi_1 - \varphi_2 \quad (2\text{-}5)$$

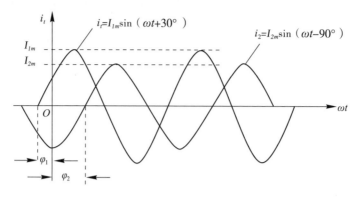

图 2-3　同频率正弦量的相位及其关系

式（2-5）表明，同频率正弦交流电的相位差，实质上就是它们的初相角之差，与时间无关。如果 $\Delta\varphi>0$，i_1 比 i_2 先达到最大值，则称 i_1 超前 i_2，或 i_2 滞后 i_1；如图 2-3 所示，若 $\Delta\varphi=0$，即两者的初相角相等，则称它们同相，如图 2-4a) 所示；若 $\Delta\varphi=180°$，即它们的初相角相差 $180°$，则称它们的相位相反，简称反相，如图 2-4b) 所示。

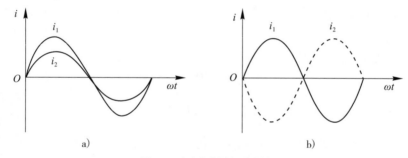

图 2-4　交流电的同相和反相

从波形图上观察两个正弦量变化的先后，可以选它们的最大值来观察，沿时间轴正方向看，先出现最大值的正弦量超前，后出现的滞后。

由式 $e=E_m\sin(\omega t+\varphi)$ 可以看出，当正弦交流电的最大值、角频率（或频率、周期）和初相角这三个量确定时，正弦交流电才能确定，也就是说这三个量是描述正弦交流电必不可少的要素，所以称它们为正弦交流电的三要素。

2.3　电阻、电感、电容器的交流电路

最简单的交流电路是由电阻、电容和电感中任一个元件组成的交流电路，这些电路元件仅由 R、L、C 三个参数中的一个来表征其特征，这样的电路称为单一参数的交流电路。掌握了单一参数的交流电路的分析方法，混合参数交流电路的分析就容易了。

学习每一种交流电路，主要应掌握两点：一是电路中电压和电流的关系，因为在线性电路中，电压、电流都是同频率的正弦量，即 ω 相同，所以同频率正弦电压和电流的关系可归结为它们的数值（最大值或有效值）关系和相位关系；二是电路功率的分析和计算。

直流电路分析计算的基本定律、定理和公式都适用于交流电路,但交流电路分析计算远比直流电路复杂。这是因为正弦交流量随时间变化,在确定各电量之间的关系时,不但要计算其大小,而且要确定其相位。

2.3.1 纯电阻电路

仅由电阻组成的交流电路称为纯电阻交流电路,其电路如图2-5所示。

纯电阻电路中电阻两端的电压与通过电阻的电流的大小关系为:

$$U=IR \quad 或 \quad I=\frac{U}{R}$$

纯电阻电路中电阻两端的电压与通过电阻的电流相位相同,即同相。

纯电阻电路的平均功率为:

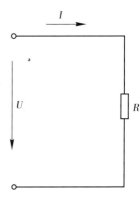

图2-5 纯电阻电路

$$P=UI=I^2R=\frac{U^2}{R} \qquad (2-6)$$

纯电阻电路中,电路的功率,即电阻上消耗的功率就是电阻两端的电压有效值与流过电阻的电流的有效值的乘积。电阻两端的瞬时电压 u 与流过电阻上的瞬时电流 i 的乘积为电路的瞬时功率,即 $p=ui$。由于纯电阻电路中电阻两端的电压与通过电阻的电流相位相同,使 u 和 i 在任何时刻(除零点时刻外)和电路中电流和电压的符号相同,因此,其乘积所得的电路瞬时功率大于或等于零,根据功率的定义,电路总是在消耗电能。

2.3.2 纯电感电路

直流电阻和分布电容可以忽略的电感线圈作为交流电路负载的电路,称为纯电感电路,如图2-6所示。

纯电感电路中电感两端的电压与通过电感的电流的关系为:

$$U=IX_L$$

电压和电流之间的关系符合欧姆定律,式中 $X_L=\omega L$(L 为电感的自感系数,单位为亨利)是表征电感对正弦电流所呈现"阻止"能力大小的一个参数,称为电感抗,简称感抗,其单位为欧姆(Ω)。感抗的大小和电流频率成正比。当电流的频率 $f \to 0$,即电流为直流时,感抗为零,故电感在直流电路中相当于短路。

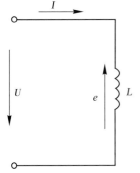

图2-6 纯电感电路

纯电感电路中,电感两端的电压的相位超前通过电感电流的相位90°。

纯电感电路的瞬时功率是随时间按正弦规律变化的,其幅值为电感两端电压的有效值与流过电感上的电流的有效值的乘积。因为正弦函数的平均值为零,因此纯电感电路的平均功率为零，这表明电感不消耗电能。但由于瞬时功率是随时间按正弦规律变化的，这又表明电感与电源之间存在着能量的交换，即瞬时功率大于零时，电感从电源吸收能量并储存起来；当瞬时功率小于零时，电感将储存的能量送归电源。为反映电感与电源之间能量交换的规模，通常把瞬时功率的幅值进行量化，并称之为无功功率，用 Q 表示，即：

$$Q=UI=I^2X_L=\frac{U^2}{X_L} \qquad (2-7)$$

无功功率的单位为乏（Var）。

2.3.3 纯电容电路

介质损耗和分布电感可忽略的电容作为交流电路的负载的电路，称为纯电容电路，如图2-7所示。

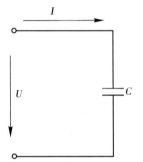

图2-7 纯电容电路

纯电容电路中电容两端的电压与通过电容的电流的大小关系为：

$$I=\frac{U}{X_C}$$

上式中电压和电流之间的关系符合欧姆定律，$X_C=\frac{1}{\omega C}$ 是表征电容对正弦电流所呈现"阻碍"能力大小的一个参数，称为容抗，其单位为欧姆（Ω）。容抗与电容 C 及频率 f 成反比。这是因为同样电容量的电容加在其两端的电压频率越高，电容两极间电压变化就越快，电流充放电过程中极板上的电荷变化率就越大，电路中的充放电电流就越大，电容所呈现的"阻碍"作用就越小；同样，电压频率一定时，电容的电容量越大，电压变化时电路中移动的电荷就越多，电流就越大，容抗同样越小。反之电容量越小或频率越低，容抗就越大。若 $f \to 0$ 时，$X_C \to \infty$，此时电路相当于开路。所以电容具有阻止直流电流通过，允许交流电流通过的作用。

纯电容电路中电容两端的电压的相位滞后通过电容电流的相位90°。

纯电容电路的瞬时功率是随时间按正弦规律变化的，其幅值为电容两端电压的有效值与流过电容上的电流的有效值的乘积。因为正弦函数的平均值为零，因此纯电容电路的平均功率为零，这表明电容不消耗电能。但由于瞬时功率是随时间按正弦规律变化的，这又表明电容与电源之间存在着能量的交换，即瞬时功率大于零时，电源向电容充电，电容吸收电源能量并储存起来；当瞬时功率小于零时，电容向电源放电，将原来储存的能量送回电源。为反映电容与电源之间能量交换的规模，将瞬时功率的幅值称之为无功功率，用 Q 表示，单位为乏（Var），即：

$$Q=UI=I^2X_C=\frac{U^2}{X_C} \qquad (2-8)$$

理论测试

一 填空题

1. 三相电源有两种连接方式,一种是_____,另一种是_____。照明电路均采用_____连接方式。
2. 我国采用50Hz作为电力标准频率,则它的周期为_____、角频率为_____。
3. 市电为220 V的正弦交流电,其最大值 U_m=_____。
4. 在直流电路中,电感元件可视为_____,电容元件可视为_____。
5. 日常照明用电三相交流电的相电压为_____V,线电压为_____V。
6. 日常生活中供电全部采用_____制,它可以同时提供两种电压,一种是_____为_____;另一种是_____为_____V。

二 选择题

1. 有一幢居民楼,一楼与三楼用户的灯很暗,而二楼用的灯很亮,是因为____。
   (A) 各用户的所用灯泡数量不相等　　(B) 中线断开
   (C) 其中有一用户的灯坏了　　(D) 电源电压不稳
2. 有三个灯泡接在交流电源有效值为220V、频率为50Hz的电路中,三个灯泡一样亮。当将交流电源的频率调到100Hz时,下列说法正确的是____。
   (A) 三个灯泡一样亮　　(B) 三个灯泡会损坏
   (C) 三个灯泡会变暗　　(D) 不能确定
3. 电压为220V、50Hz的照明交流电,下列说法正确的是____。
   (A) 交流电源的最大值为220V　　(B) 在1s内,交流电压50次达到最大值
   (C) 在1s内,交流电压变化50次　　(D) 交流电源的瞬时电压值为220V

三 判断题

1. 电感电容元件在交流电路中,其有效值、最大值、瞬时值均符合欧姆定律。(　　)
2. 三相负载作三角形连接时,每相电压均为220V。(　　)
3. 一般电气设备的额定电压、电工仪表测量的电压、电流均是指交流电的有效值。
(　　)
4. 在同一电源电压作用下,三相负载作星形或三角形连接时,总功率相等。(　　)

四 简答题

1. 仅有一只验电笔和一个量程为400V以上的交流电压表,能否用这些器件确定三相四线制供电线路中的端线和中线?应该怎样做?

2. 在正弦交流电路中，电阻、电感和电容元件对电流的阻碍作用用什么参数来表示？与频率是否有关？能得出什么结论？

3. 5A 的直流电流和最大值为 6A 的正弦交流电流分别流过阻值相同的电阻。试问在交流的一周期时间内它们哪一个发热量多？为什么？

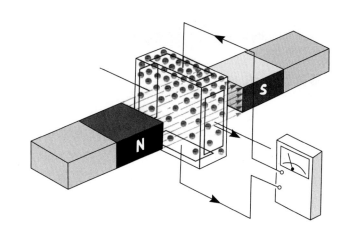

单元3

电磁原理

● **知识目标：**

1. 正确描述电磁感应原理，感应电动势与磁通量的关系，变压器工作原理；
2. 简单叙述磁路基本物理量和基本定律，汽车上常见的电磁元件。

● **能力目标：**

1. 能用右手定则判断感应电流方向；能用左手定则判断磁场力的方向；
2. 会做电磁感应试验，了解自感现象和互感现象及在实际中的应用；
3. 会分析变压器电路、汽车点火线圈结构、工作原理及点火系电路。

● **建议学时：**

16 学时

3.1 磁的基本概念

在含有 Fe_3O_4 的铁矿中具有吸引铁屑的现象,就是所说的"磁性"。19 世纪初,德国数学家高斯开始研究地磁效应;接着,丹麦物理学家奥斯特发现通上电流的导线具有磁效应;后来,法国的安培证明了电磁作用与电流的关系。今天,我们都知道电能够产生磁,而磁也可以感应生电,并且在汽车电子工业上,更是广泛地运用了电磁原理来制造元件、控制电路。

3.1.1 磁的特性

地球本身就具有南北磁极,其位置与地理上的南北极稍有差距,并不完全一致。北磁极是在加拿大北部的威尔斯岛附近,南磁极则位于南极大陆上的维克斯地。因此,在地球周围大气内便有磁性现象。

一、磁铁的特性

磁铁 ─┬─ 天然磁铁:具有弱磁性的磁铁矿
      └─ 人造磁铁 ─┬─ 永久磁铁:经由磁化后,磁性可保持很长一段时间
                   └─ 电磁铁:只在通电磁化时具有磁性

(1) 具有南北二极:静止时恒指向南北,向北方的为 N 极;指向南方的称 S 极。
(2) 同性相斥,异性相吸。
(3) 磁铁磁性强弱用所发出的磁力线的多少来表示。磁性以两端最强,中间最弱。
(4) 磁力线方向自磁铁 N 极发出到 S 极,再从磁铁内部 S 极回到 N 极,完成磁回路。若以三维空间来看,则磁力线所构成的空间,很像一个甜甜圈,如图 3-1 所示。

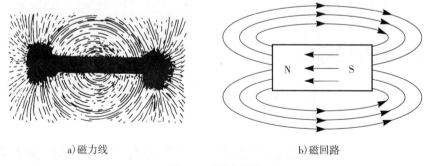

a) 磁力线　　　　　　　　　　　　b) 磁回路

图 3-1　磁铁的特性

二、磁场

磁力线虽然看不见,但是磁力却是存在的。为了便于了解,英国物理学家法拉第认为由许多磁力线所构成的连续场就称作磁场。有时也称作磁通。磁场具有一些性质。

(1) 磁场内部的磁力线为一封闭的曲线。
(2) 磁力线绝不相交。
(3) 磁力线上任何一点的切线方向,即是该点磁场的方向。

(4）磁场强度较大处，其磁力线也较密。磁场最强处在两极。

(5）磁力线有排他性，故同性相斥；磁力线具弹性，可自由缩短，故异性相吸。

3.1.2 磁化、磁通密度

一、磁化

使不带磁性的物体变成带有磁性的过程，称为磁化。在磁化过程中，物体的磁分子会成规则的排列，磁化的方法有：

（1）摩擦：拿一小块含碳量高的铁，不断地和天然磁石摩擦，则这块铁将会变成永久磁铁。其磁性将一直保有，除非受到大的撞击。但是，含碳量较低的软铁则无法成为永久磁铁。

（2）直流电感应法：将待磁化的物体绕上线圈，并通以直流电源后，即可使此物体带有磁性。这也是目前工业上常使用的一种方法。如图3-2所示，在通电一短暂时间后，螺丝刀便具有磁性了。

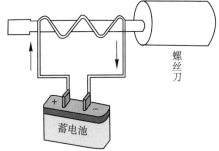

图3-2 磁化

二、磁通密度

磁场强度一般均用磁力线多少表示，而磁力线的数量称为磁通量（Φ）。磁通量的单位在 M.K.S 制中用韦伯（Wb）表示。磁通密度则是指每单位面积内，垂直通过的磁力线数目，即：

$$B = \frac{\Phi}{A} \quad (3-1)$$

式中：Φ——磁通量，Wb；

A——面积，m^2；

B——磁通密度，Wb/m^2。

磁通密度又称磁感应强度。

3.1.3 磁的应用

一、磁化

将一片未见磁性的铁片，靠近磁场，则铁片也会被磁化成磁铁，如图3-3所示，在贴片靠近磁铁N极的地方（磁力线的进入端）会被感应成S极，铁片的另一端则被感应成N极。因为异性相吸，从而使铁片被吸动。

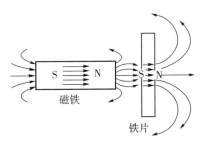

图3-3 铁片被磁化

二、磁阻

磁学中的磁阻就如同电子学中的电阻一样，磁场分布中的磁力线总是寻找一条磁阻最小的回路。而铁的磁阻比空气的磁阻小。如图3-4所示，在相同线圈匝数与电流值的条件下,以中间放入导磁体的铁芯所感应的磁力最强,空气芯次之,而以抗磁体的铜芯材所感应的磁力最弱。

如图3-5所示,汽车中常见的继电器,在线圈中有一铁芯,磁导率可增加到20000倍,所以只要有小电流通过线圈,就可产生很强的磁力,将铁片吸下,使触点闭合或打开。

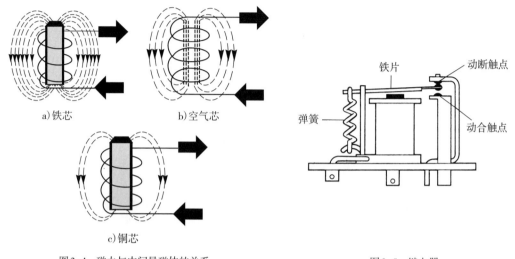

图3-4 磁力与中间导磁体的关系

图3-5 继电器

3.2 电与磁的关系

最早发现电与磁关系的科学家是法国的物理及数学家安培,为了纪念他,电流的单位便取作"安培"。1820年丹麦物理学家奥斯特做实验时首先发现,当一根导线通上电流时,会使导线附近的磁针产生偏转,如图3-6所示。并且,导线下面的磁针会与导线成垂直方向。

自奥斯特发现电流会产生磁场的现象之后,紧接着安培就根据此现象提出解释,而发表了"安培右手定则"。

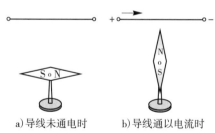

图3-6 奥斯特的实验

3.2.1 电磁效应

所谓"电磁效应"方面的研究是指在导线上通以电流来观察因磁力线变化使导线运动的科学。简言之,电磁效应即是由电产生磁的现象。

安培于1820年实验发现:在两平行导线中,通以电流,则平行导线之间会产生作用力。在相距1m的平行导线中通上1A的电流时,其间会产生相当于$2\times10^{-7}N$的力。如图3-7所示,若两平行导线的电流方向相同,则其间就会产生吸引力;若电流方向相反,则产生排斥力。

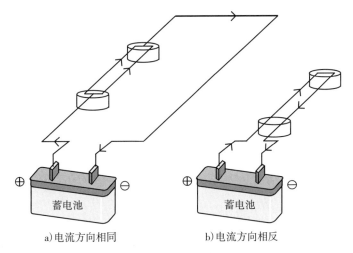

a) 电流方向相同　　　　　b) 电流方向相反

图 3-7　安培的实验

由于一条导线对于自身所建立的磁场并不能产生作用力，而需与另一条导线所建立的磁场发生关系，来产生彼此间的作用力。因此该实验得出一重要结果，即通有电流的导线将和邻近磁场的磁力线发生作用力，其大小为：

$$F=BIl\sin\theta \tag{3-2}$$

式中：F——作用力，N；

B——磁通密度，Wb/m^2；

I——导线上的电流，A；

l——导线长度，m；

θ——电流方向与磁力线方向的夹角。

由式（3-2）可知，当电流与磁力线成垂直（$\theta=90°$）时，$\sin\theta=1$，其作用力最大。在这个实验中，两条导线因通电的方向不同，而出现不同的运动。这使得安培先生提出了有名的"安培右手法则"。本实验里导线所产生的磁力线方向如图 3-8 所示。安培的发现开启了机电学的发展，他本人也成了机电学的创始者。

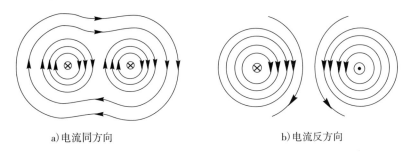

a) 电流同方向　　　　　　　　b) 电流反方向

图 3-8　两导线因电流方向不同而产生不同磁力线方向

3.2.2　安培右手法则

该法则主要用于解释一条导线通以电流后，导线周围所感应出磁力线的方向。如

图 3-9 所示,用右手握导线,右大拇指表示电流方向(+ → −),其余四指则代表所产生的磁力线方向。

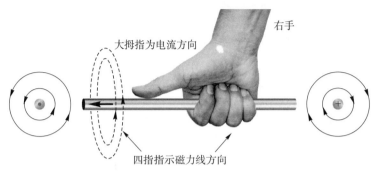

图 3-9 安培右手法则

其中的电流方向⊙表示电的流出方向,⊗表示电的流入方向。

如图 3-10 所示,安培右手法则亦可解释环状导线因通电流而感应出的磁场方向。

如图 3-11 所示,若将导线绕成环状,则右手四指代表电流流动方向,大拇指表示磁场 N 极的方向。

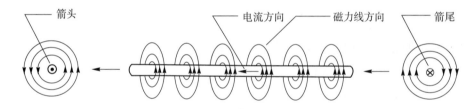

图 3-10 电流与磁力线的方向

3.2.3 磁场对通电直导体的作用

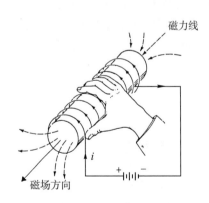

图 3-11 环状导线的磁场方向

如图 3-12 所示,在蹄形磁铁的两极中悬挂一根直导体与磁力线垂直,当导体中没有电流流过时导体静止不动;当电流流过导体时,导体就会向磁铁内部移动,若改变电流流向,导体向相反方向移动。通电导体在磁场中移动的原因是受到磁场的作用力,通常把通电导体在磁场中受到的作用力称为电磁力。

电磁力的方向可用左手定则来判断。如图 3-13 所示,平伸左手,使拇指垂直其余四指,手心正对磁场的 N 极,四指指向表示电流方向,则拇指的指向就是通电导体的受力方向。汽车上用的直流电动机就是利用通电的电枢绕组在磁场中受到电磁力的作用产生电磁转矩而转动的。三相异步电动机则是利用有感应电流通过的转子导体受到定子磁场的作用力而旋转的。

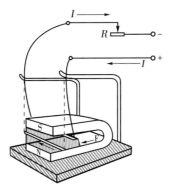
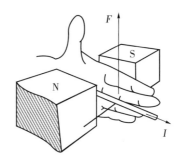

图3-12 通电导体在磁场中受到电磁力的作用　　图3-13 左手定则

3.2.4 磁场对通电线圈的作用

由于磁场对通电导体有作用力,因此磁场对通电线圈也应有作用力。如图3-14所示,在磁感应强度为 B 的均匀磁场中,放一矩形通电线圈 $abcd$。已知 $ad=bc=l_1$,$ab=dc=l_2$。当线圈平面与磁力线平行时,线圈不受力;ad 和 bc 边与磁力线垂直时,线圈受到力的作用,由式(3-2)得 $F_1=F_2=BIl_1$。根据左手定则可知 ad 和 bc 边的受力方向是一上一下而构成一对力偶。线圈在力矩的作用下将绕轴线 OO' 作顺时针方向转动。

由图3-14a)可以知,使线圈转动的转矩为:

$$M=F_1\times\frac{ab}{2}+F_2\times\frac{ab}{2}=F_1\times ab=BIl_1l_2$$

即
$$M=BIS \qquad (3-3)$$

式中:B——磁感应强度,T;

I——流过线圈的电流,A;

S——线圈的面积,m^2;

M——电磁转矩,N·m。

当线圈平面与磁力线的夹角为 α 时,如图3-14b)所示,则线圈受到的转矩为:

$$M=BIS\cos\alpha \qquad (3-4)$$

对于 n 匝线圈,线圈受到的转矩为式(3-4)的 n 倍。

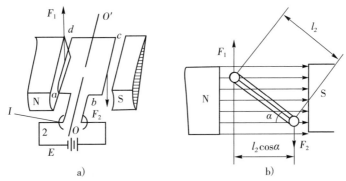

图3-14 磁场对通电线圈的作用

式（3-4）为线圈转矩的一般表示式。当 α=0° 时，cos0° =1 即线圈平面与磁力线平行时，式（3-4）变为式（3-3），此时线圈受到的转矩为最大。当 α=90° 时，cos90° =0 即线圈平面与磁力线垂直时，线圈受到的转矩为零。可见，通电线圈在磁场中，磁场总是使线圈平面转到与磁力线相垂直的位置上。这一结论对非均匀磁场也适用。

图3-14 就是一个单匝线圈的直流电动机原理图。

3.3 电感

我们都知道若将导线绕成线圈并通以电流，则其周围会产生磁场，该磁场本身就是一种能量。当电流发生变化时，磁场也必须跟着变化；于是，磁力线会有抵抗或阻止磁场变化的现象。这种对抗线圈内电流变化的能力，就称为电感。它是以磁能作为储存方式。

换句话说，电感的产生主要是因为磁场（磁能）的变化所引起的。线圈所产生的电感量的大小以亨利（H）为单位，并用符号 L 来表示。这是为了纪念美国物理学家亨利（J.Henry）而命名的。实际使用上电感都非常小，所以只能以毫亨利（mH）或微亨利（μH）为单位。

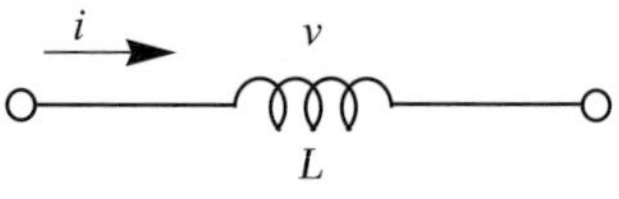

如图3-15 所示，若线圈的电流变化率为每秒1A，并且使线圈本身或另一线圈产生1V 感应电压（电动势），则这个线圈的电感量就称作1H。若以数学式表示，则如式（3-5）所示。

图3-15 电感器符号

$$e=L\frac{di}{dt} \quad (3-5)$$

式中：e——感应电压，V；

L——电感量，H。

其中 $\frac{di}{dt}$ 是电流 i 对时间 t 的变化率，即单位时间内，电流的变化量。若 dt 非常短暂，则线圈会感应出相当高的电压，同样地，若瞬间电流的改变很大（di 很大），也会使线圈的感应电压变得极大。

电感量的大小与线圈的3个物理特性有关，即：

（1）线圈的匝数。

（2）线圈的截面积及长度。

（3）线圈中间的芯材种类（即导磁系数）。

线圈产生的电感量大小与线圈匝数及线圈直径成平方正比的关系。即，在相同导磁系数材料的芯材下，若线圈匝数增加1倍或线圈直径增加1倍，则电感量为原来的4倍。若匝数与直径皆增加1倍，则电感量会成为原来的16倍。而线圈的电感量与线圈长度成反比，因此，当线圈长度增加1倍，则电感量也减少1倍。

除此之外，电感量的大小也与磁通量有直接的关系。当两电感器通以相同的电流时，磁通量越大的线圈，其电感量也越大。

3.3.1 电感器

导线绕成圈就成为线圈。线圈是具有电感特性的电子元件,即被称作电感器。电感器所具有的特性常应用于汽车电路上,如点火线圈(自感与互感)、电磁阀(电磁效应)、滤波电路(稳流)等。不过,由于大多数电感器有占空间的缺点,因此,在一些电压源中已由 IC 电路来取代电感器的滤波功能了。只有需要大电流工作的元件中,还可以看到这类"大型"的电子元件。

电子电路中常见的电感器有各种不同的绕线方式和不同的铁芯形状,如图 3-16 所示。

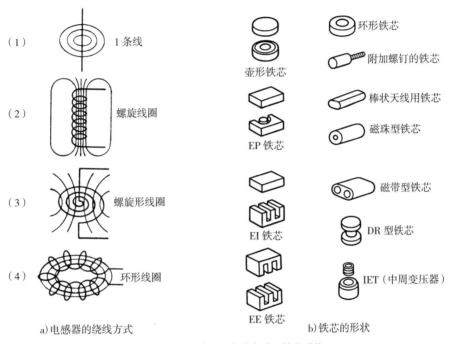

图 3-16 电感器的绕线方式和铁芯形状

线圈由导线绕成(理想状态下,其电阻值为零),线圈中间的芯材可以是空气、磁棒或铁芯等。不同的铁芯材料,其导磁系数也不同,导磁系数是指磁通在材料中建立的难易度,以 μ 为符号,空气的导磁系数 $\mu_0=4\pi \times 10^{-7}$(Wb/A·m)。导磁系数越高,越容易建立磁通量,因此也越容易磁化。

通常,导磁性越好的芯材,电感量越大,这类电感器较适于使用在低、中频电路(如钢片芯);反之,导磁性差的芯材,如铁氧芯、空气芯,则多用于无线电的超高频电路中。

一、电感器的感应电压

要搞清电感器上感应电压的大小和方向,需要通过图 3-17 所示的试验来说明。

(1)当开关接通时,蓄电池所送出的电流经开关由电感器左边 A 点进入,此瞬间电感器会反抗电流的进入,于是,便产生一个与电压源相同方向的电压,称作感应电压,如图 3-17a)所示,左边为正,右边为负。此感应电压产生的作用是抵抗电源电压,所以其大小等于电源电压,即12V。

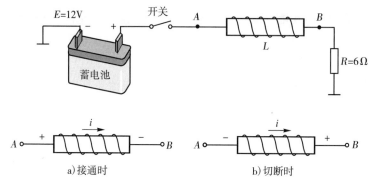

图3-17 电感器的感应电压试验

但是,电感器终究抵抗不过持续而来的电流,因此,这个反抗的电感电压便由大渐小,而电感器的电流量则由小渐大,直到达到平衡值($i=E/R$)为止,如图3-18a)所示。

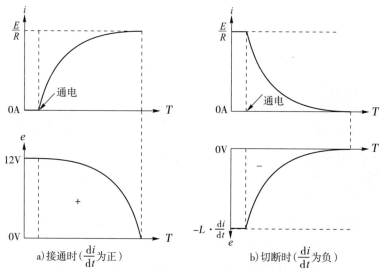

图3-18 感应电压与电流的关系

(2)当开关断开,电感器为了使电路维持原电流方向的继续流动,于是感应出一个反抗电流消失的反向电动势,即左边为负,右边为正,如图3-17b)所示。和开关接通瞬间不同的是,接通瞬间电流是由零渐渐变大;但在断开瞬间,电流却是从饱和状态(最大值)而渐渐变小,再加上如果断电的瞬间时间很短,则由式(3-5)得知,其反抗的感应电压将会远大于电源电压。

如图3-18b)所示,感应电压前加上负号,表示反对原磁场变化。电压随时间而渐减至零。

(3)如果电路上的开关不停地做切换,则电感器便接收到一变化率很大的高频电压,电流不断地在有与无之间转换,迫使感应电压也在正、负之间变换,如图3-19所示。交流电(AC)信号即与此现象类似。

（4）如果在电路中通以稳定的直流电（DC），且电流 i 不随时间 t 而变化，则斜率 $\dfrac{\mathrm{d}i}{\mathrm{d}t}$ 等于零，也就是说电感器两端的感应电压为零，如图 3-20 所示。

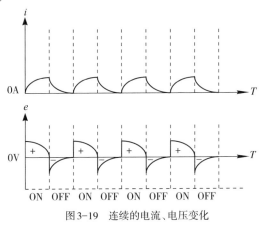

图 3-19　连续的电流、电压变化

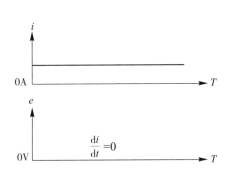

图 3-20　直流电的感应电压等于 0V

对电感器而言，交流电流使感应电压不停地在正负间变换，会使其磁场变换频率跟着增加，阻力升高。但是直流电流信号，却可以在电感器上畅行无阻。

理论上，电感器是由无阻导体所制成，但是一旦将它绕成线圈之后，却会对交流电流产生阻力，此即电感抗或称作感抗，以符号 X_L 表示：

$$X_L = 2\pi f L \tag{3-6}$$

式中：X_L——电感抗，Ω；

　　　　f——电流频率，Hz；

　　　　L——线圈电感，H。

当电流的频率为零时，即直流电，则电感抗等于零，因此，对直流电而言，电感器相当于短路状况（无阻抗）。但是当（交流）电流频率越高时，其感抗也越大。应用在实际的例子上，如果电路中只需要一部分的频率而不希望另一部分频率出现，就可以使用电感器来使某一部分的频率通过，屏蔽掉某些频率，例如在收音机的频道选择器。

一个电路的阻抗是指电流流动时所有阻力之和。在直流电路中，电流唯一的阻力便是电阻（R），但是在交流电路中，除了电阻之外，电感和电容也会对电流产生阻力。

二、充电与放电

电感器最大的特点便是它可以从电源取得电能并转换成磁能储存于磁场中，此种现象称为电感器的充电。反之，当移去电源时，电感器又将所储存的磁能转换成电能消耗于电路中，此现象称为放电。要有磁场就必须要有电流，因此，电感器的充放电，都是通过电流的变动来改变其储能状态的。

为了了解电感器的充放电情形，下面以图 3-21 来说明。

（1）如图 3-21a）所示，当开关置于 1，电感器 L 两端无任何电压，电流也为零，因此没有储存任何能量。

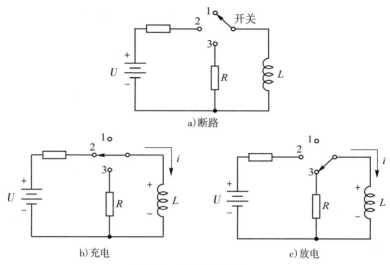

图 3-21 电感器的充放电

（2）当开关拨至 2，如图 3-21b) 所示，电感器接通电源，在此瞬间，时间极短暂，$t \approx 0$。依式（3-5）所描述，$\dfrac{\mathrm{d}i}{\mathrm{d}t}$ 便是最大值，电感器两端的感应电压即为电源电压。接着，电流 i 会从零开始增加，时间越长，电流的增加量越少，即 $\dfrac{\mathrm{d}i}{\mathrm{d}t}$ 会渐渐变小，直到两端感应电压等于零为止，这个过程称为电感器的充电。

（3）若再把开关拨至 3，如图 3-21c) 所示，此瞬间，电感器上的电流方向不变而流经电阻 R，电感器将刚才所吸收的能量逐渐释放，直到两端电压差等于零为止。传送到电阻的电流则转换成热能消耗掉，此过程称为电感器的放电。需留意的是，在电感器放电时，其上的感应电压极性会与充电时的相反，且感应电压也会高许多，但是，电流方向则会与充电时相同。

3.3.2 自感与互感

自感其实就是线圈本身的电感。当电流变化时（增加或减少），导线本身为了抵抗变动而产生感应电压的能力。感应电压的大小，则根据接通或断开的状态而有所不同，并且会受到 $\dfrac{\mathrm{d}i}{\mathrm{d}t}$ 的影响。因为自感和电感一样，其感应电压（电动势）的方向都会与原电压方向相反，因此又称反电动势。反电动势大小随匝数及磁通变化率的增加而增大。当然，也随着 $\dfrac{\mathrm{d}i}{\mathrm{d}t}$ 增大而升高。

互感的概念如图 3-22 所示，空间中两个靠近的线圈 A 和 B，若其中 A 线圈通以电流而产生磁通时，则其磁力线有一部分要穿过线圈本身，同时会有另一部分要穿过 B 线圈，当 A 线圈电流出现变化时，B 线圈便会感应出电流，这种现象被称为互感，用 M 符号表示。

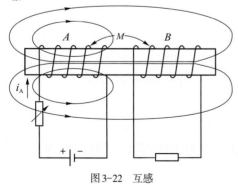

图 3-22 互感

汽车点火系统中所使用的点火线圈即利用电感线圈的自感互感与充放电现象制成。

3.4 电磁感应

上面已经探讨了关于"电磁效应"的一些现象。不同的是，电磁效应在研究因电生磁的各种现象，而"电磁感应"则刚好相反它是在研究因为磁场变化而产生电流的现象。这个现象对人类文明的发展颇为重要，因为人们如今使用的电，就是利用这些原理产生的。

当今，小到如脚踏车上的发电照明系统，大到如核能发电中的涡轮发电机，其所应用的发电原理均相同，只是切割磁力线的旋转动力机构不同罢了。本节将介绍这些"电磁感应"的相关定律。

3.4.1 法拉第感应定律

生于1791年的法拉第受到奥斯特实验的启发，认为既然电会生磁，那么磁当然也可以产生电，于是在1831年，他40岁的那年做了两项有名的试验，来证明在一闭合回路中，若磁通发生变化，则将在此闭合回路里感应出电流。法拉第称这种因磁通变化而产生电流的现象为电磁感应；闭合回路中所产生的电压称为感应电动势，产生的电流称为感应电流（几乎在同一时间，美国的亨利也发现电压是由磁场感应而产生的）。

法拉第的试验如图3-23所示：将线圈连接于电流表，然后把磁棒的N极端迅速地向线圈推进，此刻电流表上的指针会向一侧偏转，然后恢复到中央零线位置。指针的偏转表示线圈中有感应电流发生。接着把磁棒从线圈内抽出，即发现电流表上的指针往相反方向偏转，然后回到中央零线位置。

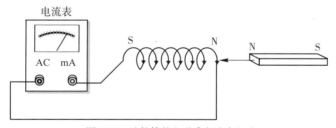

图3-23 法拉第的电磁感应试验（一）

之后，法拉第将磁棒换成了一组通电的线圈，如图3-24所示。当线圈上的开关接通或切断瞬间，都可见到电流表指针的偏转，只是方向相反而已。法拉第的试验证明不论磁场变化的原因是磁棒的相对运动或是另一线圈磁场的改变，都可以产生感应电动势（及感应电流）。

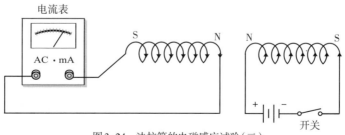

图3-24 法拉第的电磁感应试验（二）

法拉第综合上述两项实验而提出了著名的法拉第感应定律：

线圈在随时间而变动磁通的磁场中运动，即会产生感应电动势或电流，其大小与线圈匝数及磁通的变动率成正比。以小写英文字母 e 代表此电压为感应电压。负号表示反对原磁场的变化，与原电压方向相反，是一个向量符号。

$$e = -n\frac{d\Phi}{dt} \tag{3-7}$$

据此推之，若磁场没有变动，但导体在磁场中垂直于磁场移动时，则此导体上也会产生感应电动势，如图3-25、图3-26所示。

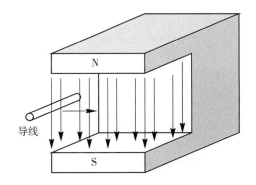

图3-25　导线移动而产生感应电动势

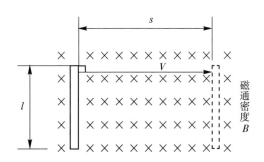

图3-26　感应电动势的计算

由式（3-7）可以导出：

$$e = -n\frac{d\Phi}{dt} = n\frac{B \times dA}{dt} = n\frac{B \times l ds}{dt} = nBlV \tag{3-8}$$

式中：B——磁通密度，Wb/m^2；

　　　l——导线长度，m；

　　　V——导线移动速率，m/s；

　　　n——线圈匝数。

直导体中产生的感应电动势方向可用右手定则来判断，如图3-27所示：平伸右手，使拇指与其余四指垂直，让掌心正对磁场 N 极，以拇指指向表示导体的运动方向，则其余四指的指向就是感应电动势的方向。

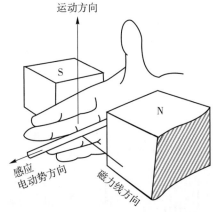

图3-27　右手定则

3.4.2　楞次定律

法拉第虽然发现了感应电动势的产生及其大小的计算方法，但却没有讨论感应电动势的方向（极性）。1834年，30岁的俄罗斯物理学家楞次，在观察了各种产生电流和感应电动势的现象后，综合得出结论：

感应电动势的方向是为了使所产生的感应电流

能够反抗原来磁场的变化，即楞次定律。

如图3-28a)所示，当磁棒N极靠近线圈时，则磁棒的向左磁力线（磁通为Φ_1）将使线圈内的磁力线增加，于是线圈会感应出电流，而产生向右磁通（Φ_2）来反抗向左磁力线的增加。此感应电流使电流表指针向右偏转。

反之，如图3-28b)所示，当磁棒远离线圈时，线圈上原来所受的磁棒的磁力线将减少，于是线圈便感应出电流，以产生相同方向的磁通（Φ_2），来补足原磁力线的减少。此感应电流使电流表指针向左偏转。

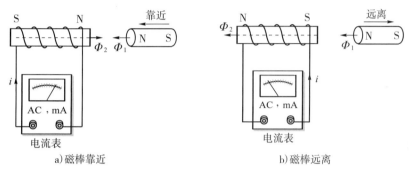

图3-28 楞次定律

3.4.3 霍尔效应

1879年，就读于美国霍普金斯大学研究所的霍尔从观察中发现，当一导体暴露在磁场中，并且在导体上流过与磁场方向垂直的电流时，则此导体会产生出一微小电压（霍尔电压），霍尔电压与磁场强度成正比。这便是著名的霍尔效应，如图3-29所示。

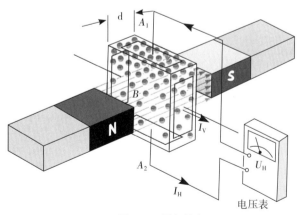

图3-29 霍尔效应

其中，I_V为电源电流，I_H为霍尔电流，U_H为霍尔电压，B为磁通密度。后来霍尔效应装置上采用半导体材料来取代原先的纯导体，因为那将会产生较高的霍尔输出电压，如图3-30所示。

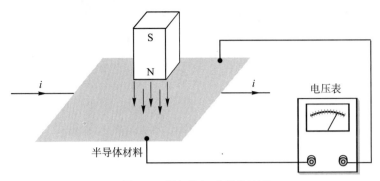

图3-30 霍尔效应(半导体材料)

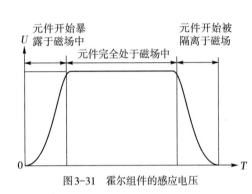

图3-31 霍尔组件的感应电压

当半导体元件被暴露在磁场环境中时,通过此元件将感应出电压(霍尔电压),暴露得越多,感应电压也越高。当元件被完全处于磁场中时,其感应电压将达到最大值,并且会持续到磁场开始受到阻隔为止。当元件开始被隔离于磁场时,电压也开始下降,如图3-31所示。只要半导体元件与磁场间受到阻隔或是元件离开了磁场范围,霍尔元件即不再感应出电压来,如图3-32所示。

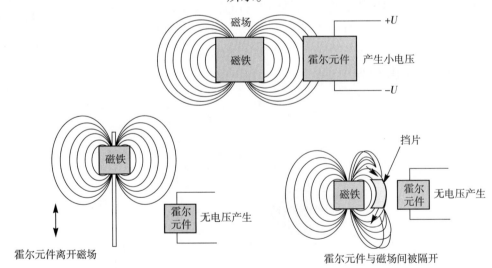

图3-32 霍尔电压与磁场

霍尔效应装置常使用在汽车点火系统中,霍尔效应装置可以为三极管点火系统提供触发信号。如图3-33所示,通过转盘上的遮罩提供一低磁阻的磁路,可使磁力线不流过霍尔半导体组件。通过转盘不停地转动,霍尔元件可送出连续的方波信号,如图3-34所示。

图3-35所示为采用霍尔效应所制成的点火系统中的分电器构造。

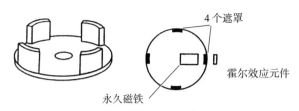

图3-33 霍尔效应组件

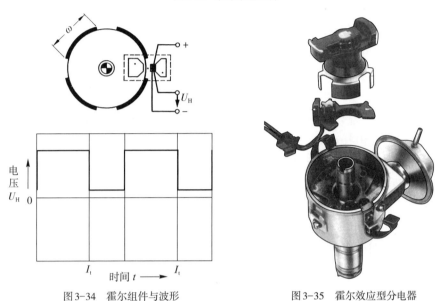

图3-34 霍尔组件与波形

图3-35 霍尔效应型分电器

3.5 汽车上常见的电磁元件

3.5.1 电磁式检波传感器

电磁式检波线路通常使用在需要由旋转速率来控制的电气系统中,例如:无分电器式点火系统、ABS系统等。无论哪一种系统,电磁式检波线路的基本作用都一样。

该线路主要由4个部分所组成(图3-36):

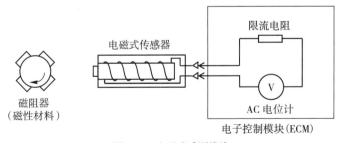

图3-36 电磁式感测线路

(1)控制模块(ECM)。
(2)电磁式传感器。

（3）磁阻器。

（4）电路与各接口。

在控制模块(ECM)内包含了一个限流电阻和一个信号处理元件，此处理元件的作用类似一个 AC 电位计。限流电阻与 AC 电位计彼此串联。

电磁式传感器为一可变磁阻传感器，它利用磁性材料（磁阻器）通过传感器的磁场，使传感器的磁场发生变化，从而使传感器内的线圈产生不同极性的感应电压。磁阻器上的凸齿通过传感器时，检波传感器内的线圈便感应出正弦波电压信号，并传送到 ECM：

（1）当磁阻器凸齿靠近检波传感器时，传感器的磁场便开始产生集中的现象，此刻会使检波传感器里的线圈感应出正电压，如图 3-37a)所示。磁场的变化越大，则感应出的电压也越强。

（2）当磁阻器凸齿与传感器尖端对齐成一直线时，因为此瞬间磁场的变化率最小，所以也没有感应电压生成，如图 3-37b)所示。

（3）而当磁阻器凸齿继续转动，准备要离开传感器时，传感器所受的磁场则出现扩张散开的相反变化，于是使得传感器内的线圈感应出一个负的电压脉冲信号，如图 3-37c)所示。

（4）直到磁阻器两凸齿间的空隙和传感器尖端对齐，磁场再一次不发生变化，故也无电压输出，如图 3-37d)所示。

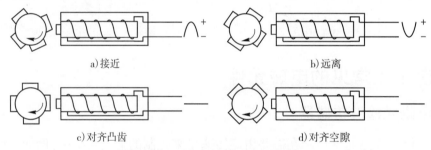

图 3-37　电磁式传感器与磁阻器间的作用

由电路所产生的电压信号，可以通过示波器进行观察。图 3-38 所示为一正常示波器所显示的检波传感器调变后的正弦波波形（实际上的波形则如图 3-39 所示，实际的磁力线变化如图 3-40 所示）。

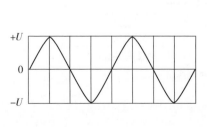

图 3-38　正常波形

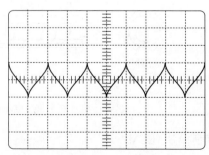

图 3-39　实际的电磁线圈波形

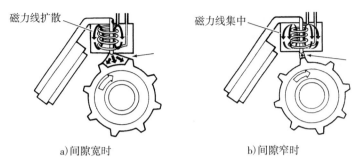

a) 间隙宽时　　　　　　　　b) 间隙窄时

图3-40　实际的磁力线变化

若电路中出现较正常值高的电阻时,则将使感应电压值下降(不论正负电压)。这种状况会使传送到 ECM 的电压信号基准降低,同时也会令示波器上所显示出的正弦波波峰变得较低,如图3-41所示。

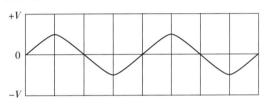

图3-41　线路电阻过大导致信号减弱

相同的情况也会出现在磁阻器与检波传感器位置安装不正确的时候,如果两者的距离太远,则因磁场强度的变化会比正常时低,而使感应电压变小,导致信号微弱。(所以,在安装 ABS 中的轮速传感器时,常需利用一定位隙片)。

如果线路中出现搭铁短路或断路,则将导致控制模块无输入信号。

3.5.2　继电器

继电器是一种利用电磁作开关的电子元件,它可通过手动方式或是三极管来切换。它也是一种以小电流来控制大电流的装置。其主要构造为线圈、铁芯及断电触点,如图3-42、图3-43所示。它形式上有常开型(NO 型)和常闭型(NC 型),若依引脚分别有3引脚、4引脚、5引脚……

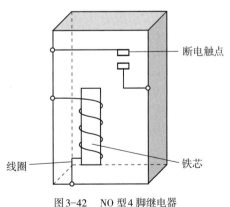

图3-42　NO 型4脚继电器

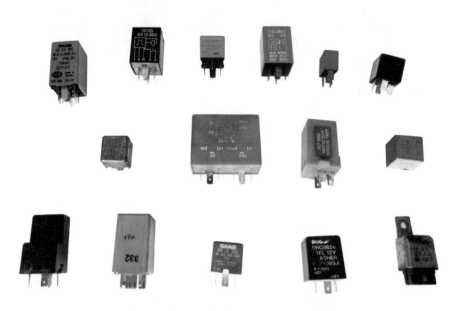

图3-43 各种形式的车用继电器

继电器线圈的电阻较大（一般在60~200Ω），因此流经线圈的电流较小。在NO型中，当铁芯上的线圈通以直流电时，铁芯产生吸力，使断电触点闭合，主电流便经由断电触点流向负载。图3-44所示为一喇叭电路，压下喇叭开关后，蓄电池电压加在继电器线圈上，使线圈充磁，产生吸力将触点接合，于是蓄电池的电流便使喇叭发出响声。由于继电器线圈是用很细的导线所绕成，所以喇叭开关只流过少量的电流（约0.25A），但是流过喇叭的电流却可以达到25A。

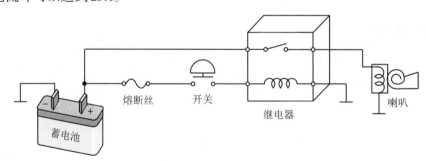

图3-44 喇叭继电器电路

继电器常被用在需要较大电流的元件上，并且此元件不需要做快速的切换（ON/OFF）动作。这是因为线圈本身的反应时间较慢，不如三极管那样快速的缘故。所以，继电器就不适合用在喷油嘴的控制电路上。但继电器可以使元件的切换时间延长到相当长的时间（数秒到数分钟）。

由于继电器主要是用导线绕成，根据楞次定律，当初级线圈接通而磁场将建立时，线圈都会因而感应出一反向电压来。为了消除这个不利的现象，通常会在继电器的内部加一个二极管，如图3-45a）所示。当线圈通电充磁时，二极管并不会导通；但是当线圈产生反向电压时,二极管即提供一旁通通路,来使反向电压不会流经继电器线圈。反向电压常常会造成精密敏感的控制元件的损毁。在欧洲车系(如BMW、BENZ)中二极管常与线圈并联,同时将二极管制作在继电器内成为单一元件,所以价格也较昂贵。但是在日系车中,此二极管(1N 4001)则常串联在线圈回路中,阻断反向电压的产生,如图3-45b)、c)所示。

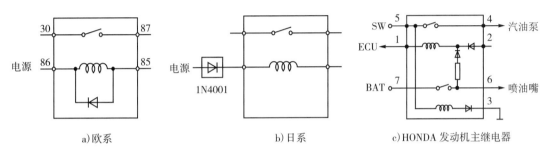

图3-45 含二极管的继电器

3.5.3 电磁阀

电磁阀也属于一种电磁元件。它的作用原理与继电器相同,但电磁阀是利用一个可移动的铁芯来产生作用。几乎在车上的每一个角落都可以见到电磁阀;电磁阀所产生的机械动作可以用来控制电流、真空或液体,也可间接地通过连杆来操控如车门锁、行李舱盖及起动机拨叉等。经过精密地调校与配合,电磁阀还可以用来控制如阀门(气门)及离合器等机构。

电磁阀的基本构造如图3-46所示。首先将导线绕成中空圈状,然后把铁或钢制的柱塞(可移动电枢)或铁芯放入其中,当通以直流电时,线圈产生磁场与磁极,并将铁芯吸入线圈内。当电流切断时,铁芯则靠复位弹簧回到原位。

电磁阀在分类上属于线性作动器,为一输出装置。它的动作大多为直线的前进或后退。

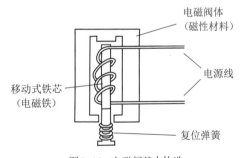

图3-46 电磁阀基本构造

作用时所要考虑的是行程的长度、产生的作用力和动作速度。线圈的作用力在整个移动行程中并不一致;铁芯越靠近磁场,吸力也会越强。除此之外,线圈的圈数,流过线圈的电流大小,线圈的长度及铁芯(柱塞)的磁化品质也都会影响其作用力。

至于线圈本身,线圈的材料多为导磁性佳的铜材并覆以聚氨酯制成,所涂覆的绝缘层越薄,则可以绕的圈数也就越多。不过,线圈的长度也决定了线圈的直流电阻。因为车辆上的工作电压很低,所以涂布的绝缘要求相当低,然而比较重要的问题却是"绝热"。在发动机上所使用的电磁阀其耐温度必须至少在150℃以上。

最常导致电磁阀故障的多属机械性故障,如脏污、偏心、弹簧断裂等,这是因为电磁阀线圈内的空气间隙必须尽量小以产生最佳效果。另外，复位弹簧的长度都是经过调校的，以便于使铁芯回到原位，因此其张力的任何增减都将使电磁阀作用不良。

为防止因电流突然切断产生的反向电压脉冲，可将线圈并联一个二极管，这一点与继电器内的二极管相似。线圈部分若出现短路现象，则会导致电流的升高，而使得控制电磁阀的 IC 或三极管烧毁。

喷油器是另一种运用电磁阀结构的元件。如图 3-47 所示，喷油器由一个固定开口的油孔和一根由电磁线圈作用的油针所组成。未通电时，油针靠弹簧（未显示）力抵紧在油孔座，汽油无法喷出；当线圈通以直流电时，磁力将油针吸离油孔座并让汽油通过油孔喷出。油针的动作如一个 ON/OFF 阀，而汽油喷射量则由阀门打开(ON)的时间长短所决定。

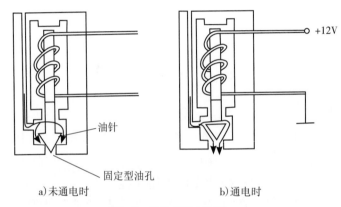

图 3-47 喷油器基本构造

3.5.4 变压器

一、变压器的用途和种类

变压器是一种常见的电气设备，在电力系统和电子线路中的应用十分广泛。其主要作用是升高电压和降低电压。在电力系统中，常用变压器来升高电压、减小电流，以降低输电过程中的功率损耗和节约输电线路有色金属的消耗，在用户端用变压器来降低电压，以保护用电过程的安全。如工厂中常用的三相异步电动机，它们的额定电压是 380V 或 220V；照明电路和家用电器的额定电压是 220V；机床照明、低压电钻等，只需要 36V 以下的电压；在电子设备中还需要多种电压；而高压输电则需要用 110kV、220kV 以上的电压输电。如果采用许多输出电压不同的发电机来分别供给这些负载，不但不经济、不方便，而且实际上也是不可能的。所以，实际上输电、配电和用电所需的各种不同的电压，都是通过变压器进行变换后而得到的。用来升高电压的变压器称为升压变压器；用来降低电压的变压器则称为降压变压器；升压电压器和降压变压器合称为电力变压器。变压器是利用互感原理工作的电磁装置，如图 3-48 所示，用符号 T 表示。

变压器除了可以变换电压之外，还可以变换电流、变换阻抗和传递信息，如电子线路中的输出变压器、耦合变压器。

变压器的种类很多,按用途不同,可分为电力变压器、专用变压器、调压变压器、测量变压器、试验变压器和安全变压器。按铁芯结构形式,可分为芯式变压器和壳式变压器。按冷却方式不同,可分为空气自冷式变压器、油浸自冷式变压器和油浸风冷式变压器。

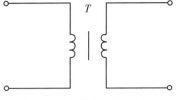

图3-48 变压器的示意图及符号

二、变压器的基本构造

变压器主要由铁芯和绕组(又称线圈)两部分组成。铁芯是变压器的磁路通道。为了减小涡流和磁滞损耗,铁芯是用磁导率较高而且相互绝缘的硅钢片叠装而成的。每一钢片的厚度,在频率为50Hz的变压器中为0.35~0.5mm。通信用的变压器近来也常用铁氧体或其他磁性材料作铁芯。芯式变压器的铁芯成"口"字形,绕组包着铁芯,如图3-49a)所示;壳式变压器的铁芯成"日"字形,铁芯包着绕组,如图3-49b)所示。

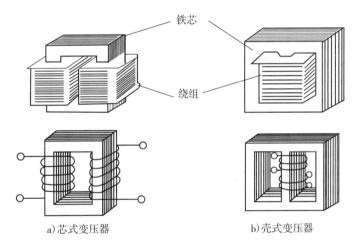

a)芯式变压器　　　　　　　b)壳式变压器

图3-49 芯式和壳式变压器

绕组是变压器的电路部分。绕组是用具有良好绝缘的漆包线、纱包线或丝包线绕成的。在工作时,和电源相连的绕组称为初级绕组(原线圈);而与负载相连的绕组称为次级绕组(副线圈)。通常电力变压器将电压较低的一个绕组安装在靠近铁芯柱的内层,这是因为低压绕组和铁芯间所需的绝缘比较简单,电压较高的绕组则安装在外面。用于频率较高的变压器,为了减少漏磁通和分布电容,常需要把初、次级绕组分为若干部分,分格分层并交叉绕制。绝缘是变压器制造的主要问题,绕组的区间和层间都要绝缘良好,绕组和铁芯、不同绕组之间更要绝缘良好。为了提高变压器的绝缘性能,在制造时还要进行去潮处理(浸漆、烘烤、灌蜡、密封等)。

除此之外,为了起到电磁屏蔽作用,变压器往往要用铁壳或铝壳罩起来,初、次级绕组间往往加一层金属静电屏蔽层。变压器在工作时,铁芯和绕组都会发热,所以必须采取冷却措施。对小容量变压器多用空气冷却方式,对大容量变压器多用油浸自冷、油浸风冷或强迫油循环风冷等方式。油浸式变压器的铁芯和绕组都浸在油里。这里变压器油除了起冷却作用外,还能增强变压器内部的绝缘性能。油箱外壳接有油管,用来促进油的对流,扩大散热面积,加快散热速度。

三、变压器的工作原理

❶ 空载运行(变压作用)

如图3-50中,因为没有负载,所以$i_2=0$,这时初级绕组中有电流i_0,该电流称为空载电流,其主要作用是在磁路中产生磁通Φ,所以又称励磁电流。一般大、中型变压器的励磁电流是初级绕组额定电流的3%~8%。变压器空载运行时,初、次级绕组上电压的比值等于两者的匝数比。变压器的变压关系为:

$$\frac{U_1}{U_2} = \frac{N_1}{N_2}$$

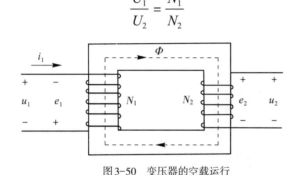

图3-50 变压器的空载运行

该比值称为变压器的变压比,简称变比。当输入电压不变时,改变变压器的变比就可以改变输出电压,这就是变压器的变压作用。若$N_1 < N_2$,为升压变压器,反之为降压变压器。

❷ 负载运行(变流作用)

如图3-51中,在变压器的次级绕组接上负载Z_2,变压器就处于负载运行状态。这时次级绕组中就有电流i_2,它的大小由次级绕组的电动势e_2和负载的阻抗Z_2决定,随着负载电流i_2的出现,次级绕组中要产生一个与原磁通Φ相反的磁通Φ',以减小Φ;初级绕组的电流将变成i_1。变压器变换电流的关系为:

$$\frac{I_1}{I_2} = \frac{N_2}{N_1}$$

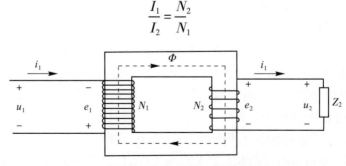

图3-51 变压器负载运行原理图

由上式可知,当变压器负载运行时,初、次级绕组电流之比等于匝数比的倒数。改变初、次级绕组的匝数就可以改变初、次级绕组电流的比值,这就是变压器的变流作用。

3.5.5 点火线圈

在汽车点火系统中所使用的点火线圈属于变压器的一种,变压器是应用电磁感应的原理所制成,能够完成升压或降压的工作。近年来,由于非结晶铁芯的开发,使变压器的体积和质量变得小型且轻量化。

点火线圈为一输出装置,它可以将来自蓄电池的12V电压经初级绕组的自感应后,并根据其匝数比感应给次级绕组,使火花塞点火。图3-52所示为一典型点火绕组接线,请留意初级绕组与次级绕组绕线方向上的不同。当开关闭合时,初级绕组充磁,电流与极性的方向如图3-53a)所示,初级绕组所产生的磁力线沿铁芯到次级绕组而完成磁回路。但是当开关切断时,在初级绕组内会根据楞次定律而产生反抗磁场变化的反向电压,如图3-53b)所示。此反向自感电压远大于蓄电池电压(12V),约在300V,并且方向与原磁场方向相反。磁力线沿铁芯到了次级绕组并使次级绕组也根据匝数比感应出反向电压(20kV以上),而产生如图所示的电流,使火花塞点火。

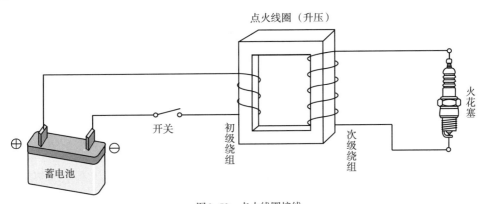

图3-52 点火线圈接线

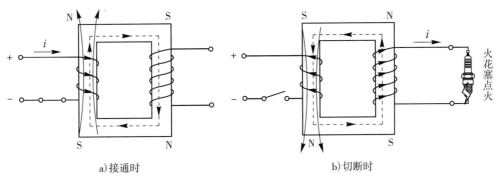

a) 接通时　　　　　　　　b) 切断时

图3-53 点火线圈所感应的极性

理 论 测 试

一、填空题

1. 磁感应强度既反映某点磁场的_____，又反映该点磁场的_____。
2. 根据相对磁导率的不同，可将物质分为_____，_____，_____三类。
3. 物质原来没有磁性，在外磁场作用下产生磁性的现象称为_____。
4. 闭合回路中的一部分导体在磁场中作切割磁力线运动时，回路中有_____产生。
5. 各种变压器的基本构造是相同的，主要由_____和_____两大部分组成。
6. 变压器的作用有：变_____，变_____，变_____。

二、选择题

1. 传统点火系统中的点火线圈的作用是____。
   (A)按顺序向各汽缸点火　　　　　(B)将低压电转变为高压电
   (C)接通或断开点火系统初级电路　(D)用来减小断电器触头断开时的火花
2. 在传统点火系统中与断电器触头并联的电容的作用是____。
   (A)灭磁
   (B)作为辅助电源
   (C)用来减小断电器断开的火花，延长触头使用寿命
   (D)滤波
3. 变压器的铁芯都采用____材料。
   (A)硬磁　　　　　　　　　　　　(B)软磁
   (C)矩磁　　　　　　　　　　　　(D)半导体
4. 变压器初级绕组100匝，次级绕组200匝，在初级绕组两端接有电动势为10V的蓄电池组，则次级绕组的输出电压是____。
   (A)20V　　　　　　　　　　　　(B)5V
   (C)0V　　　　　　　　　　　　 (D)2V
5. 一个理想变压器初、次级绕组的匝数比为100∶1，它能正常地向接在次级绕组两端的一个"20V100W"的负载供电，则变压器的输入电压和输入电流应分别为____。
   (A)2000V，0.05A　　　　　　　(B)200V，0.5A
   (C)20V，5A　　　　　　　　　　(D)大于2000V，大于0.05A
6. 变压器的工作原理是____。
   (A)磁路的欧姆定律　　　　　　　(B)电磁感应原理
   (C)戴维南定理　　　　　　　　　(D)基尔霍夫定律
7. 若电源电压与频率都保持不变，变压器铁芯中的磁通空载时与负载时比较，____。
   (A)空载时磁通大　　　　　　　　(B)负载时磁通大
   (C)空载负载一样大　　　　　　　(D)无法比较

三、判断题

1. 变压器可以改变各种电压的大小。（　　）
2. 变压器只能改变交流电压的大小。（　　）
3. 传统点火系统中的点火线圈就是一个变压器。（　　）
4. 要将220V的交流电压降成110V，为了节约铜线，变压器初级绕组用2匝，次级绕组用一匝即可。（　　）
5. 有电流必定有磁场，有磁场则一定有电流。（　　）
6. 不是所有的铁磁材料都能被磁化。（　　）
7. 磁屏蔽的目的是切断磁力线，防止漏磁。（　　）
8. 只要线圈中有磁通经过，在线圈中就能产生感应电流。（　　）
9. 交流电磁铁与直流电磁铁的吸力特点是相同的，不同的是工作时使用的电源不同。（　　）
10. 变压器是一种静止的电气设备，它只能传递电能，而不能产生电能。（　　）

四、简答题

1. 左手定则和右手定则各用来判别什么？怎样使用？

2. 电磁感应的实质是什么？

3. 线圈的电感和哪些因素有关？

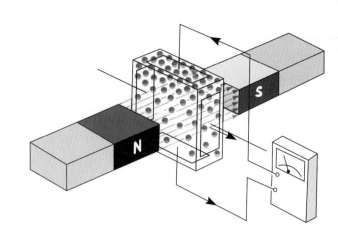

单元4

电动机和发电机

 知识目标:

1. 简单叙述直流电动机的分类、基本构造及励磁方式;
2. 正确描述直流电动机的基本原理及正确使用方法;
3. 简单叙述三相交流发电机的结构并描述其基本原理;
4. 正确描述步进电动机的基本原理。

 能力目标:

1. 会正确分析和使用直流电动机与交流电动机;
2. 会正确连接直流电动机的线路,实现其起动调速与正反转;
3. 能解决生产中的实际问题。

 建议学时:

10 学时

4.1 直流电动机

直流电动机是电动机的主要类型之一,它将直流电能转换成机械能。直流电动机具有优良的调速和起动性能:

(1)它的起动转矩较大。

(2)它的调速范围广且平滑性、经济性好。

(3)在无交流电源而以蓄电池作为电源的机械设备上,也使用直流电动机来起动,如汽车上的起动机就是利用了直流电动机具有良好的起动性能的特点。

4.1.1 直流电动机的铭牌数据及主要系列

铭牌镶在电动机机座的外表面上,上面标明电动机主要额定数据及电动机产品数据,供使用者使用时参考。铭牌数据主要包括:电动机型号、电动机额定功率、额定电压、额定电流、额定转速和励磁电流以及励磁方式等,还包括电动机的出厂数据、出厂编号和出厂日期等。

电动机的产品型号表示电动机的结构和使用特点,国产电动机的型号一般采用大写的汉语拼音字母和阿拉伯数字表示,其格式为:第一部分字符用大写的汉语拼音表示产品代号;第二部分字符用阿拉伯数字表示设计序号;第三部分字符是机座代号,用阿拉伯数字表示;第四部分字符表示电枢铁芯长度代号,用阿拉伯数字表示。现以 Z2-62 为例说明如下。

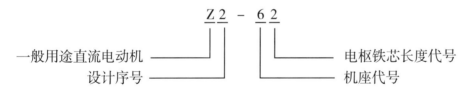

第一部分字符含义如下。

Z 系列:一般用途直流电动机。

ZJ 系列:精密机床用直流电动机。

ZQ 系列:直流牵引电动机。

ZT 系列:广调速直流电动机。

ZH 系列:船用直流电动机。

ZA 系列:防爆安全型直流电动机。

ZKJ 系列:挖掘机用直流电动机。

ZZJ 系列:冶金起重直流电动机。

4.1.2 直流电动机的基本原理

直流电动机的工作原理是基于载流导体与磁场之间的相互作用。

一、转动原理

图4-1所示为直流电动机的模型,可用它模拟其工作原理。N 和 S 是直流电动机的一对固定的主磁极,它的电枢绕组只有一个线圈 abcd,线圈 abcd 的两端分别与两个换向片相连接。电枢转动时,换向片随之一起旋转。静止的电刷 A、B 放置在换向片上。

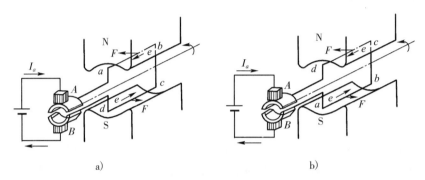

图4-1　直流电动机工作原理图

当直流电压加在电刷两侧时,直流电流通入电枢线圈。若线圈如图4-1a)所示位置时,ab 边处于 N 极下,cd 边在 S 极下。电枢电流 I_a 经电刷 A、换向片,在电枢绕组中沿着 $a \to b \to c \to d$ 的方向流动,再经换向片、电刷 B 流出。线圈 ab 边和 cd 边在磁场中受到电磁力的作用,受力方向可由左手定则确定。可以确定 ab 边受力向左,cd 边受力向右,这一对电磁力形成的电磁转矩,使电枢逆时针方向旋转。当电枢自图4-1a)所示的位置转过90°时,两个线圈边都转到磁感应强度 $B=0$ 的位置,此时线圈边不受电磁力的作用,转矩消失。由于机械惯性的作用,电枢仍能转过一个角度,这时线圈 ab 边处于 S 极下,cd 边在 N 极下,线圈中电流方向改变了。电枢电流 I_a 经电刷 A、换向片从线圈的 d 端流入,再经线圈的 a 端、换向片、电刷 B 流出。这时两个线圈边受力的方向仍旧使电枢沿逆时针方向旋转,如图4-1b)所示。

尽管电刷上外加的电源是直流的,但由于电刷和换向片的作用,在线圈中流过的电流是交流的,导致其产生的转矩的方向保持不变,从而使得电枢能朝着一个方向一直旋转下去,通过转轴便可带动其他工作机械。

二、电磁转矩

直流电动机的电磁转矩是由电枢绕组通入直流电流后在磁场中受力而形成的。由电磁力定律可知,一根载流导线受磁场作用产生的平均电磁力为 $F=BIL$。对于给定的电动机,磁感应强度 B 与每极磁通 Φ 成正比,导体电流 I 与电枢电流成正比,而导体在磁场中的有效长度 L 及转子半径等都是固定的,取决于电动机的结构,所以电磁转矩常用下式表示:

$$T = C_T \Phi I_a \qquad (4-1)$$

式中,C_T 是与电动机结构有关的常数,称为转矩常数,对已制造好的电动机而言,

C_T 是定值；Φ 为每极磁通；I_a 为电枢电流。

由式（4-1）可知，电动机电磁转矩 T 与每极磁通 Φ 和电枢电流 I_a 的乘积成正比。电磁转矩的方向由 Φ 与 I_a 的方向决定，只要改变其中一个量的方向，电磁转矩的方向也随之改变，从而电动机的转向也就改变。

电动机运行时，由于本身机械摩擦等原因产生的阻转矩称为空载损耗转矩，用 T_0 表示。电动机拖动的生产机械的负载转矩用 T_L 表示。所以只有当电磁转矩 T 与空载损耗转矩 T_0 和负载转矩 T_L 相平衡时，电动机才能稳定运行，即：

$$T=T_0+T_L \qquad (4-2)$$

式（4-2）称为直流电动机的转矩平衡方程式。

三、反电动势

当直流电动机转动时，电枢绕组切割磁力线，在绕组中产生感应电动势，如图4-1所示，该电动势的方向与电枢电流的方向相反，因而称为反电动势。根据电磁感应定律，电枢绕组一根导线的平均反电动势为：

$$e_{av}=B_{av}lV \qquad (4-3)$$

电刷间的反电动势 E 与每根导线中的平均反电动势 e_{av} 成正比，线速度 V 与电枢的转速 n 成正比，所以反电动势常用下式表示：

$$E=C_E\Phi n \qquad (4-4)$$

式中，C_E 是与电动机结构有关的常数，称为电动势常数，对已制造好的电动机而言，C_E 是定值。

由此可见，直流电动机在转动时，反电动势 E 的大小与每极磁通 Φ 和电动机转速 n 的乘积成正比，它的方向与电枢电流相反，所以反电动势在电路中起着限制电流的作用。

根据基尔霍夫定律，在电动机稳定运行时，基于电枢绕组的端电压 U 等于电枢绕组 R_a 的压降 I_aR_a 和反电动势 E 之和，即：

$$U=E+I_aR_a \qquad (4-5)$$

式（4-5）称为直流电动机的电压平衡方程式。

4.1.3 直流电动机的结构

从电动机的基本工作原理知道，电动机的磁极和电枢之间必须有相对运动，因此，直流电动机由固定不动的定子和旋转的转子两部分组成，在这两部分之间的间隙称为空气隙。图4-2所示是直流电动机结构图。

汽车直流电动机主要包括：直接传动起动机、减速传动起动机和永磁减速式起动机。起动机一般由直流电动机、单向传动机构、操纵机构3部分组成。图4-3所示为起动机用直流电动机结构。一般来讲，工业用直流电动机的工作电压较高，功率较大；而汽车用直流电动机多应用于低压、大电流的工作环境，功率相对较小。

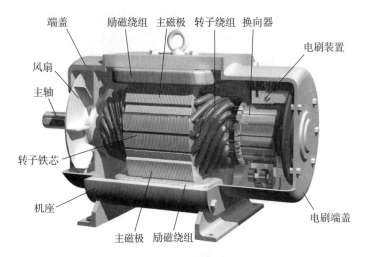

图4-2 直流电动机的结构

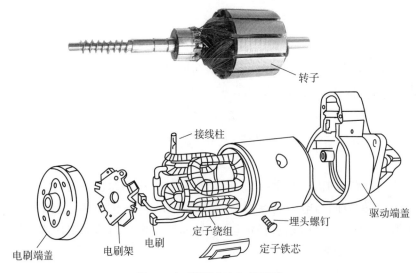

图4-3 起动机用直流电动机结构

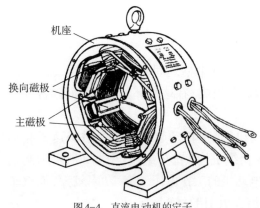

图4-4 直流电动机的定子

一、定子

定子的作用是产生磁场和作为电动机机械支撑。它由主磁极、换向磁极、电刷、机座、端盖和轴承等组成。图4-4所示是直流电动机的定子。

主磁极的作用是建立主磁场,装在机座的内壁,它由主磁极铁芯和励磁绕组组成。主磁极铁芯包括极芯和极掌两部分。极芯上套有励磁绕组,各主磁极上的绕组一般都是串联的。直流电动机的磁极如图4-4所示。极掌的作用是使空气隙中磁感应强度分布最为合适。一般直流电动机的主磁极通过将直流电流通入套装在主磁极铁芯上的励磁绕组来建立。主磁极的个数一定是偶数，励磁绕组的连接必须使得相邻主磁极的极性按N、S极交替出现的规律进行。汽车起动机一般采用4个磁极，功率较大的也有采用6个磁极的。

在两个相邻的主磁极之间中性面内有一个小磁极，这就是换向磁极。它的构造与主磁极相似，是由换向极铁芯和套在铁芯上的换向极绕组构成，并用螺杆固定在机座上。它的励磁绕组与主磁极的励磁绕组相串联。换向磁极的个数一般与主磁极的极数相等，在功率很小的直流电动机中，也有不装换向极的。

换向磁极的作用是产生附加磁场，改善电动机的换向，减小电刷与换向器之间的火花，不致使换向器烧坏。

主磁极中性面内的磁感应强度本应为零，但是，由于电枢电流通过电枢绕组时所产生的电枢磁场，使主磁极中性面的磁感应强度不能为零，于是使转到中性面内进行电流换向的绕组产生感应电动势，从而使得电刷与换向器之间产生较大的火花。

用换向磁极的附加磁场来抵消电枢磁场，使主磁极中性面内的磁感应强度接近于零，这样就改善了电枢绕组的电流换向条件，减小了电刷与换向器之间的火花。

电刷装置是把外电路的电压、电流引入电枢绕组。电刷装置主要由用石墨制成导电块的电刷、加压弹簧和刷盒等组成，如图4-5所示。

固定在机座上（小容量电动机装在端盖上）不动的电刷，借助于加压弹簧的压力和旋转的换向器保持滑动接触，使电枢绕组与外电路接通。

电刷数一般等于主磁极数，各同极性的电刷经软线汇在一起，再引到接线盒内的接线板上，作为电枢绕组的引出端。

机座用铸钢或铸铁制成，用来固定主磁极、换向磁极和端盖等，它是电动机磁路的一部分。机座上的接线盒有励磁绕组和电枢绕组的接线端，用来对外接线。

端盖装在机座两端并通过端盖中的轴承支撑转子，将定子、转子连为一体，同时端盖对电动机内部还起到防护作用。

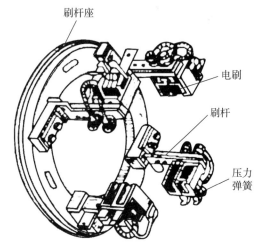

图4-5 电刷装置

二、转子

直流电动机的转动部分称为转子，又称电枢。它由电枢铁芯、绕组、换向器等组成，如图4-6所示。

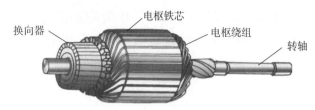

图4-6 直流电动机的电枢

电枢铁芯由硅钢片冲制叠压而成，在外圆上有分布均匀的槽用来嵌放绕组。铁芯也作为电动机磁路的一部分。

绕组是产生感应电动势或电磁转矩，实现能量转换的主要部件。它是由许多绕组元件构成，按一定规则嵌放在铁芯槽内和换向片相连，使各组线圈的电动势相加。绕组端部用镀锌钢丝箍住，防止绕组因离心力而发生径向位移。

换向器由许多铜制换向片组成，外形呈圆柱形，片与片之间用云母绝缘，如图4-7所示。

图4-7 直流电动机的换向器

4.1.4 直流电动机的励磁方式

直流电动机的性能与它的励磁方式有密切的关系，励磁方式不同，电动机的运行特性有很大差异。直流电动机按其励磁绕组和电枢绕组连接方式的不同，可分为他励、并励、串励和复励4类。4种励磁方式接线分别如图4-8所示，其中U表示运行时加在电动机出线端的电源电压，I_a表示电枢电流，I_f表示励磁电流，I为经过负载或电源供给电动机的总电流。

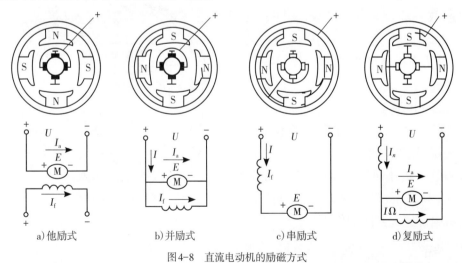

a) 他励式　　b) 并励式　　c) 串励式　　d) 复励式

图4-8 直流电动机的励磁方式

一、他励电动机

励磁绕组与电枢绕组由不同的直流电源供电，两者不相连接。励磁电流I_f仅取决于他励电源的电动势和励磁电路的总电阻,而不受电枢端电压的影响。

二、并励电动机

这种电动机的励磁绕组和电枢绕组相并联。并励电动机的励磁电流 I_f 不仅与励磁回路的电阻有关,而且还受电枢端电压的影响。由于励磁绕组承受着电枢两端的全部电压,其值较高,为了减小励磁绕组的铜损耗,励磁绕组必须具有较大的电阻,所以励磁绕组匝数较多,导线较细。

三、串励电动机

这种电动机的励磁绕组和电枢绕组相串联。由于通过励磁绕组的电流 I_f 就是电枢电流 I_a,为了减小励磁绕组的电压降和铜损耗,励磁绕组应具有较小的电阻,因此励磁绕组一般匝数较少,导线较粗。

四、复励电动机

这种电动机的励磁绕组分成两部分,一部分与电枢绕组并联,称为并励绕组;另一部分与电枢绕组串联,称为串励绕组。当两部分励磁绕组产生的磁通方向相同时,称为积复励电动机;方向相反时则称为差复励电动机。

4.1.5 直流电动机的工作特性

直流电动机是将直流电能转换为机械能输出的一种旋转机械,因此需要掌握它的转速 n 与输出转矩 T 之间的关系。当电源电压为额定值,励磁电路电阻为常数时,电动机的电磁转矩 T 与转速 n 之间的关系,称为直流电动机的工作特性。下面分析不同励磁方式下直流电动机的工作特性。

(1)永磁式:由于磁通保持不变,电枢电流增大时(电动机负载增加),使电磁转矩增大时,电动机转速下降并不明显,电动机的这种特性称为硬特性。

(2)串励式:当负载转矩增大时,流过电枢的电流增大,使磁极接近饱和,磁通增加较慢,转速随转矩的变化而急剧变化,电动机的这种特性又称为软特性。轻载时转速高,重载时转速低,对汽车起动发动机十分有利。

(3)并励式:当负载增加时,转矩随之增加,但由于电枢电阻较小,使得电动机转速下降不显著。

(4)他励式:由于流过电枢的电流不变,因此产生的磁通也保持不变,其工作特性与永磁式类似。

(5)复励式:工作特性介于串励和并励之间。

由于一般情况下,并励式直流电动机的励磁绕组与电枢绕组是并联在同一电源上,当外电压及励磁电阻不变时,每极磁通也基本不变,故永磁式、并励式、他励式直流电动机转速与转矩的关系基本相同,电动机转速随转矩的增加而近似按线性规律下降,但下降很慢,即特性较硬。图4-9表示的是不同励磁方式下直流电动机的工作特性。

4.1.6 直流电动机的起动、制动、反转和调速

一、直流电动机的起动

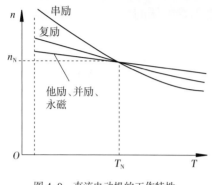

图 4-9 直流电动机的工作特性

直流电动机从接通电源开始,转子由静止到稳定运行的过程称为起动。电动机在起动过程中,电枢电流 I_a、电磁转矩 T、转速 n 都随时间变化。开始起动的一瞬间,转速等于零,这时的电枢电流称为起动电流,用 I_{st} 表示;对应的电磁转矩称为起动转矩,用 T_{st} 表示。生产机械对直流电动机起动的基本要求是:起动转矩要足够,但不要过大,起动时间要短,起动电流要小,起动设备要简单、经济、可靠。

直流电动机如果把电枢直接接入直流电源起动,在起动开始瞬间,反电动势 ($E=C_E\Phi n$) 尚未建立,所以起动电流和起动转矩分别为:

$$I_{st}=\frac{U-E}{R_a}=\frac{U}{R_a} \qquad (4-6)$$

$$T_{st}=C_T\Phi I_{st} \qquad (4-7)$$

在额定电压下起动,由于 R_a 很小,故 I_{st} 非常大,一般可达额定电流的 10~20 倍,起动转矩也很大。这样大的起动电流在电刷与换向器接触处会产生强烈的火花,易导致换向器损坏。同时,过大的起动转矩将电动机及其拖动的机械遭受突然的巨大冲击,也会损坏传动机构和生产机械。因此除容量很小的直流电动机外,必须设法减小起动电流。

由式 (4-6) 可知,减小起动电流的方法有两种:降低电枢端电压 U 和在电枢电路中串联起动电阻 R_{st}。

降低电枢电压起动,需要有一个可调压的直流电源专供电枢电路使用。随着转速的升高其电源电压可逐渐升高到额定值,这种方法只适用于他励电动机。

对于并励、串励和复励电动机,一般都采用在电枢电路内串联起动电阻 R_{st} 的方法起动。这时起动电流为:

$$I_{st}=\frac{U}{R_a+R_{st}} \qquad (4-8)$$

起动开始瞬间,将起动电阻放在最大处,随着电动机转速的上升,逐段将起动电阻切除,当 $R_{st}=0$ 时起动过程结束。

二、直流电动机的制动

在工业生产过程中,经常需要采取一些措施使直流电动机尽快停转,或者从较高转速降到较低转速运转,这就是电动机的制动问题。制动就是施加一个与电动机转向相反的转矩。实现制动有两种方法:机械制动和电气制动。常见的直流电动机的电气制动类型有能耗制动、反接制动和回馈制动。

电动机的转矩取决于磁通 Φ 与电枢电流 I_a 的相互作用。故改变电磁转矩的方向从而实现直流电动机的制动和反转的方法有两种：一种是改变磁通（即励磁电流）的方向；另一种是改变电枢电流的方向。但若同时改变磁通的方向和电枢电流的方向，则直流电动机的转向维持不变。

❶ 能耗制动

图4-10所示是并励电动机的能耗制动电路图。将电动机的电枢绕组从电源上切除后，主磁极绕组仍接在电源上，主极磁通 Φ 不变，电动机依靠惯性继续转动，当开关S从1位接到2位时，脱离电源后的电枢绕组被接到制动电阻R上，此时电动机处于发电状态，将转子动能转化为电能消耗在制动电阻上。此时电枢电流与电动机运转时的电流方向相反，产生的电磁转矩是制动转矩，从而使电动机迅速停止转动。能耗制动所需制动设备简单，成本低，制动平稳可靠，但能量白白浪费且制动时间长。对于要求准确停车的系统，采用能耗制动较为方便。

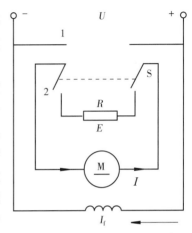

图4-10 并励电动机的能耗制动电路图

❷ 回馈制动

当电动机车下坡或吊上重物下降时，可能出现电动机转速高于空载转速，此时电动机作发电机运行，电动机将机械能转换成电能，反送回电网，并产生制动转矩来限制电动机的转速。回馈制动能将产生的电能回馈到电网中，节能明显，但只能发生在转速大于理想空载转速的情况下，能降低转速但不能制动到停止状态。

❸ 反接制动

改变励磁电流 I_f 的方向或改变电枢电流 I_a 的方向，使电动机得到反向转矩，从而产生制动作用。在电动机转速降低至零附近时应断开电源，否则电动机将反转。

图4-11所示为他励直流电动机的电枢反接的反接制动电路，制动时使 S_1 断开、S_2 闭合，使电枢电源反接的同时串入一个制动电阻R，这时

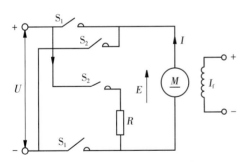

图4-11 电枢反接的反接制动电路图

由于U反向，电流反向，产生的转矩T反向，进入制动状态。反接制动所需设备简单，操作简单，制动迅速，但对电网冲击大，需从电网吸收大量电能，制动准确度难控制。适用于要求快速停车的拖动系统，对于要求快速并立即反转的系统更为理想。

三、直流电动机的反转

电动机的转动方向由电磁转矩方向确定。由转矩公式 $T=C_T\Phi I_a$ 可知，可以通过改变励磁电流方向或改变电枢电流方向来改变电动机的转动方向，即实现反转。因此改变电

动机转向的方法有两种：保持电枢电压两端极性不变，把励磁绕组反接，使励磁电流方向改变；保持励磁绕组电流方向不变，把电枢绕组反接，使电枢电流方向改变。如果两电流方向同时改变，电动机的转动方向将不改变。

由于他励和并励电动机励磁绕组匝数较多，电感较大，励磁电流从正向额定值变到负向额定值的时间长，反向磁通的建立过程缓慢，而且在励磁绕组反接断开瞬间，绕组中将产生很大的自感电动势，可能造成绝缘击穿，所以他励和并励电动机通常采用改变电枢电流的方向使其反转。

四、直流电动机的调速

在生产或工作过程中，往往需要根据工艺或设备的具体情况调整直流电动机的运行速度。通过人为的方法改变电动机的速度，称为调速。下面以他励电动机为例说明直流电动机的调速方法。

他励直流电动机的调速有改变电枢电压、改变电枢回路电阻和改变主磁通等3种调速方法。一般而言，调压调速的稳定性和平滑性较好，但只能用于减速；改变电枢回路电阻调速则操作简单，平滑性较差，也只能用于减速；改变主磁通则只能调高转速且调速范围窄，但速度变化较平滑，控制方便。实际应用时电动机的调速往往是将以上几种方法结合起来。

4.2 三相交流发电机

工业和民用电绝大部分都是由三相电源提供的，目前三相电源主要是由发电厂利用三相同步发电机发电产生的。我国主要的发电形式有火力发电、水力发电和核能发电。汽车作为一种移动的交通工具，无法使用普通的三相电源来提供电能，因此汽车就需要有自带的电源系统。汽车电源系统主要由蓄电池、发电机和调节器组成。在汽车的电源中发电机是主要电源，蓄电池是辅助电源，调节器是在发电机转速变化时自动调节发电机的输出电压并使其保持稳定。

汽车发电机有直流发电机和交流发电机两种。由于直流发电机换相时存在的干扰现象，现代高速发动机主要采用交流发电机。对汽车电器而言，正常情况下除起动机外，其他用电设备的供电主要是由交流发电机完成，并向汽车蓄电池充电。由于汽车交流发电机采用二极管整流，将三相交流电整流为直流电，故又称为硅整流发电机。硅整流发电机包括一个三相同步交流发电机和若干个整流二极管。

4.2.1 三相同步发电机的构造

同步发电机的结构形式有旋转电枢式和旋转磁极式，旋转电枢式将三相绕组安装在转子上，磁极装在定子上。旋转磁极式将磁极装在转子上，三相绕组装在定子上。大容量的同步发电机往往采用旋转磁极式。

在旋转磁极式同步发电机中，按照磁极的形状可以分为隐极式转子和凸极式转子两种。隐极式的转子上没有明显凸出的磁极,其气隙是均匀的,转子成圆柱形的,其外形如图4-12a)所示,常用作汽轮发电机的转子。凸极式的转子上有明显凸出的磁极,气隙不均匀,其外形如图4-12b)所示,水轮发电机等转速较低的同步发电机一般都采用凸极式转子。汽车整体式交流发电机零部件组成如图4-13所示,它属于隐极式同步发电机。

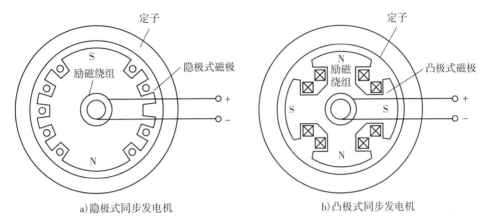

图4-12 同步发电机

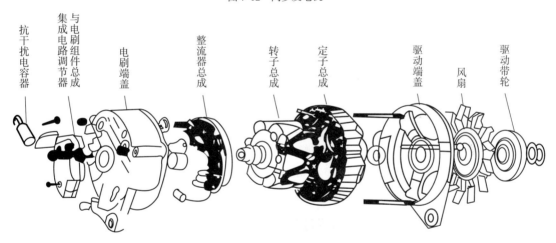

图4-13 整体式交流发电机零部件

同步发电机和其他类型的旋转发电机一样,主要由固定的定子和转子两大部分组成。

定子又称电枢,是发电机的固定部分。定子由定子铁芯和定子绕组组成。定子铁芯和定子绕组又称为电枢铁芯和电枢绕组。定子铁芯的内圆周表面有冲槽,用来放置三相对称绕组。绕组的接法有星形和三角形两种方式,一般采用星形连接。图4-14所示为定子绕组结构和星形连接图。

转子由转子轴、励磁绕组、两块爪形磁极、集电环等组成,如图4-15所示。转子轴由低碳钢制成,两块爪形磁极压装在转子轴上,其空腔内装有导磁绕组,励磁绕组的两根引出线分别焊在与轴绝缘的两个压装在轴上的集电环上。集电环与装在后端盖内的两个电刷相接触,两个电刷通过引线分别接在两个螺钉接线柱上,这两个接线柱即为发电机的"+"极(电枢)接线柱和"−"极(搭铁)接线柱。当这两个接线柱与直流电源相接时,便有电流流过励磁绕组,从而产生磁场。

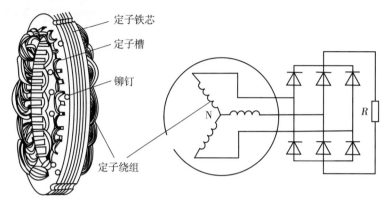

图4-14 定子结构与三相绕组的星形连接图

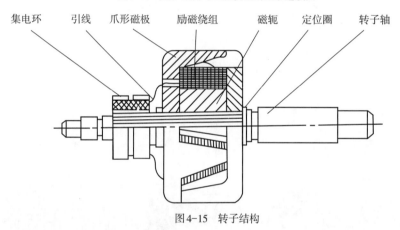

图4-15 转子结构

气隙处于电枢内圆和转子磁极之间,为0.2~1mm,气隙层的厚度和形状对发电机内部磁场的分布和同步发电机的性能有重大影响。

4.2.2 三相同步发电机的工作原理

当蓄电池或发电机作用于磁场绕组两端时,磁场绕组就有电流流过,转子的爪极被磁化形成一个磁极。当转子被发动机驱动旋转时,由于电枢绕组与主磁场之间的相对切割运动,定子三相绕组切割转子磁极的磁力线,电枢绕组中将会感应出频率相同、幅值相等、相位相差120°的按周期性变化的三相对称交变电动势。通过引出线,即可向外提供交流电源。图4-16a)中用 U_1U_2、V_1V_2、W_1W_2 3个在空间错开120°分布的线圈代表三相对称交流绕组。感应电动势输出波形如图4-16b)所示。

感应电动势可用下列方程式表示:

$$\left.\begin{array}{l}e_U=E_m\sin\omega t\\ e_V=E_m\sin(\omega t-120°)\\ e_W=E_m\sin(\omega t+120°)\end{array}\right\} \quad (4-9)$$

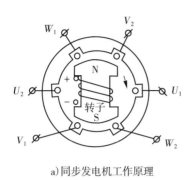 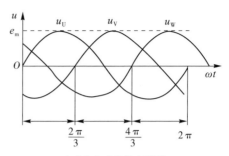

a) 同步发电机工作原理　　　　b) 感应电动势输出波形

图 4-16　同步发电机

汽车交流发电机的基本结构由定子、转子、整流器和端盖 4 部分组成。其中整流器的作用是将三相定子绕组产生的交流电变为直流电。汽车交流发电机电路如图 4-17 所示。

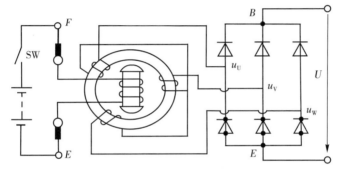

图 4-17　汽车交流发电机的工作原理

汽车用交流发电机与一般工业交流发电机的主要区别在于它的转速变化范围很大、功率较小，且汽车发电机发出的交流电主要考虑的是输出电压和电流，对输出频率没有要求，相比之下输出电流也较小。汽车用交流发电机的输出电压和电流取决于下面几个因素：

（1）发电机的旋转速度。输出电压随发电机转速增加而增加，直到发电机输出电压达到最大值。汽车发电机的转速以比发动机转速快 2~3 倍的速度旋转（取决于皮带轮的大小）。

（2）转子的磁场强度。磁场越强则输出电压值会增加。

（3）定子绕组的圈数。绕组的圈数越多则输出电压值会增加。

4.3　步进电动机

控制电动机是在普通旋转电动机基础上产生特殊功能的小型旋转电动机，在工作原理上与普通电动机没有本质区别。但普通电动机功率大，侧重于电动机的起动、运行、制动等方面的性能指标，而控制电动机输出功率较小，侧重于电动机控制精度和响应速度。

步进电动机是将电脉冲信号转换成角位移或直线位移的控制电动机，在自动控制系统中用作执行元件。当给步进电动机输入一个电脉冲信号时，它就转过一定的角度或移动一定的距离。由于其输出的角位移或直线位移可以不是连续的，因此称为步进电动机。步进电动机的精度高、惯性小，步距角和转速大小不受电压波动、负载变化的影响，也不受各种环境条件诸如温度、压力、振动、冲击等的影响，而仅与脉冲频率成正比，通过改变脉冲频率的高低就可以大范围地调节电动机的转速，并能实现快速起动、制动、反转，且具有自锁的能力，不需要机械制动装置，不用减速器也可获得低速运行，加之步进电动机具有结构简单，可靠性高和成本低的特点，因此在机械设备的控制系统中得到广泛应用。

根据励磁方式的不同，步进电动机分为反应式步进电动机、永磁式步进电动机、感应子式（又称混合式）步进电动机和单相式步进电动机等。反应式步进电动机的转子上没有绕组，依靠变化的磁阻生成磁阻转矩工作，反应式步进电动机应用最为广泛。它有两相、三相、多相之分，也有单段、多段之分。下面主要讨论单段式三相反应式步进电动机的结构和工作原理。

4.3.1 步进电动机的结构

单段三相反应式步进电动机的结构分成定子和转子两大部分，如图4-18所示。定子、转子铁芯由软磁材料或硅钢片叠成凸极结构，定子、转子磁极上均有分别均匀的小齿，定子、转子的齿数相等。定子磁极上套有按星形连接的三相控制绕组，每两个相对的磁极为一相，转子上没有绕组。

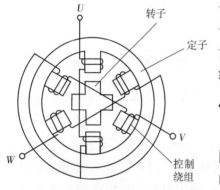

图4-18 三相反应式步进电动机示意图

4.3.2 工作原理

单段三相反应式步进电动机的工作原理可以由图4-19来分析说明。磁力线总是试图通过磁阻最小的路径，并形成闭合回路，因此当磁力线发生扭曲时会产生切向力而形成磁阻转矩，使转子转动，这就是反应式步进电动机旋转的工作原理。

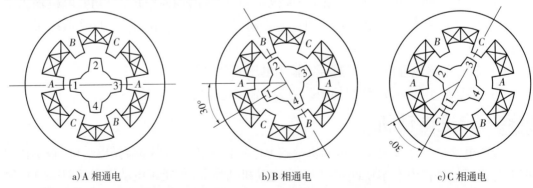

a) A相通电　　　　　　b) B相通电　　　　　　c) C相通电

图4-19 三相单三拍反应式步进电动机的工作原理图

在步进电动机的三相绕组中以 $A \rightarrow B \rightarrow C \rightarrow A$ 的顺序轮流通入直流电流，下面分析通电情况下转子的运动情况。

（1）当 A 相绕组通电时，气隙中生成以 A—A 为轴线的磁场。在磁阻转矩的作用下，转子转到使1、3两转子齿与磁极 A—A 对齐的位置上。如果 A 相绕组不断电，1、3两转子齿就一直被磁极 A—A 吸引住而不改变其位置，即转子具有自锁能力。

（2）当 A 相绕组断电、B 绕组通电时，气隙中生成以 B—B 为轴线的磁场。在磁阻转矩的作用下，转子又会转动，使距离磁极 B—B 最近的2、4两转子齿转到与磁极 B—B 对齐的位置上（此时所需转矩最小）。转子转过的角度为

$$\theta_b = \frac{360°}{NZ_r} = \frac{360°}{3 \times 4} = 30°$$

式中：θ_b——步距角，即控制绕组改变一次通电状态后转子转过的角度；

N——拍数，即通电状态循环一周需要改变的次数；

Z_r——转子齿数。

同理，当 B 相绕组断电、C 相绕组通电时，会使3、1两转子齿与磁极 C—C 对齐，转子转过的角度也为30°。

可见，当步进电动机的3个控制绕组以 $A \to B \to C \to A$ 的顺序不断地轮流通电时，步进电动机的转子就会沿 ABC 的方向一步一步地转动。改变控制绕组的通电顺序，如改为 $A \to C \to B \to A$ 的通电顺序，则转子转向相反。

以上通电方式中，通电状态循环一周需要改变3次，每次只有单独一相控制绕组通电，称之为三相单三拍运行方式。由于单独一相控制绕组通电时容易使转子在平衡位置附近来回摆动，形成振荡，从而使运行不稳定，因此实际上很少采用三相单三拍的运行方式。

除此之外，还有三相双三拍运行方式和三相六拍运行方式。三相双三拍运行方式的每个通电状态都有两相控制绕组同时通入直流电，通电状态切换时总有一相绕组不断电，因此转子不会在平衡位置来回摆动。

步进电动机的三相绕组以 $AB \to BC \to CA \to AB$ 的顺序通电时即为三相双三拍运行方式，工作原理如图4-20所示。下面分析转子的具体运动过程：

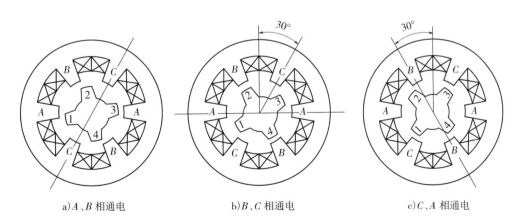

a）A、B 相通电　　b）B、C 相通电　　c）C、A 相通电

图4-20　三相双三拍反应式步进电动机的工作原理图

（1）当 A、B 两相通电时，两磁场的合成磁场轴线上与未通电的 C—C 相绕组轴线重合，转子在磁阻转矩的作用下转动到使转子齿 2、3 之间的槽轴线与 C—C 相绕组轴线重合的位置上。

（2）当 B、C 两相通电时，转子转到使转子齿 3、4 之间的槽轴线与 A—A 相绕组轴线重合的位置，转子转过的角度为 30°。

同理，C、A 两相通电时，转子又转过 30°。可见，双三拍运行方式和单三拍运行方式的原理相同，步距角也相同。

三相六拍运行方式的通电顺序为 $A \rightarrow AB \rightarrow B \rightarrow BC \rightarrow C \rightarrow CA \rightarrow A$，其原理与单三拍、双三拍运行方式的原理类似。只是其通电状态循环一周需要改变的次数增加了一倍（$N=6$），步距角因此也相应减为原来的一半（$\theta_b=15°$）。

当步距角一定时，通电状态的切换频率（即脉冲频率）越高时，步进电动机的转速也越高；而当脉冲频率一定时，步距角越大，即转子旋转一周所需的脉冲数越少时，步进电动机的转速也越高。

实际步进电动机的定子、转子齿数要比三相单三拍和三相双三拍运行方式的定、转子齿数要多许多，如永磁式步进电动机的步进角一般为 7.5° 或 15°，某些步进电动机的最小步距角甚至为 0.5°。

汽车上许多电子式汽车仪表，如车速传感器、转速传感器、冷却液温度传感器及油量传感器采样后的信号经控制后都是利用指针驱动电动机，即步进电动机来驱动对应车速表、转速表、温度表、油量表指示。汽车上应用步进电动机最典型的是怠速步进电动机控制。

理 论 测 试

一 填空题

1. 直流电动机是根据_____原理制成的，它主要由_____和_____两部分组成。
2. 电机分为电动机与发电机，产生电能的称为_____，取用电能的称为_____。
3. 直流电动机的工作原理是基于_____与_____之间的相互作用。
4. 定子的作用是_____和作为电动机机械支撑。
5. 直流电动机从接通电源开始，转子由静止到稳定运行的过程称为_____。
6. 步进电动机是将_____信号转换成角位移或直线位移的控制电动机，在自动控制系统中用作执行元件。

二 选择题

1. 复励直流电动机具有____的机械特性。
   (A) 硬　　　　(B) 软　　　　(C) 软硬适当　　　　(D) 软硬可调

2. 直流电动机起动电流很大的原因是____。
   (A) 电枢内阻很小　　　　　　(B) 起动时反电动势为零
   (C) 励磁磁场很大

3. 改变并励电动机的转向一般是改变____。
   (A) 电枢绕组电流方向　　　　(B) 励磁绕组电流方向
   (C) 电源电压极性

4. 直流电动机的换向磁极的作用是____。
   (A) 减小电枢换向火花　　　　(B) 减小电枢电流
   (C) 改变主磁极极性　　　　　(D) 改变电动机转向

5. 他励电动机适应于进行____调速。
   (A) 调磁　　　　　　　　　　(B) 调阻
   (C) 调压

三 判断题

1. 直流电动机可通过降低电源电压的大小来降低其转速。　　　(　　)
2. 直流电动机是车用起动机的核心。　　　　　　　　　　　　(　　)
3. 降低并励电动机的起动电流可通过降低电源电压实现。　　　(　　)
4. 直流电动机不允许直接起动。　　　　　　　　　　　　　　(　　)
5. 并励电动机在运行时允许断开励磁绕组电路。　　　　　　　(　　)

四 简答题

1. 简述汽车交流发电机由哪几部分组成,各起什么作用?

2. 直流电动机励磁方式分为哪几类?试画图说明。

3. 如何改变并励直流电动机的旋转方向?

4. 简述直流电动机的工作原理。

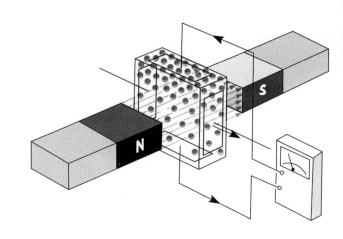

 单元5

工业企业供电及用电知识

● 知识目标:

1. 简单叙述发电、输电知识,知道高压输电的意义;
2. 简单叙述计划用电和节约用电的意义;
3. 正确描述安全用电知识,知道电流对人体的作用和触电的方式。

● 能力目标:

1. 会分析各种触电形式下人体承受的电压;
2. 能解决安全用电措施,理解保护搭铁和保护接零的意义,知道在何种情况下应用。

● 建议学时:

4学时

随着科学技术的发展，无论是汽车制造维修、工农业生产，还是人民生活，对电能的应用越来越广泛。如果不小心触及带电部分，或者触及电气设备的绝缘破损部分，就会发生触电事故，从事电类工作的人员必须懂得安全用电常识，树立安全第一的观念。

5.1 供电电压

在工业企业中，电气设备直接使用的电源，绝大多数是低压电源。一般是线电压为380 V、中性点接地的三相电源。动力负载一般是对称三相负载，采用三相三线制；照明等单相负载虽在连接时尽量分配在三相上，但很难做到时时对称，因此采用三相四线制。这是应用最多的低压供电系统。

低压供电系统中性点接地（称为工作接地），可以在出现故障时及时发现并自动切断电路。例如：因绝缘损坏等原因有一条端线接地，电流将通过大地回到中性点形成一相短路，短路电流将使保护装置动作（熔断器熔断或自动开关跳闸），使故障及时被发现同时保证了电路的安全。与此同时，根据产生动作的保护装置的位置，能比较容易地从有众多分支的低压供电线路中找到故障部位及时进行检修。

对于安全条件要求很高、易燃易爆的场合（如采煤矿井）可采用中性点不接地的低压供电系统。这是因为：如果中性点接地，又因绝缘损坏有一条端线接地，短路点形成的火花可能引起可燃性气体或粉尘爆炸，酿成严重后果。如果中性点不接地，即使有一条端线接地，另外两条线对地绝缘尚好，电流不会经大地形成短路，整个系统仍可照常工作。当然，这种隐患绝不能使其长期存在，规程规定：其持续时间不得超过2h。这种线路中必须装有绝缘监视装置，同时辅以自动报警系统，一旦发现要立即寻找故障点并进行检修。

一些工业企业中少数大型电动机直接采用3kV、6kV、10kV等高压电源供电，这是因为电动机功率很大，提高电源电压可使电流减小，相应可使电动机绕组特别是供电线路导线截面减小。

电源设备的额定电压，一般比用电设备的额定电压高5%，以补偿部分线路电压降。例如，用电设备额定电压为380V，而变压器的额定输出电压则为400V。

5.2 供电质量

供电都需要保证质量，这是很重要的，其质量标准为：

（1）根据全国供用电有关规则规定：供电部门需要对用户停电时，35kV以上用户每年不超过一次；10kV用户每年不超过三次。计划检修应在7天前通知用户。国家还规定，用户在分配的计划指标内用电时，无特殊情况，供电部门不应无故停电。

（2）我国交流电力网额定频率为50Hz，偏差不应超过±0.2Hz，超过规定标准，往往会造成电动机转速下降、自动装置失灵等故障。

（3）国家规定：10kV及以下的电力用户，受电端的电压变动幅度不得超过额定电压的±7%，低压照明用户的电压变动幅度不得超过额定电压的+5%或-10%。超过规定标准，往往造成用电设备工作不正常、温升过高，甚至损坏。

（4）由于新技术、新工艺的发展和应用，不少新设备中有冲击负荷，不对称负荷或非线性负荷。接入电网工作时，会引起电网供电电压波形的畸变。这会使其他用电设备损耗增大，特性恶化甚至控制失灵，还会对广播、通信产生干扰。因此对这类负荷应限定其采取必要的措施，如安装滤波装置等，以抑制其产生的高次谐波（即比50Hz高几倍的正弦交流分量），避免电网电压波形畸变。如规定在380V系统中谐波电压最大值不得超过5%。

5.3 触电事故

实施劳动保护是国家的重要政策之一，它体现了社会文明程度。安全用电是劳动保护教育和安全技术中的主要组成部分之一。

5.3.1 人体触电的种类

人体接触或接近带电体所引起的人体局部受伤或死亡的现象称为触电。根据人体受到伤害的程度不同，触电可分为电伤和电击两种。

一、电伤

电伤是在电流热效应、化学效应、机械效应以及电流本身作用下造成的人体外伤。常见的有灼伤、烙伤和皮肤金属化等现象。

灼伤由电流的热效应引起，主要是指电弧灼伤，造成皮肤红肿、烧焦或皮下组织损伤；烙伤亦是由电流的热效应引起，是指皮肤被电气发热部分烫伤或由于人体与带电体紧密接触而留下肿块、硬块，使皮肤变色等；皮肤金属化则是指由电流效应和化学效应导致熔化的金属微粒渗入皮肤表层，使受伤部位皮肤带金属颜色且留下硬块。

二、电击

电击是指电流通过人体，使内部器官组织受到损伤，是最危险的触电事故，触电死亡中绝大部分是电击造成的。如受害者不能迅速摆脱带电体，则最后会造成死亡事故。根据大量触电事故资料的分析和实验证明，电击所引起的伤害程度，由人体电阻的大小、通过人体的电流强度、电流通过人体的途径、作用于人体的电压及电流通过人体的时间长短等因素决定。

若电流流过大脑，会对大脑造成严重损伤；电流流过脊髓，会造成瘫痪；电流流过心脏，会引起心室颤动甚至心脏停止跳动。总之，以电流通过或接近心脏和脑部最为危险。通电时间越长，触电的伤害程度就越严重。

实践证明，常见的50~60Hz工频电流的危险性最大，高频电流的危害性较小。人体通过工频电流1mA时就会有麻木的感觉，10mA为摆脱电流，人体通过50mA的工频电流时，中枢神经就会遭受损害，从而使心脏停止跳动而死亡。

三、安全电压和人体电阻

据有关资料认为，工频电流 10mA 以上，直流在 50mA 以上的电流通过人体时，触电者已不能摆脱电源脱险，有生命危险。在小于上述电流的情况下，触电者能自己摆脱带电体，但时间过长同样有生命危险。一般情况下，人们触及 36V 以下的电压，通过人体的电流不至于产生危险，故把 36V 的电压作为安全电压。

人体电阻主要集中在皮肤，一般在 40~80kΩ，皮肤干燥时电阻较大，而皮肤潮湿、有汗或皮肤破损时人体电阻可下降到几十至几百欧姆。虽然安全电压为 36V。但电气设备环境越潮湿，安全电压就越低，在特别潮湿的场所中，必须采用不高于 12V 的电压。

5.3.2 触电形式

最危险的触电事故是电流通过人体的心脏，因此，当触电电流从一只手到另一只手，或由手到脚通过是比较危险的。但并不是说人体其他部分通过电流就没有危险，因为人体任何部位触电都可能引起肌肉收缩和痉挛，以及脉搏、呼吸和神经中枢的急剧失调而丧失意识，造成触电伤亡事故。

人体触电形式有单相触电（图 5-1）、两相触电（图 5-2）和电气设备外壳漏电（图 5-3）等多种形式。

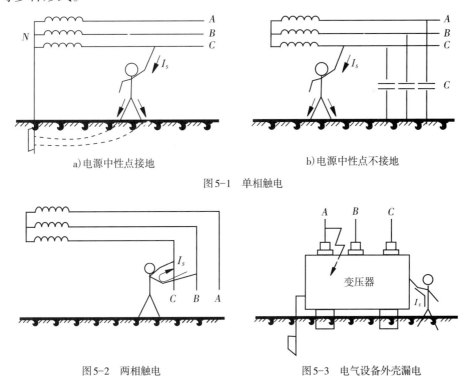

a) 电源中性点接地　　　　b) 电源中性点不接地

图 5-1　单相触电

图 5-2　两相触电　　　　图 5-3　电气设备外壳漏电

一、单相触电

单相触电是常见的触电方式。人体的一部分接触带电体的同时，另一部分又与大地或零线相接,电流从带电体流经人体到大地形成回路,这种触电称为单相触电。在接触电气线路时,若不采用防护措施,一旦电路或设备绝缘损坏漏电,将引起间接的单相触电。若站在地上,误接触带电体的裸露金属部分,将造成直接的单相触电。

二、双相触电

人体的不同部位同时接触两相电源带电体而引起的触电称为双相触电。对于这种情况,无论电网中性点是否接地,人体所承受的线电压将比单相触电时高,危险性更大。

三、电气设备外壳漏电

电气设备的外壳本来是不带电的,由于绝缘损坏等原因会使外壳带电。人体触及这些设备时,相当于单相触电。大多数触电事故属于这一种。为了防止这种触电事故,对电气设备常采用保护搭铁和保护接零的保护装置。

5.3.3 触电保护措施

一、保护接地

将电动机、变压器、铁壳开关等电气设备的金属外壳用电阻很小的导线同接地极可靠地连接起来,适用于中性点不接地的低压系统中。如图 5-4 是电动机的保护接地电路。当人们碰到一相因绝缘损坏已与金属外壳短路的电动机时,该相电流将分两路入地,大部分电流通过接地电阻(它远小于人体电阻)入地,流过人体的电流极其微小,可避免触电事故。

二、保护接零

将电气设备的金属外壳接到零线(或称中性线)上,适用于中性点接地的低压系统中。如图 5-5 是电动机的保护接零电路。

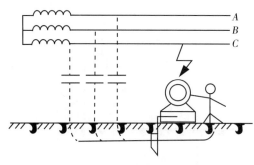

图 5-4 电动机的保护接地电路

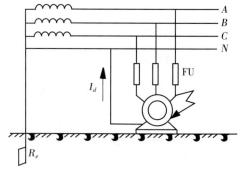

图 5-5 电动机的保护接零电路

必须指出,在同一电力网中,不允许一部分设备接地,而另一部分设备接中性线。此外,若有人既接触到接地的设备外壳,又接触到接零的设备外壳,则人将承受电源的相电压。显然,这是很危险的。

家用电器的三线插座与插头：配电箱进线处零线接大地，配电箱出线引出相线（L）、工作零线（N）、保护零线（地线）。插座与插头的正确接法如图5-6所示。

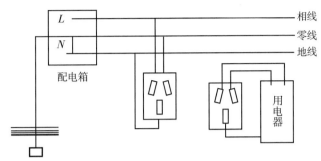

图5-6　插座与插头的接法

电器的电源开关应安装在相线上，开关断开时电器不带电，如果开关接在零线上，开关断开时电器仍然带电，这也容易发生触电事故。

三、漏电保护装置

普通民用住宅的配电箱大多数采用熔断器作为保护装置。随着家用电器的日益增多，这类保护装置已不能满足安全用电的要求。当设备因绝缘不良引起漏电时，由于泄漏电流很小，不能使传统的保护装置（熔断器、自动空气开关等）动作，漏电设备外露的可导电部分长期带电，这增加了人身触电的危险。漏电保护开关（简称漏电开关）就是针对这种情况在近年来发展起来的新型保护装置。

漏电保护开关的特点是在检测与判断到触电或漏电故障时，能自动切断故障电路。图5-7所示为目前通用的电流动作型漏电保护开关的工作原理图，它由零序互感器TAN、放大器A和主回路断路器QF（内含脱扣器YR）等主要部件组成。其工作原理是：设备正常运行时，主电路电流的相量和为零，零序互感器的铁芯无磁通，其二次侧无电压输出。如设备发生漏电或单相接地故障时，由于主电路电流的相量和不再为零，零序

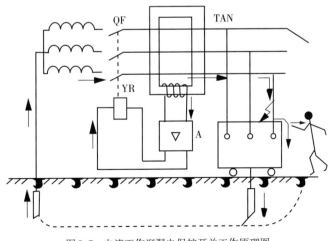

图5-7　电流工作型漏电保护开关工作原理图

互感器的铁芯有零序磁通,其二次侧有电压输出,经放大器 A 判断、放大后,输入脱扣器 YR,令断路器 QF 跳闸,从而切除故障电路,避免人员发生触电事故。

5.3.4 触电急救

在电气操作和日常用电中,如果采取了有效的预防措施,会大幅度减少触电事故,但要绝对避免是不可能的。所以,在电气操作和日常用电中必须做好触电急救的思想和技术准备,当发现人体触电时,应立即进行现场抢救。

一、使触电者尽快脱离电源

发现有人触电,最关键、最首要的措施是使触电者尽快脱离电源。由于触电现场的情况不同,使触电者脱离电源的方法也不一样。在触电现场经常采用以下3种急救方法。

❶ 关断电源

迅速关断电源,把人从触电处移开。如果触电现场远离开关或不具备关断电源的条件,只要触电者穿的是比较宽松的干燥衣服,救护者可站在干燥木板上,用一只手抓住衣服将其拉离电源,但切不可触及带电人的皮肤。如这种条件尚不具备,还可用干燥木棒、竹竿等将电线从触电者身上挑开。

❷ 用干燥绳索

如果触电发生在相线与大地之间,一时又不能把触电者拉离电源,可用干燥绳索将触电者身体拉离地面,或在地面与人体之间塞入一块干燥木板,这样可以暂时切断带电导体通过人体流入大地的电流。然后再设法关断电源,使触电者脱离带电体。在用绳索将触电者拉离地面时,注意不要发生跌伤事故。

❸ 用各种工具

救护者手边如有现成的刀、斧、锄等带绝缘柄的工具或硬棒时,可以从电源的来电方向将电线砍断或撬断,但要注意切断电线时人体切不可接触电线裸露部分和触电者。

注意,以上救护触电者的方法,不适用于高压触电情况。

二、脱离电源后的判断与施救

触电者脱离电源后,应根据其受电流伤害的不同程度,采用不同的施救方法。

❶ 判断呼吸是否停止

把触电者移至干燥、宽敞、通风的地方,将其衣、裤放松,使其仰卧,观察胸部或腹部有无因呼吸而产生的起伏动作。若不明显,可用手或小纸条靠近触电者鼻孔,观察有无气流流动;用手放在触电者胸部,感觉有无呼吸动作,若没有,说明呼吸已经停止。

❷ 判断脉搏是否搏动

用手检查颈部的颈动脉或腹股沟处的股动脉,看有无搏动,如有,说明心脏还在工作。因颈动脉或股动脉都是人体大动脉,位置较浅,搏动幅度较大,容易感知,所以经常用来作为判断心脏是否跳动的依据。另外,也可用耳朵贴在触电者心脏附近,倾听有无心脏跳动的声音,如有,则心脏还在工作。

❸ 判断瞳孔是否放大

瞳孔是受大脑控制的一个能自动调节大小的光圈。如果大脑机能正常,瞳孔可随外界光线的强弱自动调节大小。处于死亡边缘或已经死亡的人,由于大脑细胞严重缺氧,大脑中枢失去对瞳孔的调节功能,瞳孔就会自行放大,对外界光线强弱不再做出反应。

根据上述简单判断的结果,对受伤害程度不同、症状表现不同的触电者,就近找医护人员进行简单救治(如人工呼吸法),如触电严重,出现假死现象者,应立即送医院抢救。

5.4 电器防雷、防火和防爆

5.4.1 电器防雷

雷电是一种大气中带有大量电荷的雷云放电现象,对电气设备和建筑物有很大的危害。雷电的高电压、大电流将毁坏电气设备的绝缘,造成大面积、长时间停电,引起火灾和爆炸,造成人身触电伤亡事故。雷电流通过导体,在极短的时间内将产生巨大的热量,将烧熔导体,使线路断开,或引起火灾、爆炸。

由于雷电具有极大的破坏力,因此国家的重要设施,如电力系统(如控制室、机房、变配电站、高压线路等)、使用和存储危险品的建筑物(如燃料库、火药库等)、重要建筑物(如机场、车站、古建筑等)等,都必须采取防护措施。

防护雷电的主要措施有:安装避雷针、避雷线、避雷网、避雷带。这些装置由接闪器、引下线和接地装置组成。接闪器可直接承受雷击,巨大的雷电流通过阻值很小的引下线和接地装置导入大地,使被保护设施免受雷击。

5.4.2 电器防火和防爆

当电气设备发生事故时,很容易引起火灾,甚至爆炸,因此要积极预防。引起电气设备火灾或爆炸的原因主要有:

(1)电网中的火灾大都是由短路引起的,短路时导线中的电流剧增,产生的大量热量引起燃烧,甚至熔化金属导线。短路一般发生在绝缘层损坏的地方。

(2)导线接头处接触电阻过大,电路中的开关及触点接触不良,电气设备连续运行或过载时,该处过热容易引起燃烧。

(3)线路或电气设备长期过负荷运行,电流长期超过允许电流,可能使线路上的导线绝缘层燃烧,还可能使变压器及油断路器的油温过高,在电火花或电弧作用下燃烧并爆炸。

(4)周围空间有爆炸性混合物或气体时,直流电动机换向器上的火花或静电火花都有可能引起火灾和爆炸。

电器防火和防爆的措施主要有:

(1)根据使用场所合理选择电气设备的类型,对于容易引起火灾或爆炸的场所,使用和安装电气设备时,应选用防爆型、密封型等合适的类型。

(2)电力网合理布线,采用规定的导线,规定的布线方法等,严格遵守规定,杜绝事故隐患。

(3)采用正确措施实行短路保护、过电流保护等。

(4)监视电气设备运行情况,防止过负荷运行。

(5)严格遵守安全操作规程和有关规定。

万一发生电器火灾,首先要切断电源,然后灭火并及时报警。

5.5 节约用电

尽管我国电能利用效率水平逐步提高,但与国际先进水平相比仍然存在较大差距,主要是电力输送环节的线损率较高和终端用户的电能利用率较低。综合输变电线损失和终端用电设备损失,全国因电能利用效率低下造成的电力浪费年约2000亿kW·h。据三峡电力总公司介绍,三峡电站26台70万kW水轮发电机组全部运行时,年均发电量约850亿kW·h。也就是说,我国一年因电能利用效率低下造成的浪费,相当于2.3个三峡电站的发电量。所以,提高电能的利用率、节约电能是我们现在亟待解决的问题。

节约用电就是使每一度电都能发挥它的最大效用,从而降低生产成本,节省对发电设备和用电设备的投资。

节约用电的具体措施主要有下列5项:

(1)降低电力输送环节的线路损耗。

(2)发挥用电设备的效能。

(3)提高线路和用电设备的功率因数。

(4)更新用电设备,选用节能型新产品。

(5)加强用电管理,特别是注意照明用电的节约。

理 论 测 试

一、选择题

1. 我国一般工业和民用电为____。
   (A) 50Hz、380V/220V 的交流电
   (B) 60Hz、380V/220V 的交流电
   (C) 50Hz、36V 的交流电

2. 在下列发电形式中,对环境没有污染的是____。
   (A) 火力发电　　　　　　(B) 水力发电　　　　　　(C) 原子能发电

3. 在发电厂到大型变电站之间的输电网中，电能的输送采用____。
   (A) 高压输送　　　　(B) 低压输送　　　　(C) 两种方式均可
4. 有人触电停止呼吸，首先应采取的措施是____。
   (A) 送医院抢救　　　(B) 做人工呼吸　　　(C) 切断电源
5. 在潮湿的工程点，只允许使用____进行照明。
   (A) 12V 的手提灯　　(B) 36V 的手提灯　　(C) 220V 电压
6. 保护搭铁只适用于____。
   (A) 电源中性点接地的供电系统中
   (B) 电源中性点不接地的供电系统中
   (C) 两者皆可

二 判断题

1. 变电所的作用是将高压电变为低压电。（　　）
2. 电伤是最危险的触电事故。（　　）
3. 鸟停在一根高压电线上不会触电。（　　）
4. 站在地面上的人接触供电线路中的一根不可能触电。（　　）
5. 电击有危险，电伤没有危险。（　　）

三 简答题

1. 为什么远距离输电要采用高电压？

2. 人体触电的危险程度与哪些因素有关？

3. 常见的触电形式有哪些？

4. 什么是保护接地？在什么情况下采用？

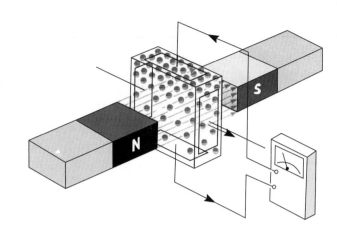

单元6

常用半导体器件

知识目标:

1. 简单叙述二极管、三极管、晶闸管的工作特性;
2. 正确描述常用半导体元件的结构和符号。

能力目标:

会用万用表对二极管、三极管、晶闸管进行简易测试。

建议学时:

12 学时

6.1 概述

安全、节能、环保、信息化以及智能化是当今汽车发展的主要需求方向,与这些需求相适应,汽车电子化的程度越来越高,从动力传动系统、安全管理系统、舒适管理系统到信息娱乐系统等方面汽车电子技术发挥越来越重要的作用。随着汽车半导体器件在整车中占据的平均比例持续呈上升趋势,特别是随着车内网络的普及,汽车半导体市场将进一步扩大。在汽车电子半导体器件产品市场结构中,包括微控制器、传感器、驱动器件、通信器件和电源管理等,其中传感器所占的市场份额最大,这是由于在汽车发动机电控系统和底盘电控系统中使用了大量的传感器。随着汽车电子器件应用比例逐年提高,汽车上70%的革新来源于汽车电子技术,而汽车革新的主要焦点是半导体器件的大量应用,汽车半导体技术已成为汽车电子市场发展的推动力。

半导体材料既非导体,亦非绝缘体,而是介于两者之间,以传统电子学角度来看,似乎无用,但是自20世纪50年代开始了半导体材料的应用后,固态电子学几乎已成为电子学的主流。这类电子元件在改变外加给原子的能量(如热、电压等)时,其导电特性便在绝缘体和导体之间变化,为20世纪中叶以来的半导体电子工业提供了重要的基础。图6-1所示为常用的半导体电子元件。

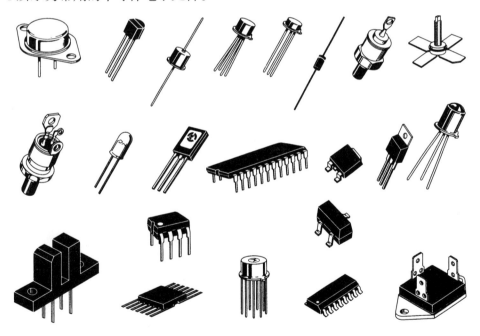

图6-1 各种半导体电子元件

很多半导体的导电能力在不同的条件下有很大的差别。例如有些半导体对温度的反应特别灵敏,环境温度增高时,它的导电能力会增强很多,利用这种特性就可以做成各种热敏元件。有些半导体受到光照时,它的导电能力变得很强,当无光照时,又变得像绝缘体那样不导电,利用这种特性就可以做成各种光电元件。

在汽车电控系统中，经常需要将微弱的电信号进行放大，以便有效地进行测量、控制或调节。而把微弱的信号放大到所需大小的电路之一就是用晶体三极管构成的放大电路。集成电路的产生令人难以想象地缩小了器件和电路的体积，减小了功耗，延长了寿命，降低了成本，在现代电子器件中占据了绝对优势。

为了正确和有效地运用半导体器件，必须对它们的结构、工作原理和性能有一个正确的认识。

6.2 PN 结

6.2.1 本征半导体

本征半导体是指未添加任何杂质的纯净半导体。在大自然中，纯质的硅（Si）和锗（Ge）均呈晶体结构，两者都为4价元素，即每一个原子的最外层都有4个价电子。如图6-2所示，每个硅原子与其相邻4个硅原子共用价原子，而形成稳固的8个价电子数。这种由原子共享价电子，互相键结而形成晶体的结构，称为共价键或共价结合，如图6-3所示。

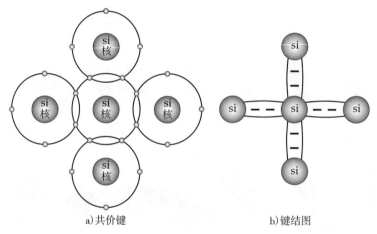

图6-2 硅原子共价键

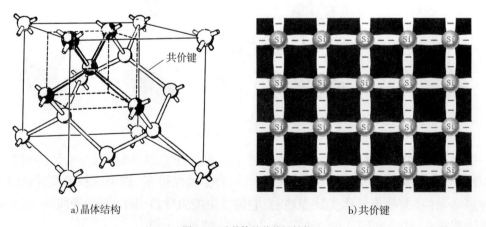

图6-3 硅晶体的共价键结构

当单一元素物质中的原子结合成为一固体时,它们会排列成具有一定规则的三维空间结构,即晶体结构。

价电子一旦变成自由电子后,就可以自由漂移,不受任何原子的束缚。

室温(25℃)下的纯硅晶体会自外界获得热能,使一些价电子变成不受束缚的自由电子。同时,价电子会在其原来的位置上留出了空位,此空位就称为空穴。这个空位与原来电子间的关系称为电子–空穴对,若电子失去能量,便会重回共价键并与空穴再结合,如图6-4所示。

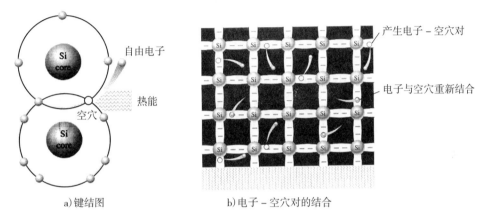

a) 键结图　　　　b) 电子–空穴对的结合

图6-4　电子–空穴对

如果对硅晶体加上电压,则自由电子便会被吸引到正极端,这种自由电子的移动方式是半导体材料内的一种电流,称为电子流,如图6-5所示。

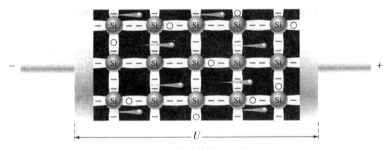

图6-5　半导体内的电子流

6.2.2　N型与P型半导体

由于纯质半导体材料内的自由电子和空穴数目有限,因此导电性并不理想,使得纯硅或锗在电子元件的制造上没有很大的使用价值。但是如果将某些特定的杂质掺入纯质半导体中,虽然掺入的杂质只有百万分之一,却可调整其电子和空穴的数目,降低纯质半导体材料的电阻值,进而改变其导电特性。上述这种将特定杂质掺入纯半导体材料内,提升其导电性的制造过程,即称作掺杂。凡是经过掺杂处理后的半导体材料均称为杂质半导体。常用的杂质半导体根据掺杂后的性质可分成N型与P型半导体两类,为构成所有固态电子元件的主要成分。

一、N 型半导体

若在纯硅或锗晶体中掺入微量的 5 价元素,如砷(As)、磷(P)、锑(Sb)等,即形成 N 型半导体材料。如图 6-6 所示,每个 5 价的锑原子与 4 个相邻的硅原子形成共价结合,锑有 4 个价电子提供共价键用,而多出的一个便成了自由电子,可任意在硅晶体中活动,增加导电性。N 型半导体的"N"代表此半导体内的多数载流子为电子的负电荷(Negative)。而 N 型半导体内的少数载流子则为带正电荷的空穴。

二、P 型半导体

若在纯硅或锗晶体内添加微量的 3 价元素,如铝(Al)、硼(B)、镓(Ga)等,则形成 P 型半导体材料。如图 6-7 所示,每个 3 价的硼原子与 4 个硅原子形成共价键,硼的 3 个价电子全用于共价键,但仍缺一个电子,因而出现一个空穴,会吸引一个电子。

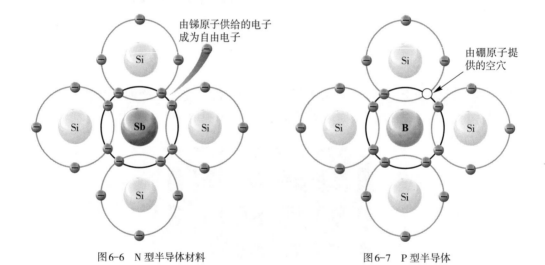

图 6-6　N 型半导体材料　　　　　图 6-7　P 型半导体

通过改变杂质元素的掺入量(一般为 $10^8:1$),可改变空穴(或自由电子)的数目,进而改变半导体材料的导电性。P 型半导体的"P"代表此半导体内的多数载流子为空穴的正电性(Positive)。P 型半导体内的少数载流子为电子。

6.2.3　PN 结

室温下,在 P 型半导体材料内部,由掺杂而产生的多数载流子是空穴,而由热效应所产生的少数载流子为自由电子。N 型半导体材料内则含有多数载流子的自由电子与由热效应产生的少数载流子的空穴。尽管如此,两种半导体材料在正常状态下仍不带电,而呈电中性。这是因为在理论上,原子核中带正电的质子数目仍然等于在轨道上运转带负电的自由电子数目。

如果取一块纯硅材料,将一半掺入3价杂质成为P型材料,而在另外一半掺入5价杂质,使其成为N型材料,于是便在两区域之间形成PN结,如图6-8所示。在无外加电压的状况下,原本N型区域内的自由电子漫无方向地漂移,当PN结形成的瞬间,一些结附近的电子会扩散到P型区域内,并与结附近的空穴结合。

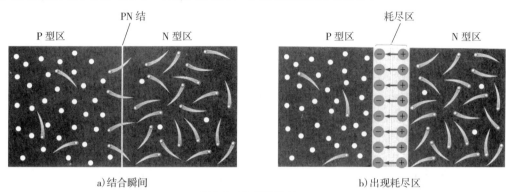

图6-8 PN结的形成

于是,在靠近结的N型区域的自由电子会因结合而消失,使得结处的N型区域因失去电子而产生带正电荷的离子;同样地,在靠近结的P型区域的空穴亦因结合而消失,结处的P型区域则因失去空穴而产生带负电荷的离子。

因此,在PN结处由于自由电子的扩散,使得靠近结的P型区域因具有负离子而带负电;在N型区域因具有正离子而带正电,从而在结两边产生电位差,此电位差随电子和空穴的结合数的增加而升高,并且达到足以阻止电子与空穴继续扩散为止。此时,在PN结处形成一平衡状态。

当PN结呈平衡状态时,结附近的区域几乎无自由电子和空穴,此缺乏电荷的区域被称为耗尽区(也称空间电荷区)。其意义代表因结附近的扩散作用,使PN结附近几乎没有带电的粒子。

如图6-9所示,耗尽区的形成对进一步的扩散运动起到了阻挡作用,则需要靠外加的能量才能使自由电子越过,此电位差称为死区电压。死区电压的大小由半导体材料、掺杂量和温度等因素决定。室温(25℃)下,硅的死区电压为0.6~0.7V,锗的死区电压为0.2~0.3V,温度越高,死区电压则越低。

6.2.4 PN结的偏压

偏压是指在PN结上加上适当极性的直流电压,以设定其工作条件,故常又称直流偏压。对PN结而言,有两种偏压方式,即正向偏压和反向偏压。PN结具有让电流单向导通的特性。

一、正向偏压

如图6-10所示的接法称为正向偏压,即电池的正极接到P型半导体,负极接到N型半导体。正向偏压的第一个基本条件便是让PN结能有电流通过;第二个条件则是直流偏压值必须大于死区电压。

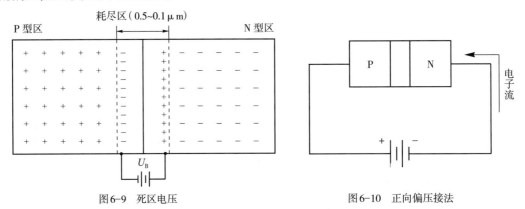

图6-9 死区电压　　　　　　图6-10 正向偏压接法

由于同性相斥,电池负极所提供的电子会推动 N 型区内的自由电子移向 PN 结,这些电子的流动形成一股"电子流"。另外一侧,P 型区内的空穴受到电池正极的排斥也移向 PN 结,形成"空穴流",如图6-11所示。这种作用情形使得耗尽区内的部分正负离子被上述的电子和空穴所"中和",使耗尽区变窄,死区电压降低。

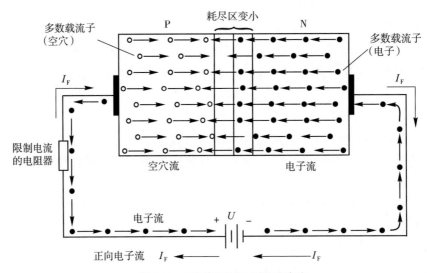

图6-11 正向偏压的电子流和空穴流

正向偏压降低了耗尽区的死区电压,使能够通过耗尽区的载流子数目增加。电子自 N 型区出发,经过 PN 结,扩散至 P 型区中,与 P 型区的空穴结合,由于电池不断地在 P、N 两边补充多数载流子(P 型区为空穴,N 型区为电子),所以在 P 型及 N 型区内都保持着大量的多数载流子。由于电池使通过 PN 结的载流子数目较未加偏压时大 $10^3 \sim 10^6$ 倍,故使电流可以通过 PN 半导体,并形成回路。此时 PN 结半导体的功用就和一般的导线效果一样。

二、反向偏压

如图6-12所示,将电池的正极接到 N 型半导体,而将负极接到 P 型半导体的接法称为反向偏压。反向偏压的目的在阻止电流通过 PN 结。

由于异性相吸,电池的正极会吸引 N 型区内多数载流子的自由电子,使其离开 PN 结。当自由电子减少,便在 PN 结处产生出更多的正电荷离子。P 型区内的空穴情形也相同,当空穴离开 PN 结时,便在 PN 结处产生更多的负电荷离子,于是造成空穴区变宽,并使死区电压升高,如图 6-13 所示。

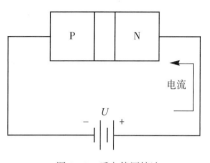

图 6-12 反向偏压接法

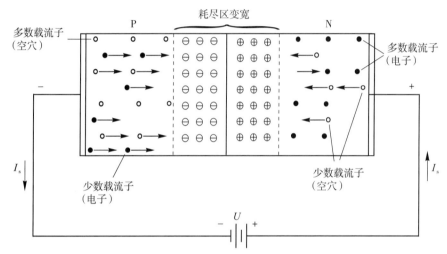

图 6-13 反向偏压时的载流子

反向偏压升高了耗尽区的死区电压,使能够越过 PN 结的多数载流子大量减少,一直到无多数载流子为止。因此,PN 结半导体内没有电流流通,但仍有极微量的少数载流子在流动,此电流称为反向饱和电流。这时候,PN 结半导体的功能就如同一绝缘体。

综合上述可知,PN 结半导体的结特性,使其成为具有单向导电的元件,即施以正向偏压时会有电流通过;若加以反向偏压,则无电流通过。但是当反向偏压增加至反向击穿电压时,就会产生大量的少数载流子,使 PN 结短路并烧毁元件。

6.3 二极管

6.3.1 整流二极管

二极管的种类繁多,一般常用的二极管称为整流二极管,它是一种单个 PN 结的电子元件,即由 P 型半导体与 N 型半导体结合而成。整流二极管所采用的工作原理是 PN 结的正向偏压原理。

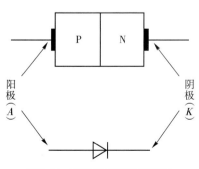

图 6-14 整流二极管的图形符号

如图 6-14 所示,整流二极管具有两个电极:阳极

(A)和阴极(K)。阳极位于 P 型端,阴极位于 N 型端。整流二极管图形符号如图6-14所示。

二极管具有正向电流导通,反向电流截止的单向导通特性,如图6-15所示。箭头所指为传统惯用的电流方向(与电子流方向相反)。整流二极管主要作为整流和检波用。

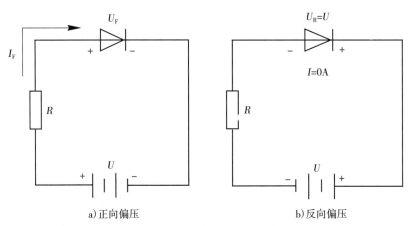

图6-15 二极管的正向和反向偏压

二极管的正向特性如图6-16所示,当外加正向偏压 U_F 小于 PN 结的死区电压时,正向电流 I_F 增加得很慢,二极管几乎不导通。但是当 U_F 值克服死区电压后,正向电流 I_F 便以指数比例急速上升。此正向偏压超过某一定值,二极管电流就急剧增加时的转变电压称为膝处电压,此值其实就是死区电压,对硅二极管来说,死区电压为0.6~0.7V,而锗二极管则为0.2~0.3V,如图6-16b)所示。

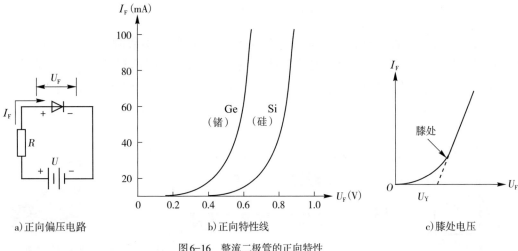

图6-16 整流二极管的正向特性

二极管的反向特性则如图6-17所示。当外加的反向偏压仍小时,只会有微量的少数载流子流过 PN 结,形成反向饱和电流 I_P(硅二极管约1μA,锗二极管约2μA)。此刻二极管近于截止状态。但是当反向偏压超过某一定值时,半导体材料内的共价键将遭到外加的强电场破坏,少数载流子瞬间急增,二极管击穿,反向电流急速上升,此时的电压称为击穿电压。一般硅二极管的击穿电压约为 –250V，锗为 –40~–50V。在造成二极管击穿之前所能加的最大反向电压，称为峰值反向电压，实际使用二极管时，应避免加到峰值反向电压，以确保电路的安全。

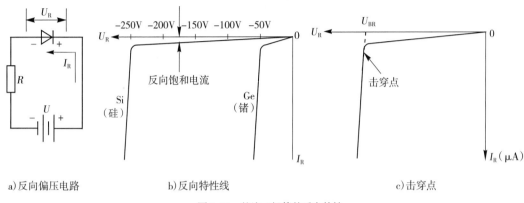

a) 反向偏压电路　　　　b) 反向特性线　　　　c) 击穿点

图 6-17　整流二极管的反向特性

若将整流二极管的正向及反向特性曲线合并，便可以得到如图 6-18 所示的完整特性曲线图。它含有两个工作区域：

（1）整流区：从击穿电压到正向偏压间的区域。

（2）击穿区：从击穿电压到反向饱和电流最大值的区域。

工作于整流区的二极管称为整流二极管，而工作于击穿区的二极管则称为稳压二极管。整流一词的意义是指仅允许电流做单向流通。当整流二极管为正向偏压时，有电流 I_F 流过二

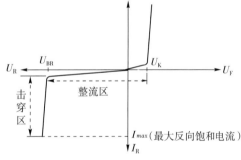

图 6-18　二极管的特性曲线

极管，同时在二极管两端会产生一固定的电压降（硅二极管为 0.7V，锗二极管为 0.3V）。但是当整流二极管通以反向偏压时，则二极管几乎无电流流过，可视为断路。

图 6-19 所示为各种常用的二极管，其外部封装材料有塑料材质、金属材质等。

关于二极管的规格，一般制造厂商多会将每种型号二极管的额定值及特性标明在规格表中，不论哪种形式的二极管，有 4 项数据是必需的，包括：

（1）最大正向电压 U_{Fmax}：在 25℃室温下，所能外加的正向电压最大值。该值一般约为 1V。

（2）最大正向电流 I_{Fmax}：在 25℃室温下，由外加正向电压作用所产生的正向电流最大值。该值一般为 1~10mA。

（3）最大反向电流 I_{Rmax}：在 25℃下，由外加反向电压所产生的反向电流最大值。该值一般在 0.1~1A。

（4）峰值反向电压 PIV 或击穿电压：在 25℃下，所能外加反向电压的许可最大值，

即二极管所能承受的最大反向电压。PIV 一般为25~200V,但也有高达1000V的,如 IN4007 二极管。

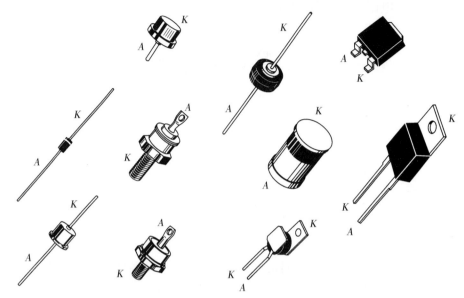

图6-19 各种常见的二极管

表6-1 所示为5种二极管的规格。

二极管基本规格举例　　　　　　　　　　　　　　表6-1

型号	封装材料	$U_{F max}$	$I_{R max}$	$I_{F max}$	PIV
IN4001	塑胶	0.93V	1.0A	0.05μA	50V
IN1002	塑胶	0.93V	1.0A	0.05μA	100V
IN5400	塑胶	1.2V	3.0A		50V
MR5005	金属		50A		50V
MR2002	金属		20A		200V

6.3.2 稳压二极管

除了整流二极管之外,通过改变掺杂浓度比例、制作工艺,还可以制造出多种特殊二极管,其中最常使用的便是稳压二极管。稳压二极管可作为电压调整用,在许多电源供应线路中具有极重要的作用。

图6-20 所示为稳压二极管的图形符号。稳压二极管一般均以硅材料制成,具有适当的功率消耗能力。稳压二极管的正向特性与整流二极管特性相同,只在反向偏压时稍有不同。在击穿电压处,稳压二极管的电流

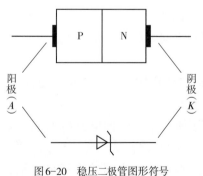

图6-20 稳压二极管图形符号

比整流二极管的电流上升更快,如图6-21所示。稳压二极管是专门工作于反向击穿电压区域的二极管,其击穿电压值是在制作工艺中通过控制掺杂程度所确定的。主要用于电压调整、参考电压控制和保护电路等。

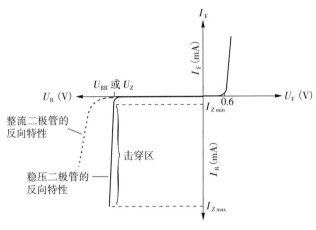

图6-21 稳压二极管的特性曲线

由于稳压二极管是特别经过大量的掺杂而使击穿电压降低,从而使耗尽区变窄并形成强电场,当反向电压接近稳压管的击穿电压时,电场即增强到能将电子拉出价电带并形成一股电流。

如图6-22所示,当稳压二极管工作于反向偏压而未达击穿电压时,只有极小的反向饱和电流,但若反向电压增加到曲线的击穿点时,稳压二极管的电流便突然增加且出现击穿现象,该点的电压称为击穿电压,用U_Z表示。从击穿点起,U_Z值大约维持一定值,这种调节的作用为稳压二极管的主要特性。

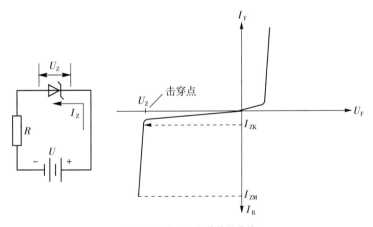

图6-22 稳压二极管特性曲线

另外,为使稳压二极管保持其调节作用,必须维持一最小反向电流值I_{ZK}值,由特性曲线可以看出,当反向电流低于I_{ZK}值以上时,电压就会急速降低,而失去调节的作用。

理论上，只要在 I_{ZK} 值和 I_{ZM} 值间的反向电流范围之内，稳压二极管均可在其两端维持一固定的电压值 U_Z 值。但若超过最大反向电流 I_{ZM} 值，则稳压二极管会损毁。

稳压二极管在使用上应注意下列原则：

（1）外加电压必须使它为反向偏压，并且电压须大于击穿电压值。跨于稳压二极管的电压必为一定电压，即 U_Z。

（2）流过稳压二极管的电流不可大于 I_{ZM}。

（3）为使稳压二极管工作保持在击穿区，流过二极管的反向电流必须超过 I_{ZK}。

高温可以说是电子元件的致命弱点，当电子元件工作时，功率元件便开始发热。因此制造厂商多会将原件能承受的最大功率标示出来，一般稳压二极管的功率范围为 0.25~50W。

6.3.3 发光二极管和光敏二极管

发光二极管（LED）为一能发出光源的二极管，而光敏二极管则可感测外来光线。从图6-23可以看出LED和光敏二极管在外观上的明显差异处。

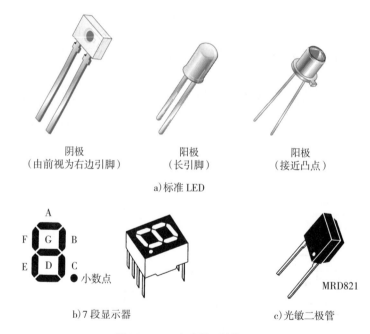

图6-23 LED与光敏二极管

一、发光二极管

二极管元件为正向偏压时，电子由N型区越过PN结进入P型区。当在传导带的自由电子越过PN结与能级较低的价电带的空穴结合时，一般的二极管会将此能量以低于光频的热频形式释放。然而，在LED的材料内有一层透光区，可以让光质子以可见光形式发射出来。此现象称为电发光。

LED 不是用硅或锗制成,通常是用砷化镓(GaAs)、磷化镓(GaP)或磷化砷镓(GaAsP)所制成。掺杂不同的杂质材料会产生不同的光谱波长,从而发出不同的颜色,例如砷化镓 LED 会发出不可见的红外线,磷化砷镓 LED 则可发出可见的红光或绿光,而磷化镓 LED 所发出的可见光介于黄色与绿色之间。

典型 LED 的图形符号如图 6-24a)所示。另外,其正向偏压接法则如图 6-24b)所示。LED 的正向偏压较一般硅二极管略高,通常在 1.2~3.2V。LED 的反向击穿电压则远小于一般二极管,为 3~10V,因此,若以汽车蓄电池的 12V 电压加于 LED 反向偏压,则 LED 多会烧毁。LED 的亮度会随着正向偏压的电流大小而变化,I_F 越大,亮度也越强。

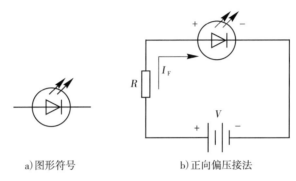

a) 图形符号　　　　　b) 正向偏压接法

图 6-24　发光二极管(LED)

LED 大都用做指示灯或仪表显示,一种称为 7 段显示器的 LED 常用于各种汽车检测仪器的显示屏上。事实上,7 段中的每一段都是一个 LED,通过线路连接而成为一块显示器。点亮不同的线段时,便可出现不同的数字或英文符号。7 段显示器分为共阳极与共阴极两种,如图 6-25 所示。

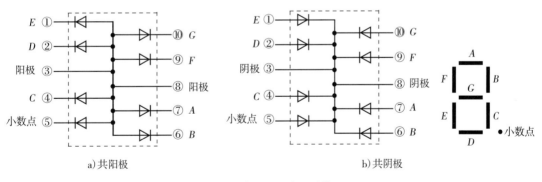

a) 共阳极　　　　　　　　　b) 共阴极

图 6-25　7 段显示器

二、光敏二极管

光敏二极管属于一种在反向偏压下工作的 PN 结元件,其上有一透光的小窗,可以让光线的能量透过窗口照射在 PN 结。如图 6-26 所示,由于采反向偏压接法,所以在平常无光线射入的情况下,就有非常微小的反向饱和电流流过,通常忽略不计,此电流称为暗电流。当光线射入感光二极管时,反向电流 I_λ 便随着射入的光亮增强而增大。

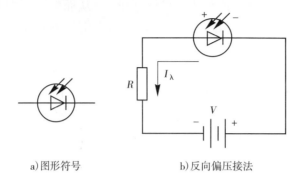

a) 图形符号　　　　　b) 反向偏压接法

图 6-26　光敏二极管

6.3.4　二极管的简易判别

使用二极管时,需要先判别二极管的好坏与极性。一般二极管可以从外表判别,但如果从外表不能判别,需要借助万用表(指针表或数字表)进行判别。

一、好坏判别

(1)使用指针式万用表判别。

根据二极管的单向导电性即正向电阻小、反向电阻大的特点,可用万用表的电阻挡来大致判别二极管的好坏和极性。

将万用表的拨盘拨到电阻挡的 $R \times 100$ 或 $R \times 1k$ 挡(不能用 $R \times 1$ 和 $R \times 10k$ 挡)来测量二极管的正反向电阻。一般二极管的正向电阻为几十到几百欧,反向电阻为几百到几百千欧,二极管的正反向电阻差别越大,就表明二极管的单向导电特性越好。

如果测得的正、反向电阻均为无穷大,则二极管内部已断路;如果测得的正、反向电阻均很小或为零,则二极管内部已短路;如果测得正、反电阻接近,则二极管的性能已不良。上述三种情况说明二极管已经损坏,不能再正常使用。

(2)使用数字式万用表判别。

将数字式万用表拨到"二极管测试"挡,两表笔分别正接或反接在被测二极管的两端,测其值。一只特性良好的二极管其正向值为0.5V 或 0.3V 左右(硅二极管为0.5V,锗二极管为0.3V),反向值为无穷大(有的数字式万用表在二极管反接时显示为2.7V 或 1V)。

如果正反向测量值均为无穷大(或2.7V 或 1),则二极管内部已经断路;如果正反向测量值均为很小或零,则二极管内部已短路。以上两种情况均不能继续使用。

二、极性判别

(1)使用指针式万用表判别。

用指针式万用表的"$R \times 100$"或"$R \times 1k$"挡测量二极管的正向或反向电阻时,如果测得电阻值较小,则黑表笔所接的一端为二极管的阳极,红表笔所接的一端为二极管的阴极。这是因为指针式万用表的电阻挡中黑表笔与万用表内电池的正极相接,红表笔与电池负极相接。判别示意图如图6-27所示。

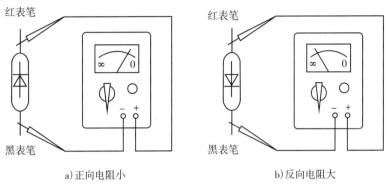

a) 正向电阻小　　　　　　　b) 反向电阻大

图6-27　二极管的简易判别

（2）使用数字式万用表判别。

在测得二极管的正向值为0.5V（硅二极管）或0.3V（锗二极管）左右时,红表笔所接的一端为二极管的正极,黑表笔所接一端为二极管的负极。这是因为数字式万用表的电阻挡中黑表笔与万用表内电池的负极相接,红表笔与电池正极相接。

在二极管的简易判别过程中值得注意的是:在测量正反向电阻时,指针式万用表和数字式万用表的两表笔与表内电池的极性连接相反;在使用不同欧姆挡测量同一二极管的电阻时,其测得值不同（由万用表内部电路决定了不同挡位两表笔间的电压不同）;以上判别适用于应用广泛的低频小功率二极管,若对汽车交流发电机中大功率整流二极管进行判别时,指针式万用表可用"$R \times 100$"或"$R \times 1k$"（该系列二极管整流电流较大,反向峰值电压较高）。

6.3.5　普通二极管的应用

利用普通二极管的单向导电性可以实现限幅、箝位、隔离和保护等作用。

一、限幅作用

将输出电压的幅值限制在某一数值称为限幅。例如在图6-28 a)所示电路中,设$u_i = 2\sin\omega t$V,VD_1和VD_2为锗管,其正向电压降$U_D = 0.3$V。由二极管的近似特性可知:

在u_i的正半周内,VD_2截止,当$U_i < 0.3$V时,VD_1截止,$u_o = u_i$。当$u_i > 0.3$V时,VD_1导通,$u_o = u_D = 0.3$V;在u_i的负半周内,VD_1截止。当$u_i > -0.3$V时,VD_2截止,$u_o = u_i$。当$u_i < -0.3$V时,VD_2导通,$u_o = -0.3$V。最后求得u_o的波形如图6-28 b)所示。由于该电路将输出电压的大小限制在0.3V的范围内,所以VD_1和VD_2是起限幅作用,这种电路称为限幅电路。

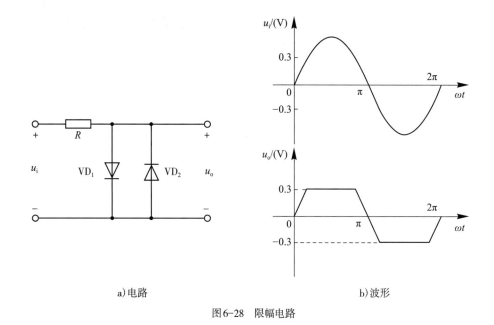

a) 电路　　　　　　　　　　b) 波形

图 6-28 限幅电路

二、箝位作用

将电路中某点的电位箝制在某一数值，称为箝位。例如在图 6-29 所示电路中，二极管 VD_A 和 VD_B 为硅二极管，其正向电压降 $U_D=0.7V$。它们的阳极通过 R 接在 +6V 的电源上，而它们的阴极分别接输入端。若电位 $V_A=3V$，$V_B=0V$，由于 $V_A > V_B$，即加在二极管 VD_B 上的正向电压比加在二极管 VD_A 上正向电压大，所以 VD_B 抢先导通，因而输出端的电位 $V_F = V_B + U_D = (0+0.7)V = 0.7V$，即 V_F 被箝制在 0.7V，故 VD_B 起箝位作用，这种电路称为箝位电路。

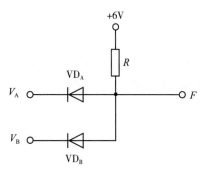

图 6-29 箝位电路

三、隔离作用

利用二极管截止时相当于开路的特点，来隔断电路或信号之间的联系称为隔离。例如在如 6-29 所示电路中，VD_B 导通后，使得 VD_A 承受反向电压而截止，从而隔离了 V_A 和 V_F 的联系和影响，所以 VD_A 在该电路中起隔离作用。

四、续流作用

一个通电的线圈，当突然断电时，就会在线圈中产上一个反向电动势，如果这个反向电动势叠加在电路中的其他电子元件如三极管上，就会引起元件的损坏。为了避免这种现象的出现，一般都在线圈旁边并联一个二极管来吸收反向电动势，这种电路就是二极管的续流电路，如图 6-30 所示。

在这种电路中,二极管起到了对其他电子元件的保护作用,所以又称保护二极管。

6.4 三极管

6.4.1 三极管的基本结构

三极管又称三极管,是由3个经过掺杂的半导体部分所构成,并且具有两个PN结,3个部分分别称作发射极、基极和集电极,如图6-31所示。三极管共有PNP型和NPN型两种形式,NPN型是以P型区分隔两N型区,主要以空穴来传导电流;PNP型是以N型区分隔两P型区,主要以电子来传导电流。

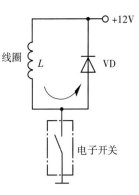

图6-30 二极管续流作用

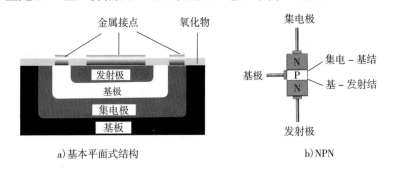

图6-31 三极管

发射极、基极和集电极分别以字母E、B和C代表。介于基极和发射极之间的结称为发射结,而在基极和集电极间的结则称为集电结。基极比发射极和集电极薄,并且掺杂浓度比发射极(最浓)和集电极(次浓)低许多。

两种三极管的符号如图6-32所示,典型的三极管外观则如图6-33所示。在E、B、C三极中,以B极最薄,约占全部宽度的1/150,如此设计的原因是为要使发射极所发射的载流子能快速地通过基极而到达集电极,并且让集电极有足够的空间来收集自基极过来的载流子。

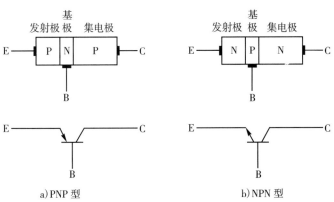

图6-32 三极管的符号

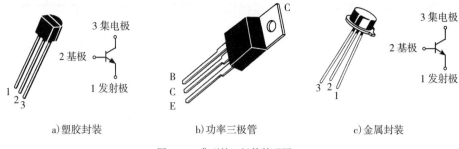

图6-33 典型的三极管外观图

目前三极管材料以硅为多,因硅三极管的工作温度(125~175℃)远较锗三极管(75~85℃)为高,并且其结部分耐温性好,可做大功率输出用。

6.4.2 三极管的工作原理

PNP型与NPN型三极管具有互补性,即两者所加的电流或电压极性与方向相反。然而为避免说明上的困扰,我们将以讨论NPN型三极管为主,PNP型则以同样的方法推理解释。

三极管最基本的两项工作便是作为放大器与开关使用。但是,要提供这样的服务,首先就必须给予三极管正确的偏压。图6-34所示为NPN型与PNP型三极管的偏压接法,两者皆采FR偏压方式,即E—R间采用正向(F)偏压,而B—C间则采用反向(R)偏压接法。FR偏压方式是三极管作为放大器时的正常工作方式,它能够通过E、B间的小电流来控制C到E的大电流导通。

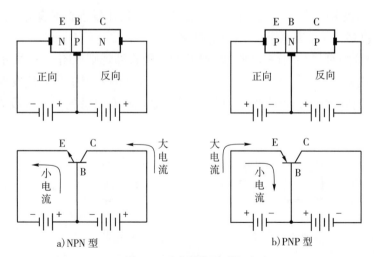

图6-34 三极管的FR偏压方式

NPN型与PNP型三极管的工作原理相似,只要将电子与空穴、电压极性与电流方向均倒过来即可。如图6-35所示为电子流方向,E—B之间的正向偏压导致E—B间的耗尽区变窄,而B—C间的反向偏压则造成B—C

间的耗尽区变宽。由于同性相斥，电池负极所提供的电子将推动位于高掺杂浓度的 N 型发射极区内，传导带上的众多自由电子移向 EB 结，并扩散至 P 型基极区而变成少数载流子。

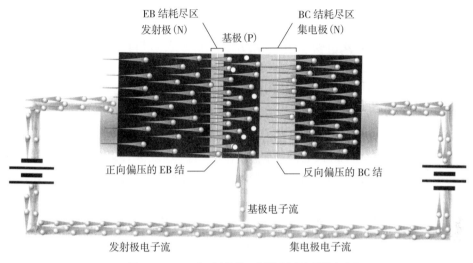

图 6-35　NPN 型三极管的工作原理（以电子流方向）

进入 P 型基极区的电子有两种流向：一是向下流经基极，另一是越过集电结而进入集电极区。由于基极区内掺杂浓度低且薄，故自由电子与其有限的空穴相结合后，便从基极流出一股少量的价电子流。

只有约 5% 的电子与基极内的空穴结合，大多数的电子仍受到来自发射极内电子同性相斥的推力，而进入面积较大的集电极耗尽区内。同时，因 B—C 间反向偏压，使反向偏压电池正极将电子吸引通过 B—C 结，并穿过 N 型集电极区，流入电池正极，形成大量的集电极电子流。

图 6-36 所示为三极管上的 3 股电流：发射极电流 I_E、基极电流 I_B 和集电极电流 I_C，其关系根据基尔霍夫电流定律，流入电流等于流出电流，得：

$$I_E = I_B + I_C$$

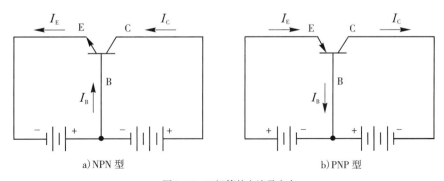

a) NPN 型　　　　　　　　　b) PNP 型

图 6-36　三极管的电流及方向

由于 I_B 比 I_E 和 I_C 小很多，故上式可写成近似值为：

$$I_E \approx I_C$$

6.4.3 三极管的简易判别

使用三极管时，需要判别三极管的好坏与极性，一般三极管可以从外表判别，但如果从外表不能判别，就需要借助万用表(指针表或数字表)进行判别。

三极管有三个电极，不论是 PNP 型还是 NPN 型，都由两个 PN 结构成，且 PN 结具有正向电阻小，反向电阻大的特点，因此可以根据这一特点，用万用表的电阻挡来大致判别三极管的好坏和极性。现以指针式万用表为例来说明。

（1）判断基极 B 和三极管类型。将万用表欧姆挡置于"$R \times 100$"或"$R \times 1k$"（不能用 $R \times 1$ 和 $R \times 10k$ 挡）处，用黑表笔接三极管的任一管脚(设该管脚为三极管的基极)，在用红表笔分别接另外两个管脚。如果表针两次的阻值都很大，那么该管就是 PNP 管，其中与黑表笔相接的那一管脚就是基极；若表针两次指示的阻值均很小，说明该管是 NPN 管，其中与黑表笔相接的那一管脚就是基极。如果指针指示的阻值是一个很大，一个很小，那么黑表笔所接的管脚就不是三极管的基极，要另换一个管脚进行类似的测试，直到找出基极。

（2）判断集电极 C 和发射极 E。仍然用万用表欧姆挡"$R \times 100$"或"$R \times 1k$"。在未判别出的两个管脚中任意假定一个管脚为集电极，若为 NPN 管，则将黑表笔接假设的 C 极管脚，红表笔接另一管脚，将两手指接在 B、C 之间（或用一只 100k 电阻），此时可测得一个电阻值，然后将假设的 C、E 对调，同样将两手指接在 B、C 之间（或用一只 100k 电阻），此时可再测得一个电阻值，两次测量中电阻值小的一次，黑表笔所接管脚为 NPN 管的实际集电极，红表笔所接的为实际的发射极。此时三极管处于放大状态，其判断原理图及等效电路如图 6-37 所示。

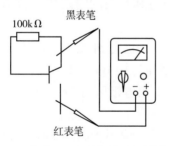

图 6-37 三极管 C、E 极判断原理图及等效电路

6.5 晶闸管

晶闸管全称晶体闸流管，又称可控硅，是在硅二极管的基础上发展起来的一种大功率半导体器件。自 1957 年问世以来，因其具有体积小、质量轻、效率高、容量大、耐高压、无火花、抗振动、反应快、寿命长、控制特性好等优点，广泛应用于可控整流、直流电动机的无级调速、交直流转换、调光、蓄电池充电机、电解和电镀、汽车电容放电式三极管点火系统等方面。

6.5.1 晶闸管的结构

晶闸管种类很多，有普通型、双向型、可关断型等。这里主要介绍应用最广泛的普通型晶闸管。目前，大功率的晶闸管外形结构有螺栓式和平板式，如图 6-38 所示。晶闸管有三个电极，阳极 A、阴极 K 和控制极（门极）G。螺栓式晶闸管有螺栓的一端是阳极，使用时用它固定在散热器上，安装、更换方便，但仅靠阳极散热器效果差；另一端有两根引线，其中较粗的是阴极，较细的是控制极。平板式晶闸管的中间金属环的引出线是控制极，离控制极较远的端面是阳极，近的端面是阴极，使用时晶闸管夹在两个散热器中间，散热效果好。

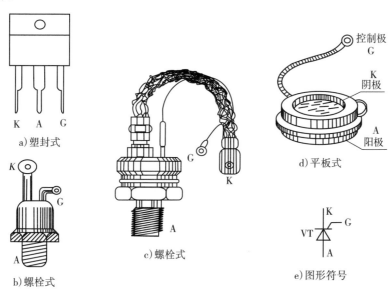

图6-38　晶闸管的外形与图形符号

晶闸管的结构示意图如图6-39所示。管芯由 P 型和 N 型半导体组成 $P_1N_1P_2N_2$ 结构，形成三个 PN 结 J_1、J_2 和 J_3，分别从 P_1、P_2、N_2 引出三个电极，所以晶闸管是一个4层三端半导体器件。

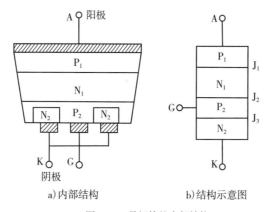

图6-39　晶闸管的内部结构

6.5.2　晶闸管的工作特性

为便于理解，我们用实验来说明普通晶闸管的工作原理。

如图6-40a）所示，将晶闸管的阳极接电源 E_a 的负极，阴极接电源 E_a 的正极，并在回路中串联小灯泡 HL（此回路称为主电路），然后控制极（门极）接电源 E_g 的正极，阴极接 E_g 的负极，并通过开关 S 控制（此回路称为控制电路或触发电路）。这时不管开关 S 是否闭合，灯泡 HL 始终不亮。这说明当晶闸管阳极与阴极间加反向电压时，不管控制极有无正向触发电压，晶闸管均不导通，处于反向阻断状态。

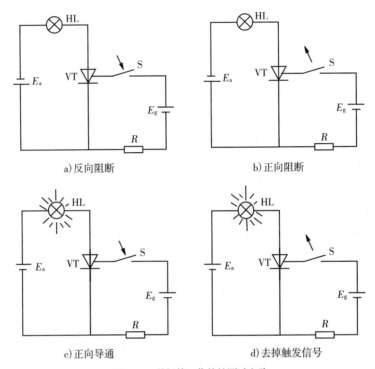

图6-40　晶闸管工作特性测试电路

如图6-40b）所示，将 E_a 的极性调换，即在晶闸管的阳极与阴极间加正向电压，若 S 断开，HL 不亮，说明晶闸管不导通，处于正向阻断状态。

如图6-40c）所示，将开关 S 闭合，即在晶闸管阳极与阴极间加正向电压的同时，给控制极与阴极间加上正向触发电压，HL 亮，说明晶闸管被触发导通。

如图6-40d）所示，在晶闸管导通后，将开关 S 打开，HL 仍然发光，这说明晶闸管仍然导通，控制极失去作用。

由以上分析可得出晶闸管的工作性能：

（1）在晶闸管的阳极与阴极间加正向电压，同时在控制极与阴极间加正向电压，晶闸管就能导通。两者缺一不可。

（2）晶闸管导通后，控制极失去控制作用，即使去掉控制极电压，晶闸管仍然导通。若要使晶闸管关断，只有在阳极与阴极间加反向电压，或去掉正向电压，使流过晶闸管的阳极主电流小于某一数值，才能关断。

（3）晶闸管导通后，控制极失去控制作用，因此，控制极只需要一个触发脉冲就可触发晶闸管导通。

（4）晶闸管具有单向导电性，且导通时刻是可以通过控制极控制的，所以，晶闸管可以用来构成可控整流电路。

（5）晶闸管还可以用作无触点功率静态开关，取代继电器、接触器构成控制电路。

6.5.3 晶闸管的主要参数

（1）额定电压：为防止晶闸管因承受正向电压过大而引起误导通，或因承受反向电压过大被反向击穿而规定的允许加在晶闸管阳极与阴极间的最大电压，称为晶闸管的额定电压。因晶闸管承受过电压的能力差，所以在选择晶闸管时，额定电压应取元件在电路中可能承受的最大电压瞬时值的2~3倍。

（2）额定电流（通态平均电流）：在规定的标准散热条件和室温（≤40℃）下，晶闸管的阳极与阴极间允许通过的工频正弦半波电流的平均值，称为晶闸管的额定电流。由于晶闸管过电流能力差，选用晶闸管时，额定电流至少应大于正常工作电流的1.5~2倍。

（3）通态平均电压（管压降）：当元件流过正弦半波的额定电流平均值时，元件阳极与阴极之间电压降的平均值称为管压降。一般为0.4~1.2V，可忽略不计。

（4）控制极触发电压和触发电流：在晶闸管阳极与阴极之间加6V的正向直流电压，使晶闸管由阻断变为导通所需要的最小控制极电压和电流。在实际使用时，应稍大于这一数值，以保证可靠触发。

（5）维持电流：在室温下，控制极开路时，维持晶闸管继续导通所必需的最小电流称为维持电流。当正向电流小于维持电流值时，晶闸管就自行关断。维持电流值一般为几十至一百多毫安。

6.6 集成电路

所谓集成电路（简称IC），是指将许多的分离元件如：三极管、二极管、电阻或电容制造在一块硅芯片上，形成一个完整的逻辑电路，能实现控制、计算或存储等功能，并加以适当的接线、封装后，使其具有某些特定的功能。在探讨集成电路时，应把整个电路视作一个元件，由外部来分析，而不要由内部对各零件的电路来分析。

集成电路根据其工作性质，可分成两大类：

（1）数字集成电路：即逻辑电路，多用于计算机、数字仪表、控制及数字通信系统。

（2）线性集成电路：通常作为运算放大器用。

IC的出现，使电子工程师们的设计工作简化了许多，以汽车电子系统为例，各个系统虽有不同，但其中却有很多共用的电子电路，将它们制成IC，便可应用在各种不同系统上，这不仅可以降低电路的设计与制造成本，更大大地减轻了工程师们的工作负担。

IC的设计与制造为一项相当复杂的过程，从制作硅锭开始……到照相制版……乃至于测试封装，除了制造设备要求精密外，更包括了物理、化学、冶金学、光电和照相制版术等领域的技术配合。

IC 的制造流程如图 6-41 所示。IC 电路设计完成后，就要按预定的芯片制造步骤，将 IC 电路布局图转印在玻璃平板上，此平板称为掩膜(Mask)。掩膜与 IC 的关系就像底片与相纸的关系。利用掩膜将其上的电路图样投影到晶片上，进行曝光、显像后再用硝酸等化学药剂清洗、蚀刻，便完成晶片的制造，如图 6-42 所示。

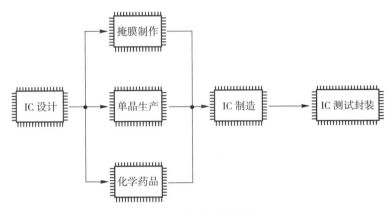

图 6-41　IC 制造流程图

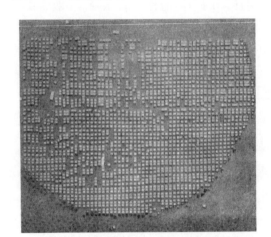

a) 曝光后的 8 寸单晶片　　　　b) 已被分割成数百个小芯片的单晶片局部

图 6-42　单晶片

接着测试单晶片，再把合格的芯片自单晶片上切割下来，如图 6-42b) 所示。最后进行封装，并以金线连接芯片、外引脚等线路，测试后便完成整个 IC 制造。

IC 的电路规模越做越大，所包含的元件数目也越来越多。IC 根据单一芯片内所包含的元件数目可区分成几类。

（1）小规模集成电路：通常所含元件数在 100 个以下，芯片平均面积为 $3mm^2$，1960 年开发成功。

（2）中规模集成电路：所含元件数为 100~1000 个，芯片平均面积为 $8mm^2$，1966 年开发成功。

（3）大规模集成电路：所含元件数介于1000~100000个之间，芯片平均表面积为20mm²。

（4）超大规模集成电路：单一芯片含元件数在100000个以上的，芯片的平均表面积为30mm²。

（5）特大规模集成电路：包含组件数超过1000000以上，不只是一个电路而已，甚至已达系统的水平。

以上所述的IC，由于将所有电路都做到一块半导体芯片上，所以被称作单片IC，或单芯片IC。我们通常所称的IC，大多指的是单片式IC，如图6-43所示。另外还有两种常用的IC，体积比单片式IC略大，它们分别是薄膜IC与厚膜IC。

图6-44所示为汽车上所使用的薄膜型温度传感器集成电路(IC)。在陶瓷材料上涂以特殊薄膜或厚膜（多层薄膜），再用蚀刻法做成电阻、电容等被动元件，即形成薄膜或厚膜IC。其他主动元件（如三极管）则要另外以分离方式接入。

图6-43 各种IC产品

图6-44 薄膜IC温度传感器

除此之外，还有一种被称为混合集成电路常用于各种控制模块中，图6-45所示为汽车电子点火系统中所使用的点火器。此类IC内含有多个单片IC或薄（厚）膜IC，另外还有少数的分离元件，其体积稍大，但仍比由传统的分离元件所构成的电路体积小很多。

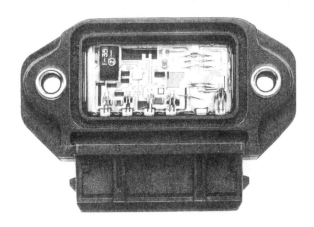

图6-45 点火系统中所使用的混合式IC-点火器

理 论 测 试

一 填空题

1. 自然界中的物质按照导电能力来分类,可分为_____、_____和_____。
2. 半导体中有两种载流子,其中_____带正电,_____带负电。
3. P 型半导体中_____是多数载流子,_____是少数载流子;N 型半导体中_____是多数载流子,_____是少数载流子。
4. 在 PN 结形成的过程中,内电场的作用是_____。
5. PN 结单向导电性指的是正向_____反向_____。
6. 在理想状态下,我们认为二极管正向导通时相当于_____,反向截止时相当于_____。(填"短路"或"开路")
7. 三极管的三个极分别叫_____极、_____极、_____。

二 选择题

1. 在本征半导体中掺入微量 5 价元素,形成的杂质半导体,其多数载流子是_____。
   (A)空穴　　　　　　　　(B)自由电子
   (C)正离子　　　　　　　(D)负离子
2. PN 结加正向电压时,其正向电流是_____。
   (A)多数载流子扩散而成　(B)少数载流子扩散而成
   (C)多数载流子飘移而成　(D)少数载流子飘移而成
3. 在本征半导体中掺入微量 3 价元素形成的杂质半导体,其多数载流子是_____。
   (A)正离子　　　　　　　(B)负离子
   (C)自由电子　　　　　　(D)空穴
4. 晶闸管导通后,控制极加适当大小的反向电压,其结果是_____。
   (A)晶闸管关断　　　　　(B)晶闸管的状态不可确定
   (C)晶闸管状态不变　　　(D)晶闸管有可能击穿
5. 某人手中有三只同型号的晶体二极管,在相同电压下测得数据如下,性能最好的管子是_____。
   (A)正向电流 30mA,反向电流 13μA,反向击穿电压 150V
   (B)正向电流 120mA,反向电流 3μA,反向击穿电压 210V
   (C)正向电流 60mA,反向电流 15μA,反向击穿电压 120V
   (D)正向电流 50mA,反向电流 10μA,反向击穿电压 100V

三 判断题

1. P 型半导体带正电。　　　　　　　　　　　　　　　　　　　　　　　(　)
2. N 型半导体带负电。　　　　　　　　　　　　　　　　　　　　　　　(　)

3. 不管是 N 型半导体还是 P 型半导体，虽然它们都有一种载流子占多数，但是整个晶体仍然是不带电的。　　　　　　　　　　　　　　　　　　（　　）

4. 本征半导体中的自由电子和空穴总是成对出现、成对消失的。　（　　）

5. 晶闸管导通之后，控制极就失去了控制作用。　　　　　　　（　　）

四 简答题

1. 半导体导电机理和导体的导电原理有什么区别？

2. 试述半导体 PN 结的单向导电性。

3. 如何用万用表判断半导体二极管的好坏？如何分辨二极管的极性？

4. 如何用万用表判断晶体三极管的好坏？如何分辨它的类型及其3个管脚？

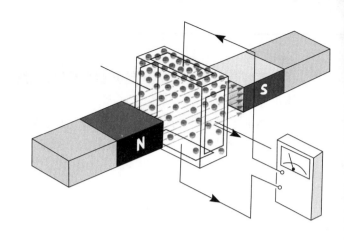

单元7

汽车常用电子电路

● 知识目标：

1. 正确描述整流电路的工作原理；
2. 能说明滤波电路的工作原理；
3. 能说出放大电路的偏压方式及放大电路的作用。

● 能力目标：

1. 能解决基本放大电路的连接问题；
2. 会分析基本放大电路的工作状况。

● 建议学时：

24 学时

7.1 电源电路

凡是具有电子控制的装置,都必须要有直流电源作为动力。对一部汽车来说,全车所有的负载,其电流的消耗都靠着唯一的电源——蓄电池所提供。蓄电池属于直流电源,以传统的汽车电子电路来看,它所提供的已可算是一种近乎完美的稳定电源。然而,随着车上出现越来越多的"电脑"(电子控制模块,ECM)和高密度集成电路,电子元件也越来越小型化、高性能化以及高速化,若要使电子电路的功能完全发挥,首先就一定要有设计良好的电源。

汽车是一部随时在动的"机器",所受到的干扰也会较室内的电子设备多。因此,作为一个良好的电源,就必须具备以下条件:

(1)即使负载需要很大的电流,输出电压仍能维持定值(即内阻等于零)。
(2)波动小。
(3)干扰噪声小。
(4)有过载保护设计。

7.1.1 整流电路

除了一次电池如水银电池、锂氢电池以及二次电池如铅蓄电池等的"独立电源"之外,一般所用的电源都是将电网提供的交流电源(市电),通过稳压器转换成直流电压供给电路使用。

电源电路利用变压器将市电升压或降压后得到适当的交流电压,再经过整流及滤波电路,最后进行稳压调整,则可以输出一稳定的直流电压,如图7-1所示。

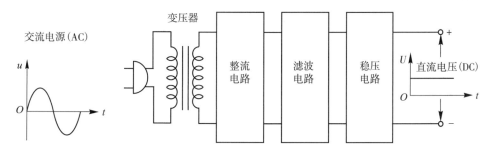

图7-1 稳压器的框图

所谓整流,是指将交流电转变成脉动直流电的过程。此电路则称为"整流电路"。前面曾提到过,脉动直流电是电流方向固定,但大小会变动的直流电,如图7-2所示。要完成整流的工作,只需一具有单向导通特性的电子元件即可。最常使用的元件为二极管。

基本的整流电路分成:

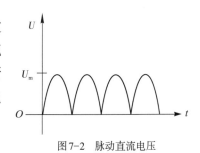

图7-2 脉动直流电压

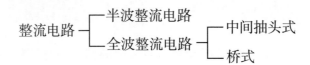

一、半波整流电路

半波整流是指交流输入电压信号只有在正半周或负半周时才有输出,即输出波形只有输入波形的一半,因此被称作"半波整流"。

在说明半波整流电路之前,先以一实际电路来看看半波整流的工作情形。半波整流电路是二极管最基本的应用电路,图7-3a)中采用了一个硅二极管,假设硅二极管的正向导通电压为0.6V,反向时的饱和电流I_s为$10×10^{-9}$A,则:

(1)当输入交流电压为正半波时,其等效电路如图7-3b)所示。利用基尔霍夫电压定律(KVL)电压升等于电压降,可得到:

$$U-U_D-U_R=0$$

即负载电压:

$$U_R=U-U_D=10-0.6=9.4 \text{ (V)}$$

(2)当输入交流电压为负半波时,等效电路如图7-3c)所示。根据欧姆定律,可求得:

$$U_R=I_S×R=(10×10^{-9})×(10×10^3)$$
$$=100 \text{ (μV)}（接近0V）$$

又由KVL得知:

$$U_D=U-U_R=10-100×10^{-6} \approx 10V$$

由本例可以归纳出利用二极管做半波整流的工作情形:

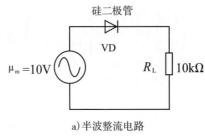

a) 半波整流电路

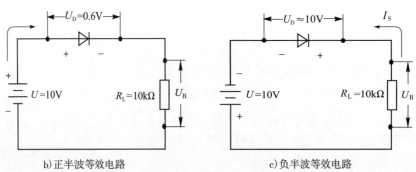

b) 正半波等效电路　　　　　　　c) 负半波等效电路

图7-3　半波整流的工作情形

①当二极管处于正半波（正向偏压）时，大部分的输入电压都在负载电阻的两端，即 U_R =9.4V。

②但是当二极管处于负半波（反向偏压）时，则所有的输入电压几乎都在二极管的两端，即 U_D =10V，而负载上的电压则趋近于0V。

③正半波时，流过整个电路的电流大小由负载的电阻值所决定，即：

$$I = \frac{U_R}{R} = \frac{9.4}{10k} = 0.94(mA)$$

④在负半波时，流过整个电路的电流值则等于二极管的饱和电流 I_s，理想的 I_s 为0A。

⑤请留意，在此电路中，选择二极管时，其击穿电压值，也就是二极管所能承受重复产生的峰值反向电压必须大于输入电压，否则将使二极管烧毁。

依此结论，我们可以画出半波整流的输入与输出电压波形，如图7-4所示。

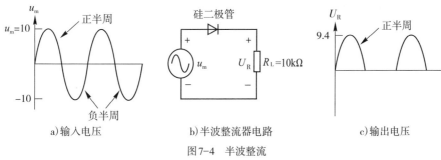

图7-4 半波整流

二、中间抽头式全波整流电路

在半波整流电路的说明中，我们可以看出其输入端的交流电压只有一半被送到输出端，另一半则无法被利用。因为这种整流电路的效率低，输出电压小，并且输出电压的变动率很大，稳定性差。所以才以全波整流电路来替代。

与半波整流不同的是，全波整流可以使输入交流电压的正、负两半周，都产生出单一方向的电流通过负载。因此，能提供两倍于半波整流电路的直流电压输出，如图7-5所示。全波整流电路有两种形式：中间抽头式和桥式整流。

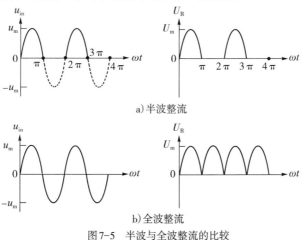

图7-5 半波与全波整流的比较

在讲述中间抽头式全波整流电路之前,我们先来了解一下变压器的工作原理。图7-6所示为变压器的简化符号,变压器可根据实际需要将输入端的交流电压提高或降低。图中的 N_1、N_2 分别为变压器的初级线圈和次级线圈的圈数,则其绕线比(或称匝数比)与电压、电流的关系为:

$$n=\frac{N_1}{N_2}=\frac{U_1}{U_2}=\frac{I_1}{I_2} \tag{7-1}$$

式中：　　n——绕线比,匝数比；

N_1、U_1、I_1——初级线圈(初级绕组)的圈数、电压、电流；

N_2、U_2、I_2——次级线圈(次级绕组)的圈数、电压、电流。

由式(5-1)得知,通过改变绕线比,便可以获得不同的输出电压、电流值。

图7-7所示为中间抽头式全波整流电路。在变压器次级线圈处有一中心抽头,只要使次级线圈的圈数为半波整流变压器次级线圈的2倍,通过2个二极管,便可以获得2倍于半波整流的直流输出电压。其工作情形如下：

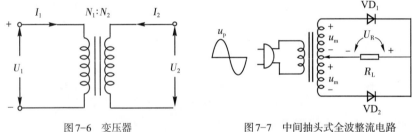

图7-6　变压器　　　　　　图7-7　中间抽头式全波整流电路

①如图7-8所示,设若与先前所举半波整流电路例子有相同的条件,即交流电压源经变压后,在次级线圈中心抽头的上、下两半的输出电压皆为10V。并且需考虑二极管的正向电压,即设硅二极管的正向导通电压为0.6V。

当输入交流电压为正半波时,等效电路图如7-8b)所示,次级线圈的电流由 a 点,经二极管 VD_1 到负载 R_L,通过 b 点到 c 点,完成回路。负载 R_L 所得到的电压 U_R 等于10V－0.6V=9.4V。而二极管 VD_2 因受到反向偏压,其电流方向,由 a 点经 VD_1 后,进入 VD_2 到 c 点。VD_2 上所承受的反向电压可由KVL求出,即：

$$U_{ac}-U_{VD_1}-U_{VD_2}=0$$

故　　　　　　　　　　　　$U_{VD_2}=19.4V$

此 $U_{VD2}=19.4V$ 即为二极管的峰值反向电压(PIV)值。

②当输入交流电压为负半波时,等效电路图如图7-8c)所示,二极管 VD_2 导通,VD_1 截止,负载 R_L 得到相同方向的电压 U_R,其值亦为9.4V。而 VD_1 的PIV值则亦为19.4V。

③根据上述情形,我们可以画出中间抽头式全波整流的输入输出电压波形,如图7-9所示。

三、桥式全波整流电路

绝大多数的直流电源供应器都是采用如图7-10所示的"桥式整流电路"。这种全波

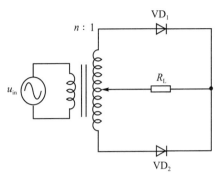

a) 全波整流电路

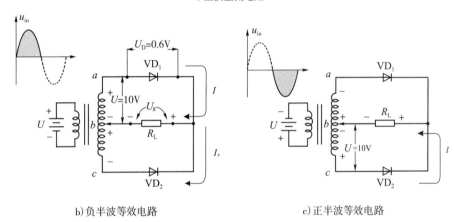

b) 负半波等效电路　　　　　　c) 正半波等效电路

图 7-8　中间抽头的全波整流工作情形

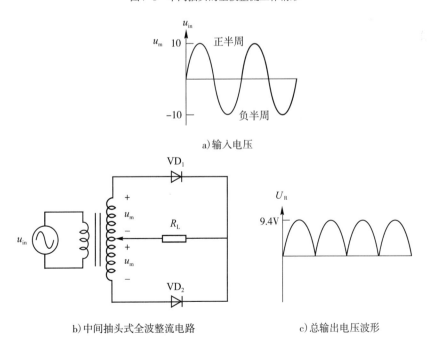

a) 输入电压

b) 中间抽头式全波整流电路　　　c) 总输出电压波形

图 7-9　中间抽头式全波整流

整流电路由4个二极管组成，不用中心抽头方式即可获得次级线圈的全部电压，变压器的体积可较中央抽头式小。

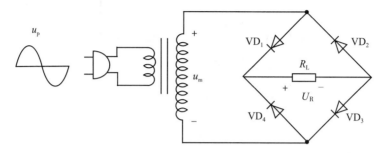

图7-10 桥式整流电路

现在让我们来看看，以图7-11为例，在不考虑二极管的正向电压和考虑正向电压的两种情况下，桥式全波整流的工作情形：

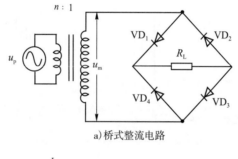

a) 桥式整流电路

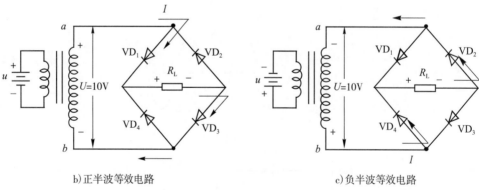

b) 正半波等效电路　　　　　　　c) 负半波等效电路

图7-11 桥式全波整流的工作情形

不考虑二极管的正向偏压，正半波正向偏压电路（导通路线）为电流由 a 点→二极管 VD_1→负载 R_L→二极管 VD_3→b 点。根据KVL得：

$$U_{ab}-U_{VD_1}-U_R-U_{VD_3}=0$$

因为

$$U_{VD_1}=U_{VD_3}=0$$

所以

$$U_R=U_{ab}=10V=U_m$$

正半波反向偏压电路（截止路线）为电流由 a 点→二极管 VD_2→负载 R_L→二极管

$VD_4 \rightarrow b$ 点。根据 KVL 得:

$$U_{ab} - U_{VD_2} - U_R - U_{VD_4} = 0$$

因为
$$U_{VD_2} = U_{VD_4} = U_D$$

又
$$U_R = U_{ab}$$

所以
$$U_D = U_{ab} = 10V = U_m$$

此为二极管上的 PIV 值。负半波时的情形与正半波相同。

考虑二极管的正向偏压情形(以正向导通电压为 0.6V 为例),正半波正向偏压电路为电流由 a 点 → 二极管 VD_1 → 负载 R_L → 二极管 VD_3 → b 点。根据 KVL 得:

$$U_{ab} - U_{VD_1} - U_R - U_{VD_3} = 0$$

设硅二极管正向导通电压为 0.6V,即:
$$U_{VD_1} = U_{VD_3} = 0.6V$$

所以
$$U_R = 10 - 0.6 - 0.6 = 8.8 \text{ (V)}$$

正半波反向偏压电路为电流由 a 点 → 二极管 VD_2 → 负载 R_L → 二极管 VD_4 → b 点。根据 KVL 得:

$$U_{ab} - U_{VD_2} - U_R - U_{VD_4} = 0$$

所以
$$2U_D = U_{ab} + U_R = 10 + 8.8 = 18.8 \text{ (V)}$$
$$U_D = 9.4V$$

此为二极管上的 PIV 值。负半波时的情形与正半波相同。

根据上述情况,可以画出桥式全波整流的输入输出电压波形,如图 7-12 所示。

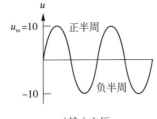

a) 输入电压

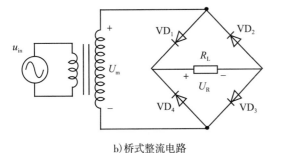

b) 桥式整流电路　　　　　　c) 总输出电压波形

图 7-12　桥式全波整流电路

桥式整流电路虽然比中间抽头式整流电路多用了两个二极管,但却具有下列优点:
(1) 不需利用中间抽头即可获得次级线圈全部的负载电压,故变压器的体积可缩小。

（2）每个二极管的 PIV 值为中间抽头式的一半。

（3）不需要使用中间抽头的变压器，故输出波形的不对称性减少。

7.1.2 滤波电路

整流电路主要目的是将交流电转变成为脉动直流电。此脉动直流电虽然已是单方向的直流电，但其电压值却仍一直在变化，而非一平直稳定的直流电。这种脉动电压不适合直接作为电子电路的电源，故需通过一滤波电路或滤波器来将脉动直流中的纹波成分滤除，使其成为理想的平稳直流电，如图7-13 所示。

a) 输入脉动直流电压　　　　b) 滤波器　　　　c) 滤波后的输出电压

图7-13　滤波电路的功用

一般来说，全波整流对滤波电路能提供较佳的输入信号。因此，如果想在滤波电路输出上得到较佳的直流电压，宜采用全波整流。图7-14 为一典型的电源电路，可以看出滤波电路所扮演的角色。

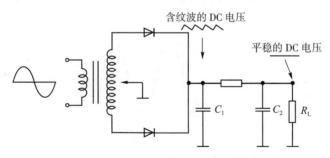

图7-14　典型电源中的滤波电路

一、电容输入式滤波器

整流过的波形，虽是直流，但却非稳定的直流。这种直流电只能用于蓄电池的充电，或是对直流电动机的操作上，对于其他电子电路，则并非要有类似电池那样稳定的直流输出不可。因此，通过滤波电路，便可把交变的成分滤除，成为真正稳定的直流电。本节所介绍的滤波器，由于在输入端有一电容器，故名为电容输入式滤波器。

电容输入式滤波器是一种最简单的滤波电路，如图7-15 所示，滤波电路是在整流电路的输出端，将滤波电容 C 与负载并联。由于电容器为一储能元件，当与负载并联时，在二极管导通期间，电容器会同时充电并储存电荷；在二极管不导通，或电压降低时，电容器便会向负载放电,使负载上电流流过的时间延长,减缓电压下降,从而减少了纹波(Ripple)对电路的影响,获得平稳的直流电压输出,如图7-16所示。

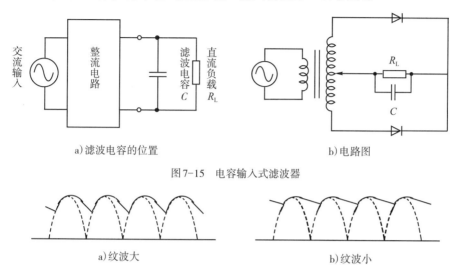

图7-15 电容输入式滤波器

图7-16 纹波

现以图7-17来说明电容输入式滤波器的工作情形。

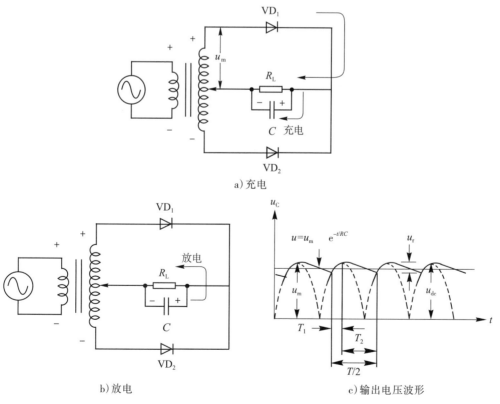

图7-17 电容输入式滤波器工作情形

(1）当输入交流电压为正半波时，只要变压后的输出电压大于 VD_1 导通电压，二极管 VD_1 便导通，电流同时流入负载 R_L 以及滤波电容 C，并且对电容 C 充电，如图 7-17a) 所示。当输入电压达到峰值 u_m 时，电容 C 亦被充电到峰值电压，即 $u_C = u_m$。

(2）当输入电压自峰值下降后，输入电压便逐渐低于电容的储存电压 $u_C(=u_m)$。因此，在二极管 VD_1 的两端形成反向偏压，使 VD_1 不导通。与此同时，电容上的电压 u_C 会向负载 R_L 放电，其电压亦从 u_m 值缓慢下降，如图 7-17b) 所示。

(3）此放电状态会持续到下半周（负半波）来临且电压高于 u_C 时为止。在负半波时，二极管 VD_2 导通，向电容 C 再充电，情形与正半波时相同。当输入电压自负半波峰值逐渐下降时，VD_2 不导通，电容向负载放电，并持续到下一个正半波出现且输入电压高于 u_C 时为止。

(4）如此反复就让整流后的脉动直流输出过滤成只有极小纹波成分的平稳电压，如图 7-18 所示。

图 7-18　滤波后的直流电压

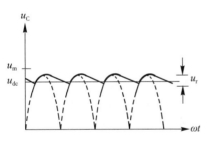

图 7-19　实际输出电压波形

电容输入式滤波电路在接上负载后，电容实际的输出波形如图 7-19 所示。其平均值会略低于峰值电压 u_m。如果负载电阻 R_L 增加，流经负载的电流就会减少，于是，电容的放电时间可以延长，放电越慢，电压下降得也越少，则此时输出电压平均值会接近 u_m 值。

对于同一频率的输入信号，影响电容输出电压有 3 个因素：

(1）负载的电阻值：如图 7-20a) 所示，当负载电阻值较大时，流过的电流较小，电容放电时间较长，放电较慢，电压下降较小，使其平均输出电压较高，纹波也较小；反之，当负载电阻较小，电流较大，电容放电期间，放电较快，电压下降亦较大，导致输出电压平均值较低且纹波较大。

所以，负载的电流越大，则输出电压越低，电压调整也越差。

(2）滤波电容量：滤波电容器的电容量越大，其储存的电荷也越多。因此，在向负载放电时，其放电时间可以较长，电压的下降较小，使得输出的电压较高且纹波较小。反之，滤波电容量越小，则输出电压越低且纹波也较大，如图 7-20b) 所示。

(3）整流的形式：在半波整流形式中，滤波电容的放电时间较长，使输出电压纹波较大，平均值亦较全波整流形式为低，如图 7-21 所示。

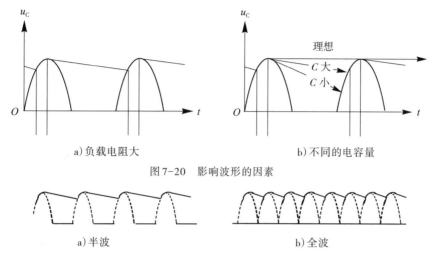

a) 负载电阻大   b) 不同的电容量

图7-20 影响波形的因素

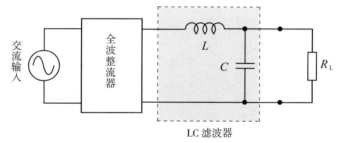

a) 半波   b) 全波

图7-21 整流形式对同一滤波电路的影响

二、电感输入式滤波器

如图7-22所示,在滤波器的输入端再加一线圈 L,可使纹波减小。由于在输入端有一电感器,故称为电感输入式滤波器。

图7-22 电感输入式滤波器

上面曾经提到电感器对交流电所产生的电阻称作感抗,用 X_L 表示。当交流电的频率越高,或是电感器的电感越大时,电感抗也越大。如图7-23所示,经过整流后的输入电压 u_{in} 虽是直流电压,但却仍然具有脉动频率的变化。当脉动电压由最高点向下降低时,电感器会感应出一反电动势,其方向如图7-23b)所示。此电动势大小与脉动频率成正比,频率越高,反电动势也越大。电感器所感应的反电动势并与电容 C 一起向负载放电,形成图7-24所示的输出电压。

在图7-24中可看出输出电压波形中仍有纹波 u_r 的存在,其值则由分压公式决定:

$$U_r = \frac{X_c}{X_L + X_c} \times U_{ms} \tag{7-2}$$

式中:U_r——纹波有效值;
X_c——容抗;
U_{ms}——经整流后的输出纹波电压有效值。

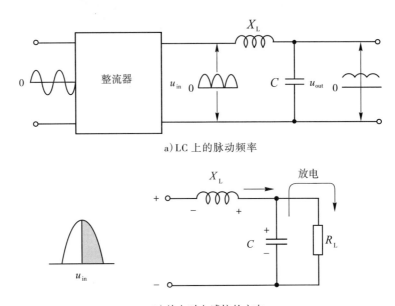

a) LC 上的脉动频率

b) 放电时电感抗的方向

图 7-23　电感器对脉动的交流效应

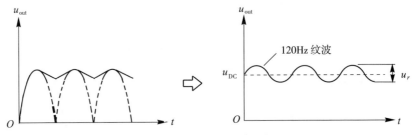

图 7-24　滤波后的直流电压

纹波有效值 U_r 越小越好，表示滤波效果好。通常，由于感抗 X_L 都很大，而容抗 X_c 很小（几乎等于短路），所以，式（7-2）也可以写成如下的近似值：

$$U_r \approx \frac{X_c}{X_L} \times U_{ms} \qquad (7\text{-}3)$$

一般来说，X_c/X_L 的比值约为 1:100，即纹波被衰减了 100 倍。

全波整流波形会比半波者容易滤波，这是因为全波者的纹波频率比较大，因而可以选用规格小一点的电感与电容。至于电感输入式滤波器则多不用于大电流的场合，因为线圈在通过大电流时会产生磁饱和，使滤波效果变差。另外，由于电感器的体积庞大，成本也高，故现今多采用前一节所述的电感输入式滤波器。

值得留意的是，电容输入式滤波器所输出的直流电压约等于整流后输出电压的峰值（u_m），而电感输入式滤波器的直流输出值，则约等于整流后电压的平均值（u_{avg}）。另一不同点是，电容输入式滤波器的纹波电压会随着负载电阻 R_L 的大小而变化，而电感输入式滤波器的纹波电压则与负载大小无关。

三、RC 与 LC 滤波器

为了把纹波电压降低,我们可以在电容和负载之间再加入一个滤波器。通常这种做法有两种:RC 与 LC 滤波器,如图 7-25 所示。

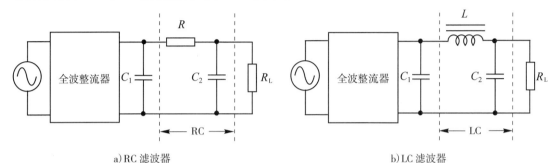

a) RC 滤波器　　　　　　　　　　b) LC 滤波器

图 7-25　RC 和 LC 滤波器

在 RC 滤波器中,滤波电容 C_1 的后面又接上滤波电阻 R 以产生电压降,因此,当 C_1 放电到一额定值时,C_2 紧接其后也进行放电,如此将使负载 R_L 上的输出直流电压 U_{DC} 增加,并使纹波电压 U_r 降低,而获得较单一电容的滤波器更佳的平稳电压波形。设计时,要让 R 值远大于 X_C,对于纹波电压而言,由交流分压式(7-4)可知,只有分出些纹波到负载 R_L 上,如图 7-26 所示。一般 R 值要比 X_C 大 10 倍以上,所以纹波也被衰减至少 10 倍。

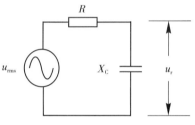

图 7-26　RC 滤波器的交流等效电路

$$U_r=\left(\frac{X_C}{\sqrt{R^2+X_C^2}}\right)U_{rms} \qquad (7-4)$$

如果一段 RC 滤波器还不能把纹波降到理想范围,则可采用多段式 RC 滤波,如图 7-27 所示。如果每一段可将纹波衰减 10 倍,则两段就可以衰减达 100 倍。

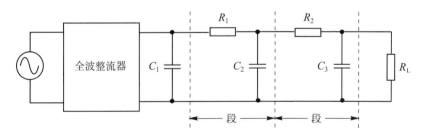

图 7-27　两段式 RC 滤波器

将 RC 滤波器中的滤波电阻 R 换成电感器 L,便成了 LC 滤波器,又称作 π 型滤波器,如图 7-25b) 所示。

在 RC 滤波器电路中,为了提高直流电压的输出,都会尽量减小滤波电阻的 R 值以便能减少电阻两端的电压降。但是对于交流纹波而言,却又希望 R 值要远大于电容 C_2

的容抗值。结果导致，若要降低 R 值来提高输出电压，却也提高了输出端的纹波电压。反之，增加 R 值虽可减少纹波电压，却使输出直流电压下降，如图7-28所示。

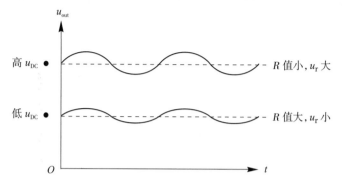

图7-28 RC滤波器中 R 值对纹波和 u_{DC} 的影响

LC滤波器正好可以克服上述 RC 滤波器的缺点。由于电感器本身的特性，因此 LC 滤波器能够提高直流输出电压，同时也能降低输出端的纹波电压。LC 滤波器电路中，电感 L 对直流而言只有很低的导线电阻，因此在电感器两端的电压降很低。而对于交流纹波而言，电感器则具有高的感抗，使纹波电压降低。

LC 滤波器的输出电压计算与 RC 滤波器的方法相同，故这里只以 LC 滤波器作讨论。如图7-29b)所示为 LC 滤波器的直流等效电路，对直流输入 U_{in} 而言，两电容 C_1 与 C_2 可视为断路，因此不包含在直流等效电路中。U_{in} 为整流后的直流电压平均值，即为介于 C_1 两端的直流电压，由分压法则可得 U_{DC}：

$$U_{DC} = \frac{R}{R + X_L} \times U_{in} \tag{7-5}$$

式中，R 为电感器的直流导线电阻，通常 R 相当小，因此，U_{DC} 值会比 RC 滤波器的 U_{DC} 值高许多。

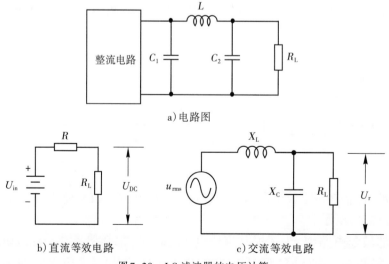

图7-29 LC滤波器的电压计算

下面再来看看 LC 滤波器在交流纹波上的情形。图 7-29c) 所示为交流等效电路,对交流纹波 u_{rms} 来说,电感抗 X_L 远大于其导线电阻 R,故 R 可以忽略不计,另外,在交流信号下,电容 C_2 也不再呈断路状态,并且容抗 X_C 会比负载 R_L 小很多,所以在一些书中,也将并联的 X_C 与 R_L 只记成 X_C。U_{rms} 为整流后的纹波电压有效值,亦为介于 C_1 两端的纹波电压,由分压法则可求得负载上的纹波电压有效值 U_r:

$$U_r = \frac{X_C}{X_L + X_C} \times U_{rms} \tag{7-6}$$

在交流等效电路中,X_L 很大,而 X_C 很小,因此大部分的纹波电压都降在 X_L 两端,而 X_C 两端(即输出端)的纹波电压降则很小。如果 X_L 越大,X_C 越小,其输出的纹波也会越小,滤波性能越好。

7.1.3 稳压电路

整流和滤波后的电压往往会随交流电源电压的波动和负载的变化而变化,而电压的不稳定有时会产生测量和计算的误差,引起控制装置的工作不稳定,因此需要稳定的直流电源常在整流滤波后加入稳压环节。

最简单的直流稳压电路是硅稳压管稳压电路。图 7-30 是一种稳压管稳压电路(注意:硅稳压管必须反接在电路中)。经过桥式整流电路和电容滤波得到直流电压 U_i,再经过限流电阻 R 和稳压管 D_Z 构成的稳压电路接到负载 R_L 上,负载 R_L 上得到的就是一个比较稳定的电压 U_o。

$$U_o = U_Z$$

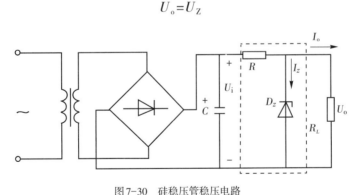

图 7-30 硅稳压管稳压电路

引起输出电压不稳的主要原因是交流电源电压的波动和负载的变化。下面来分析在这两种情况下稳压电路的作用。

一、电源的波动

若负载 R_L 不变,当交流电源电压增加,即整流滤波后的电压 U_i 增加时,输出电压 U_o 也有增加趋势,但输出电压 U_o 就是稳压管两端的反向电压 U_Z,当负载电压 U_o 稍有增加时(即 U_Z 稍有增加),稳压管中的电流 I_Z 大大增加,使限流电阻 R 两端的电压降 U_R 增加,

以抵偿 U_i 的增加，从而使负载电压 U_o 保持近似不变。若交流电源电压减小，则整个调节过程与之相反，因而当电源电压波动时，该电路具有稳压作用。

二、负载变动

若电源电压不变，即使整流滤波后的输出电压 U_i 不变，此时若负载 R_L 减小，则引起负载电流 I_o 增加，电阻 R 上的电流 I 和两端的电压 U_R 均增加，则输出电压 U_o 减小，$U_o(U_Z)$ 的减小则使 I_Z 下降较多，从而抵消了 I_o 的增加，保持 $I+I_o+I_Z$ 基本不变，也就保持了 U_o 基本恒定。

7.2 放大电路

在电子电路中，我们通常都是以输入小信号（小电流）来获得大的输出信号（大电流），而这项工作就称为放大。一个放大系统都由数级放大电路所组成。由图7-31可以清楚地看出一个完整的放大器系统包含4个部分：

（1）输入信号转换器：如 CD 唱盘的激光头、汽车用各类传感器。
（2）小信号放大器：如3种基本放大电路。
（3）功率放大器：如 A 类、B 类、AB 类放大器等。
（4）输出转换装置：如扬声器、车上各种作动器（如喷油器、电动机等）。

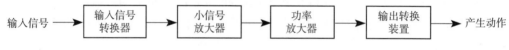

图7-31 完整的放大器系统

自从1951年三极管出现后，三极管便对现代电子工业做出卓越的贡献。三极管本身是一种具有放大作用的元件，它可以使输出的交流电压信号大于输入信号，或使输出的交流功率大于输入的交流功率。三极管放大电路根据其输出输入信号的大小及条件，可分成两类：

（1）小信号放大电路：亦称作电压放大电路。
（2）大信号放大电路：亦称作功率放大电路。

在音响（视听）电路中，第一类的小信号放大器又被称作前置放大机，一般输入信号都很小，但是要求较高的电压增益和低的失真，着重于线性工作和电压增益的大小，分析时并不特别重视其消耗功率与输出功率。而第二类的功率放大器被称为后置放大机，顾名思义，由于输入信号很大，故多在非线性区工作，考虑的因素着重于电路的工作效率、输出装置间阻抗的匹配以及功率三极管的散热等问题。

一般来说，消耗功率在 1/2W 以下的三极管通称作小信号三极管；而使用在功率放大器里，消耗功率在 1/2W 以上者，称作功率三极管。

图7-32 所示为放大器在汽车的电子控制模块（ECM）内所起的作用与位置。小信号传感器（如：O_2 传感器）将信号送入 ECM 后，必须先经由放大电路放大才可以进行其他的转换、比较，最后输出信号以驱动各个作动元件（如：喷油嘴）。

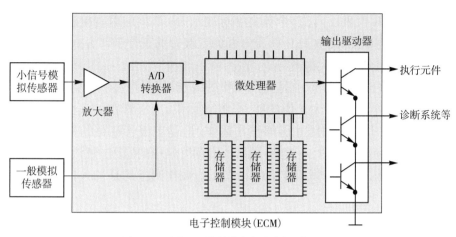

图7-32 汽车电子控制模块内的放大器位置

7.2.1 三极管偏置电路

为什么三极管需要偏置？偏置有哪些方式？一连串的疑问都与放大电路息息有关。首先，我们先来看看何谓"偏置"。

三极管在电子电路上的应用大致上可分成两大类：

（1）线性电路：三极管多以 FR 偏压为主。

（2）数字电路又称开关电路、交换电路或转换电路。简单来说即是转变偏压的形态，例如由 FF 转换成 RR 偏压，或由 FR 转换成 RR 偏压等。

不论三极管采用在哪一类电路上，三极管都只有3种偏压形式，即：FF、RR 和 FR，如图7-33所示。

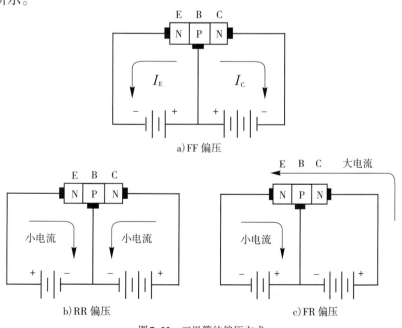

图7-33 三极管的偏压方式

F代表正向；R代表反向，首个英文字母表示E—B间的偏置接法，后一个英文字母则表示B—C间的接法。其中，FR偏压方式为三极管的正常工作方式，它可以以E、B间的小电流来控制C到E的大电流导通。

一个三极管在未加偏压以前是无法动作的，故偏压是指在三极管各电极加上适当的直流电压，使三极管具有放大工作的能力。换句话说，三极管在加入交流信号，进行放大以前，必须先要加上直流偏压才能够正常运作。这是三极管电路的基本条件，它说明了为什么当我们在检修电路时，一定要先测量出直流偏压的原因。直流偏压也就是我们常说的静态工作偏压，而三极管工作后的动态工作偏压则指的是加入信号后，三极管的交流偏压。

通常三极管的偏压是由两组电源分别供给，如图7-34a)所示，一组供应发射极(E)结所需的正向偏压；另一组则供应集电极(C)结所需的反向偏压。但是，实际上都以单一电源来供给发射极和集电极结所需的偏压，如图7-34b)所示。

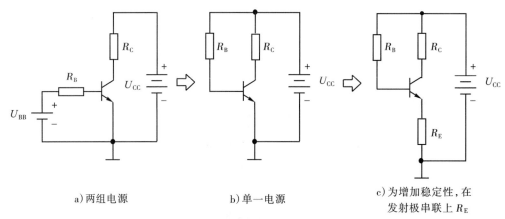

a) 两组电源　　　　b) 单一电源　　　　c) 为增加稳定性，在发射极串联上 R_E

图7-34　偏压电路的例子(CE式)

三极管的偏压方式很多，因放大器形式的不同，其偏压供给的方式亦各有异，当中以共射极放大器(简称CE放大器)使用最广，其偏压方式也最多。常见的偏压方式有：固定偏压法、发射极反馈偏压法、集电极反馈偏压法(自给偏压法)和分压偏压法。

本节主要讲共发射极偏压电路。

从电路结构的角度来看，共发射极偏压电路(CE式偏压)具有以下两项优点：

（1）简单的电源电路。

（2）稳定的工作点（Q点）：不受三极管的直流电流增益 $\beta(h_{FE})$ 和 V_{BE} 值的影响。

CE放大器的偏压电路有4种代表性电路，如图7-35所示。现分述如下：

一、固定偏压法

固定偏压法是一种最基本的偏压供给电路。如图7-36所示，信号自基极(B)输入，从集电极(C)输出。基极通过降压限流电阻 R_B 连接至电压源 U_{CC}，而产生静态基极小电流 I_B 来控制集电极的大电流 I_C。另外，电压源 U_{CC} 通过降压电阻 R_B 接到基极以提供

B—E 极间所需的三极管导通的正向偏压（$U_{BE}=0.6\sim0.7U$），同时，由 U_{CC} 连接一集电极电阻 R_C 到 C 极，提供 C 极结所需的反向偏压。

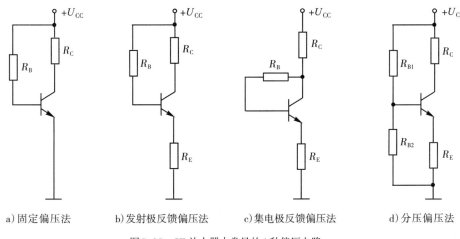

a) 固定偏压法　　b) 发射极反馈偏压法　　c) 集电极反馈偏压法　　d) 分压偏压法

图7-35　CE放大器中常见的4种偏压电路

图7-37a)所示为固定偏压电路的（基极）输入回路，电流由 $+U_{CC}$ 经 R_B、三极管的基极、发射极后接地完成回路。

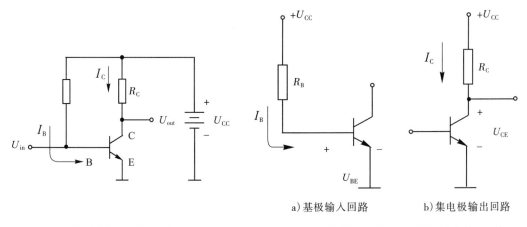

图7-36　固定偏压法

a) 基极输入回路　　b) 集电极输出回路

图7-37　固定偏压电路的输入与输出回路

在发射极接地式电路中，集电极电流 I_C 对基极电流 I_B 的比值，称作三极管的电流增益（放大倍数），用 β 表示，即：

$$\beta = \frac{I_C}{I_B} \tag{7-7}$$

二、发射极反馈偏压法

I_C 与 U_{CE} 都会受到三极管电流增益 β 值的影响，而三极管的 β 值又会随温度而变化，因此，固定偏压法的工作点容易发生偏移，且偏压稳定性不佳。固定偏压电路现已很少采用。为了改善这种偏压的热不稳定，而在发射极加上一个稳定电阻作为温度补偿以稳定工作点。

如图7-38所示，当温度或β值增加时，集电极电流I_C亦随之增加，发射极电流$I_E=I_B+I_C$也增加，使发射极电阻R_E上的电压降$U_E=I_E \times R_E$升高，因而使$U_{BE}=V_B-V_E$减少，导致基极电流I_B随之减小。集电极电流$I_C=\beta I_B$亦随之减小。由于这样的循环反馈关系，使温度或β值的改变影响消失了，达到偏压稳定的作用。

由于发射极电阻R_E具有电流负反馈的作用，所以这种偏压方式便称为发射极反馈偏压法。

图7-39a)所示为发射极反馈偏压电路的输入回路。电流由$+U_{CC}$经R_B、三极管基极、发射极、R_E后搭铁完成回路。

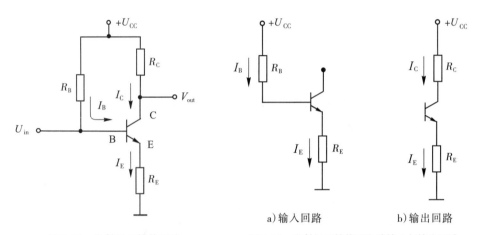

图7-38　发射极反馈偏压法　　图7-39　发射极反馈偏压电路输入与输出回路

三、集电极反馈偏压法

除了利用发射极上的稳定电阻来增加电路的稳定性之外，也可以在C—B极间加一电阻，或是将固定偏压电路中的R_B不直接连到电源U_{CC}，而改接到集电极，其结果亦能改善电路的稳定性，如图7-40所示。

从图中可看出，基极的偏压电压及电流将从集电极电压U_C处反馈取得，使电路稳定性增加，因此这种偏压法称为集电极反馈偏压法，或称为自给偏压法。

集电极反馈偏压法的特点是基极偏压U_B由集电极电压U_C供给，由于U_C为非固定值，当U_C增减时，基极偏压亦跟着增减。同时，与前两种偏压方式相比，因U_C较电源电压U_{CC}为低，故基极电阻R_B可选用其中较低的，对电路稳定性有很大的帮助。

图7-41a)所示为集电极反馈偏压电路的输入回路。电流由$+U_{CC}$流入，经R_C、R_B、三极管基极、发射极后接地完成回路。

自给偏压法也可结合发射极反馈偏压法，而能够产生对温度变化所引起电流改变的双重稳定作用，如图7-42a)所示。当然，还可以在发射极电阻R_E上并联一个电容，使交流信号没有电压负反馈的作用,如图7-42b)所示。

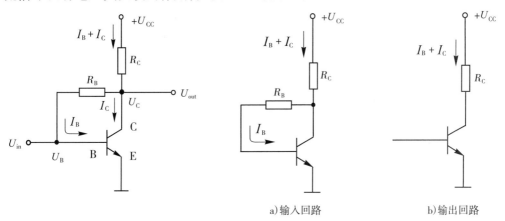

图7-40 集电极反馈偏压法

图7-41 集电极反馈偏压电路的输入与输出回路

a)输入回路　　b)输出回路

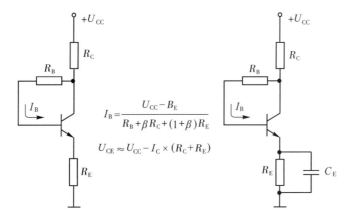

a)加上 R_E 而具有双重稳定作用　　b)加旁路电容 C_E 来滤除交流信号的负反馈

图7-42 集电极反馈偏压法的复合偏压电路

$$I_B = \frac{U_{CC} - B_E}{R_B + \beta R_C + (1+\beta)R_E}$$

$$U_{CE} \approx U_{CC} - I_C \times (R_C + R_E)$$

四、分压偏置

分压偏置是线性三极管电路中被广泛使用的偏置方式。其优点是工作点不受值 β 影响,可提高电路的温度稳定性,并且在更换不同 β 值的同一型号三极管时,也能正常的工作(I_C 值不变动),不受 β 值的影响。

在图7-43的分压偏置电路中,三极管的基极电压是由 R_1 与 R_2 两分压电阻所决定。从 A 点看,电流流过两条路径:一条经 R_2,另一条则流经三极管的 B—E 结:

(1)若基极电流 I_B 远小于流经 R_2 的电流 I_2(I_2 远大于 I_B),则偏置电路可简化成图7-44a)所示,由 R_1 与 R_2 所构成的分压电路。

(2)若 I_B 值稍大,与 I_2 相比后不能忽略,或在要求做精确分析时,则由三极管基极输入的直流输入阻抗 R_{in} 必须考虑,如图7-44b)所示,R_{in} 与 R_2 成并联关系。

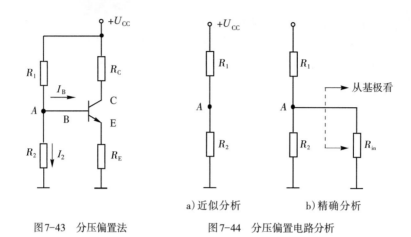

图7-43 分压偏置法　　图7-44 分压偏置电路分析
a) 近似分析　　b) 精确分析

下面来计算基极直流输入电阻 R_{in}。如图7-45所示，U_B 为加在基极的电压，I_B 则为流入基极的电流。由欧姆定律得知：

$$R_{in}=\frac{I_B}{U_B} \tag{7-8}$$

如图7-46所示，为了使 R_2 具有稳定的分压作用，由基极看过去的基极输入电阻 R_{in} 必须远大于 R_2。因为这样使得 $I_2 \approx I_1 \gg I_B$，流过 R_1 的电流几乎全往 R_2 流去，而只有极少数的电流流到 R_{in}。

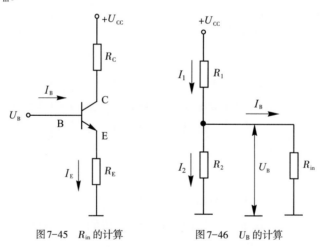

图7-45　R_{in} 的计算　　图7-46　U_B 的计算

7.2.2 基本放大电路

如果将"偏压"比喻成平日所进行的三餐，那么"放大"便是指人们每天辛勤付出的劳动。三餐提供了人们可以劳动的能量，同样地，三极管电路要能正常工作（放大），就必须先具备设计完美的偏压，使放大工作有驱动的能力。

在学习完偏压的概念后，再来复习一下三极管的特性，并了解"工作点""负载线"的意义。

放大是指将一微弱的电压或电流信号，通过主动元件（如三极管），使其输出一较大的交流信号。但是任何一种主动元件要作为放大器，并且让输出端获得不失真的输出时，都必须先加以适当的偏压。以三极管作为信号的线性放大器为例，加入适当的偏压，便可使三极管在无信号输入时可获得稳定的电压或电流值；待信号输入时，就可以获得不失真的放大输出信号。该稳定的电压与电流值在特性曲线上所对应的特定状态点便称作三极管的工作点或称为静态点，简称 Q 点。Q 点的选定通常在三极管特性曲线的作用区内。作用区是指在最大功率曲线下，截止区和饱和区之间，即最大电压与最大电流变化的范围，如图7-47所示。

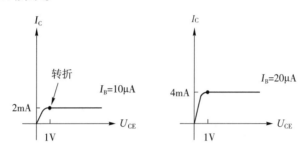

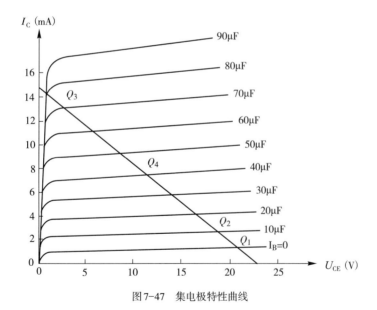

图7-47 集电极特性曲线

为了说明工作点与负载线的关系，我们特以固定偏压电路来作解释。如图7-48所示，这是 CE 式中最简单的一种偏置法。由 KVL 可得出其输入回路方程式（$U_{BB}-I_B R_B-U_{BE}=0$），并由此求出基极电流 I_B 为：

$$I_B = \frac{U_{BB}-U_{BE}}{R_B} \tag{7-9}$$

而在集电极电路，由输出回路方程式（$U_{CC}-I_C R_C-U_{BE}=0$）可求出 $C—E$ 间导通的电压降为：

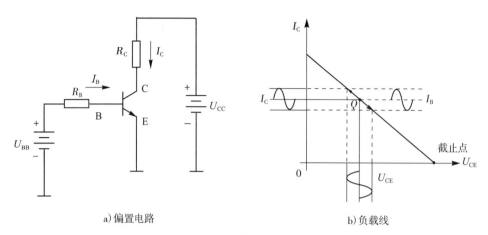

a) 偏置电路 　　　　b) 负载线

图 7-48　由偏置电路求得负载线

$$U_{CE}=U_{CC}-I_C R_C \quad (7-10)$$

式（7-10）可以视为外加电路（U_{CC} 和 R_C）对 I_C 及 U_{CE} 的限制，所以式（7-10）又称负载方程式。由负载方程式所画成的直线便称为负载线。如图 5-51b）所示，负载线在 I_C 纵轴上的截距为 $\dfrac{U_{CC}}{R_C}$（即 $U_{CE}=0$），该点也称为饱和点。而在 U_{CE} 横轴上的截距为 U_{CC}（即 $I_C=0$），该点被称为截止点。

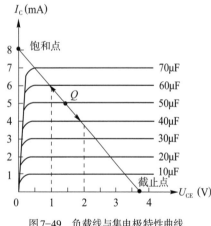

图 7-49　负载线与集电极特性曲线

因负载方程式中的 I_C 及 U_{CE} 就是三极管的 I_C 和 U_{CE}，故负载线可与三极管的集电极特性曲线合并，如图 7-49 所示。图中的集电极特性曲线有许多条，但实际上，基极电流 I_B 已由式（7-9）所确定，故只有满足此 I_B 值的基极特性曲线才能加以采用。在这条特性曲线与负载线相交的点上，一方面能够符合负载的要求，同时另一方面又能满足集电极的要求，因此，这个相交的点便是三极管的工作点，即所谓的 Q 点。

当然，若 I_B 改变的话（由基极的输入回路来改变），Q 点也会跟着改变。

现以图 7-49 为例，当 I_B 值为 60μA 时，对应到负载线上，此时三极管的 U_{CE} 值必须为 1V，I_C 则约为 6mA；同理可知，若 I_B 值在 40~60μA 之间变化，则由负载线得知 U_{CE} 值将在 1~2V 之间变化，而 I_C 值则为 4~6mA。

7.2.3　集成运算放大电路

运算放大器是一种高放大倍数的直接耦合放大器，是用途极为广泛的模拟电子集成电路产品。因它曾在模拟电子计算机中作为各种数学运算器而得名。由于它具有输入阻抗高、放大倍数大、输出阻抗低、性能可靠，且成本较低、体积小、功耗低,又有很强的通用性等许多优点,被广泛用于测量、计算、控制、信号波形的产生和变换等各个领域,有"万能半导体放大器件"之称。

一、运算放大器的结构

常见的集成运算放大器有:圆壳式、双列直插式和扁平式,如图7-50所示。目前国产集成运算放大器主要采用圆壳式和双列直插式两种。

a) 圆壳式　　b) 双列直插式　　c) 扁平式

图7-50　集成运算放大器的外形

集成运算放大器的类型很多,电路也不尽相同,然而在电路结构上有共同之处,一般由输入级、中间级、输出级和偏置电路4部分组成,其组成框图如图7-51a)所示。

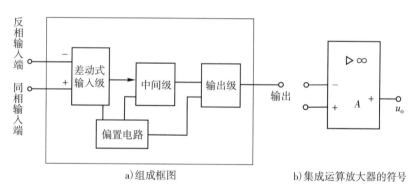

a) 组成框图　　　　　　b) 集成运算放大器的符号

图7-51　集成运算放大器的组成框图及电路符号

集成运算放大器的输入级一般是由三极管或场效应管等组成的放大器,实现双端输入单端输出;中间级由一级或多级放大器组成,主要任务是提高整个电路的电压放大倍数,可达$10^6 \sim 10^8$数量级;输出级一般由射极输出器构成,以提高输出功率和负载能力;偏置电路为各级放大器提供合适的偏置电流,确保放大器正常工作。

集成运算放大器电路符号如图7-51b)所示,它有两个输入端和一个输出端。标"+"号的输入端称作同相输入端,由此端输入的信号经放大器的放大,输出信号与输入信号同相;标"−"号的输入端称作反相输入端,由此输入的信号经放大器的放大,输出信号与输入信号反相。

值得注意的是集成运算放大器除输入、输出端外,还有电源端、公共端、调零端、外接偏流电阻端等。各引出端的具体作用可根据集成运算放大器的型号查手册得知。

二、运算放大器的主要性能

运算放大器可以看成一个受控电压源。运算放大器的输出电压 U_o 由两个输入端的电位 u_+ 和 u_- 的电位差来控制,即:

$$u_o = A(u_+ - u_-) \tag{7-11}$$

式中,A 是运算放大器未接反馈时的电压放大倍数,称为开环放大倍数。

在式(7-11)中,若 $(u_+ - u_-) > 0$,则 $u_o > 0$,输出 u_o 与输入 u_+ 同相,故称"+"端为同相输入端;若 $(u_+ - u_-) < 0$,则 $u_o < 0$,输出 u_o 与输入 u_+ 反相,故称"−"端反相输入端。

运算放大器的三个主要性能是开环电压放大倍数极度高、输入电阻很大和输出电阻很小。

三、集成运算放大器的电压传输特性

集成运放的电压传输特性是指开环(无反馈)时输出电压与输入电压的关系曲线,即 $u_o = f(u_i)$。集成运放的电压传输特性如图7-52所示,它有一个线性区和两个饱和区。

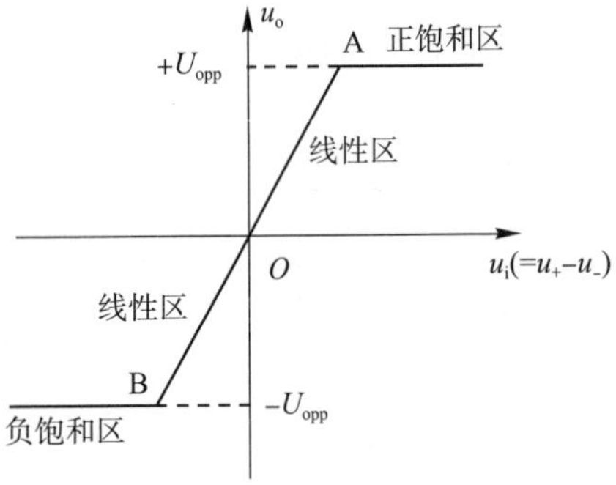

如图所示,A、B 之间呈线性关系,是集成运放的线性工作区,满足

$$u_o = Au_i = A_o(u_+ - u_-) \tag{7-12}$$

式中 u_+ 和 u_- 分别是同相输入端和反相输入端的对地电压。

图7-52所示的 A、B 以外的区域分别为正、负饱和区。在正饱和区,$u_o = +U_{opp}$,在负饱和区时,$u_o = -U_{opp}$。即输出分别为正饱和电压和负饱和电压,其绝对值分别略低于正、负电源电压。

图7-52 集成运放的电压传输特性曲线

由于集成运放的开环电压放大倍数很大,而输出电压为有限值,因此传输特性曲线中的线性区是很窄的。

四、理想运算放大器

在分析由运算放大器组成的各种功能电路时,通常将实际的运放理想化,以便于分析,故可近似认为:开环电压放大倍数极高,运算放大器的输入电阻为无穷大,输出电阻为零。根据理想化条件,如果集成运放工作在传输特性的线性区时,可以导出简化电路分析的重要的结论:

(1)集成运放两输入端之间的电压近似为零。
(2)集成运放两输入端电流为零。
(3)当集成运放的同相输入端搭铁或通过电阻搭铁时,电压为零。

五、电压比较器

集成运放工作于非线性区时,可构成幅值比较器。其功能是对送到集成运放输入端的两个信号(输入信号和参考信号)进行比较,并在输出端以高低电平的形式给出比较结果。

图7-53 a)所示为电压比较器电路,图7-53 b)所示为输入信号接入同相输入端、参考电压 U_R 接在反相输入端时的电压传输特性。

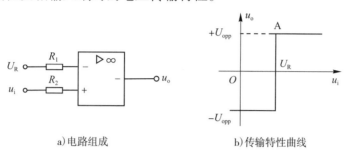

a)电路组成　　　　　　b)传输特性曲线

图7-53　信号接在同相端、参考电压接反相端时的电压传输特性

如图7-53所示,当 $u_i < U_R$ 时,$u_o = -U_{opp}$;当 $u_i > U_R$ 时,$u_o = +U_{opp}$;当 $u_i = U_R$ 时,是状态转换点,输出电压产生跃变。因此,根据输出状态便可以判断两个输入电压的相对大小,这就是一般意义上的比较器。

当输入信号接在反相输入端、参考电压接在同相输入端时,电路的工作特性为:$u_i > U_R$ 时,$u_o = -U_{opp}$;$u_i < U_R$ 时,$u_o = +U_{opp}$。

在图7-53所示电路中,当参考电压 $U_R = 0$ 时,输入电压每经过一次零值,输出电压就要产生一次跃变,这种比较器称为过零电压比较器。其电压传输特性曲线如图7-54所示。

利用过零比较器可以实现信号的波形变换。在数模转换、数字仪表、自动控制和自动检测等技术领域中经常应用。例如,若 u_i 为正弦波时,如图7-55a)所示,u_i 每过零一次,比较器的输出电压就产生一次跳变,正、负输出电压的幅度决定于运算放大器的最大输出电压,输出电压 u_o 是与 u_i 同频率的方波,如图7-55b)所示。

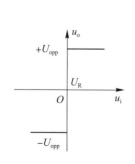

图7-54　过零电压比较器电压传输特性曲线

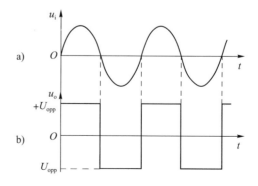

图7-55　过零比较器的波形变换作用

如图 7-56 a) 所示，当输入信号接在反相。输入端、参考电压接在同相输入端时，会得到如图 7-56 b) 所示的工作特性。

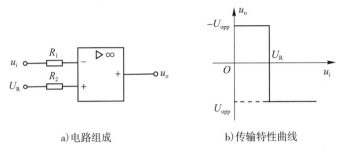

a) 电路组成　　　　　b) 传输特性曲线

图 7-56　信号接在反相端、参考电压接同相端时的电压传输特性

电喷发动机的主要目的是控制发动机在理论空燃比附近工作，保证排放合乎法规要求。氧传感器在电喷发动机控制系统中承担着向 ECU 传递发动机是否工作在理论空燃比附近的任务。在小于理论空燃比的浓混合气燃烧时，排气中的氧消耗殆尽，氧传感器几乎不产生电压；在大于理论空燃比的稀混合气燃烧时，排气中还含有一部分多余的氧气，氧传感器产生大约 1V 左右的电压。控制系统根据氧传感器的输出信号对喷油量进行修正。控制系统规定，当氧传感器输出电压大于 0.5V 时，认为混合气体过浓；小于 0.5V 认为混合气过稀。氧传感器与 ECU 之间就是通过电压比较器进行信号传递的。图 7-57 所示为氧传感器与 ECU 连线原理图。

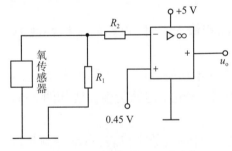

图 7-57　氧传感器与 ECU 的连接

ECU 设定 0.45V 为基准电压，当氧传感器信号电压大于基准电压时，比较器输出 $u_o \approx 0V$，ECU 判断混合气过稀，增加喷油量；当氧传感器信号电压小于基准电压时，比较器输出 $u_o \approx 5V$，ECU 判断混合气过浓，减少喷油量。

7.3　三极管开关电路

三极管作为开关应用时，通常都采用共发射极接法，如图 7-58a) 所示。当它的基极输入正脉冲时，三极管将导通并进入饱和状态，集电极回路电流较大，集电极和发射极之间的电压接近于零，这时的三极管相当于一个接通的开关，如图 7-58b) 所示。当它的基极输入负脉冲时，三极管截止，这时的三极管相当于一个断开的开关，切断了集电极回路，如图 7-58c) 所示。所以只要在三极管的基极输入相应的控制信号，就可以使三极管起到开关作用。

三极管作为开关应用时，不是处于截止状态，就是处于饱和状态。但在截止与饱和状态间的转换要经过放大状态。因此，研究三极管的开关特性，就是要研究三极管工作在截止、放大、饱和时所呈现的特征及其转化条件。

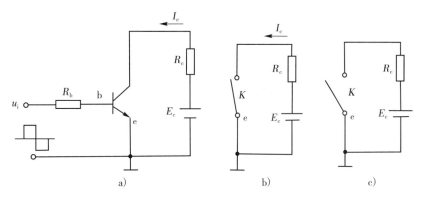

图7-58 三极管的开关作用

7.3.1 放大状态

在前面,曾讲过三极管的三种工作状态,而且还指出过,为了使三极管能起到正常的放大作用,必须让三极管工作在放大状态。三极管工作在放大状态时,电路的工作点 Q 应落在输出特性曲线的放大区内,即图7-59中负载线上 AB 之间的区域。这时,集电极电流 I_B 和基极电流 I_B 之间满足 $I_C = \beta I_B$ 的关系。对于 NPN 型三极管来说,在放大状态下 $U_{BE} > 0$,发射结为正向偏置,$U_{CB} > 0$,集电结为反向偏置。

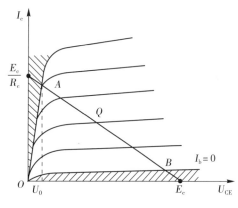

图7-59 三极管开关工作状态

7.3.2 饱和状态

在图7-58a)所示的电路中,当输入正脉冲且幅值逐渐增大时,三极管基极电流 I_B 和集电极电流 I_C 均随之逐渐增大,而集电极和发射极之间的电压 U_{CE}($U_{CE}=E_C-I_CR_C$)将因 I_C 的增大而下降。因此当 I_B 增大到某一数值时,U_{CE} 已降到很低(此时电路的工作点已相应地从图7-59中的 Q 点沿负载线移到 A 点),从而集电结得不到所需的反向偏压而影响其收集电子的能力。结果当 I_B 再继续增大时,I_C 便很难增加,集电极电流达到"饱和",$I_C = \beta I_B$ 的关系不再存在,三极管失去放大能力,进入饱和工作状态。

三极管的饱和压降很小,硅管约0.3V,锗管约为0.1V。因此可以认为:三极管饱和时,其集电极和发射极之间近似短路,相当于一个闭合的开关。如果略去很小的饱和压降不计,则三极管的饱和电流基本上由电源电压 E_C 和集电极负载电阻 R_C 两者决定。

三极管饱和时各电极之间电压的典型值如图7-60所示。由于三极管的饱和电压降小于饱和时的发射结电压降,因此三极管饱和后,它的集电结和发射结均处于正向偏置。

7.3.3 截止状态

在图7-58a)所示的电路中,当输入负脉冲时,由于发射结和集电结都是反向偏置。故 $I_B \approx 0$，$I_C \approx 0$，电阻 R_C 上几乎无电压降，$U_{CE} \approx E_C$。这一工作状态对应于图7-59中的工作点 B，称为三极管的截止状态。三极管截止时，集电极和发射极之间相当于断路，即相当于一个断开的开关。

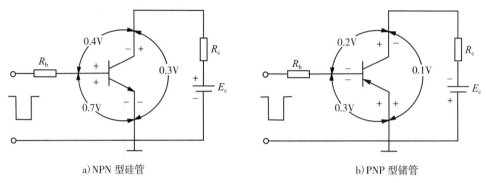

a) NPN 型硅管　　　　　　　　　　b) PNP 型锗管

图7-60　三极管饱和时各电极之间电压的典型值

一般情况，只要 $U_{BE}<0.5\text{V}$（硅管）或 $U_{BE}>-0.1\text{V}$（锗管）时，就可以认为三极管已截止了，但通常为了使三极管可靠截止，在基极和发射极之间加上反向电压。因此，三极管工作在截止状态时，发射结和集电结一般为反向偏置。

如上所述，在开关电路中，三极管相当于一个由基极信号所控制的无触点开关，它时而"断开"，时而"接通"。三极管的工作状态也时而从饱和转为截止，时而又从截止转为饱和。而在两种状态交替转换的过程中，都要经过放大状态，因此三极管在"开"、"关"过程中也有放大作用。虽然这仅发生在转换过程中的瞬间，但是对状态的转换却起着很大的推动作用。

三极管做开关时，是交替地在截至和饱和区间动作。数字电路即普遍地应用了三极管的这种特性。如图7-61a) 所示，由于 B—E 间无正向偏压，故使三极管处于截止状态，集电极、发射极之间亦呈不导通状态，如同开关断开一般。当 B—E 间为正向偏压，并且大于 U_{BE}，基电流 I_B 足够令 I_C 达到饱和值，则集电极、发射极间呈现导通状态，如同开关接通一般。图7-62 所示为利用三极管作为开关用来控制发动机喷油嘴的喷油时间

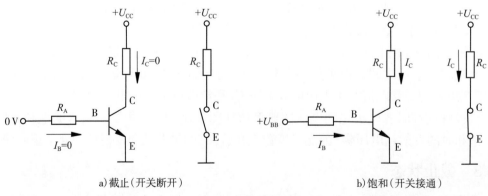

a) 截止（开关断开）　　　　　　　　b) 饱和（开关接通）

图7-61　三极管的开关作用

（量）。发动机控模块（ECM）送入方波电压信号，当方波在0V时，三极管呈截止状态，喷油嘴线圈无电流通过，没有喷油。当方波送入5V电压信号时，三极管便呈饱和状态，导通并使喷油嘴线圈磁化，将油针吸入，燃料因此喷出。其喷出的多少全由三极管导通时间的长短决定。

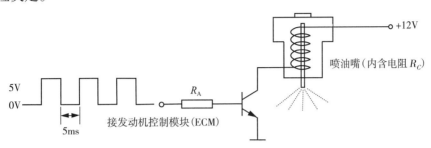

图7-62 三极管作为喷油器的控制开关

7.4 汽车常用电子电路举例

7.4.1 汽车充电电路

汽车充电系统的基本部件中最主要的是发电机，其次是控制发电机输出的调节器，另外，还有指示充电系统是否正常的指示灯或电流表及连接各电器间的导线，如图7-63所示。

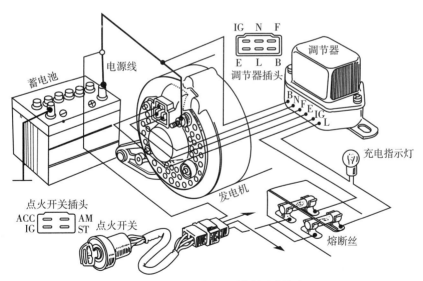

图7-63 汽车充电系统的基本构造

早期的三极管调节器仍有断电触点，三极管只是用于减少通过断电触点的电流，以延长使用寿命；断电触点的打开和闭合控制三极管的基极电路，进而控制射极与集电极的大电流，称为半晶体调节器，如图7-64所示。由于半晶体调节器中仍有机械触点，容易发生故障，所以后来改成全晶体调节器，如图7-65所示。

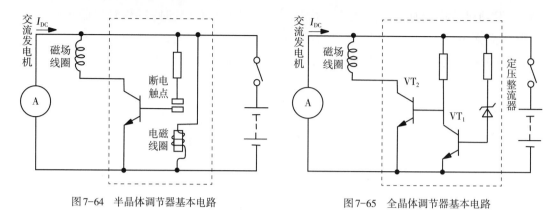

图 7-64 半晶体调节器基本电路　　　　图 7-65 全晶体调节器基本电路

现代汽车充电电路中的调节器,已逐渐改用 IC 调节器,它是一个由三极管、整流二极管及其他多种半导体与电子元件所组成电子电路。IC 调节器有下列特点:

(1) 体积小、质量轻。
(2) 无可动部分,耐振性及耐久性好。
(3) 无触点火花,故障率小。
(4) 磁场电流增大,发电机发电量增加。
(5) 具有优异的电压控制性能,如图 7-66 所示。

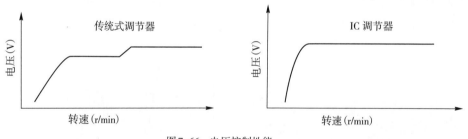

图 7-66　电压控制性能

但 IC 调节器的缺点为开发成本较高,对异常的高电压或温度的抵抗性较差,损坏时,必需整个更换。

一、分离式 IC 调节器充电电路

如图 7-67 所示为 IC 调节器充电系统。IC 控制回路中是由两个 NPN 三极管及稳压整流二极管所组成的一种回路。当电压超过稳压二极管的设置电压时,电流就流通而促使 VT_1 三极管导通,而 VT_2 截止。若电压低于稳压二极管设置电压时,则 VT_1 截止而 VT_2 导通。因此由稳压二极管 VD_Z 来控制 VT_1 及 VT_2 的导通、截止,以达到控制磁场线圈电流的目的,维持一定的输出电压。

控制回路中电阻 R_1、R_2、R_3 是用来构成回路中的偏压,而使三极管能够导通,整流二极管 VD 是用来防止逆感应电压。充电指示灯继电器是利用定子线圈的中性点 N 来控制继电器中的 a 及 b 节点,节点 a 是控制充电指示灯,节点 b 是控制到磁场线圈的电流。

汽车常用电子电路

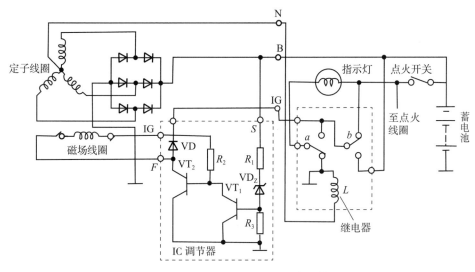

图 7-67 IC 调节器电路图（发动机不转时）

将点火开关置于 ON，发动机不转动时，如图 7-67 所示。此时电流的流经路线有两条，一条是：蓄电池→点火开关→充电指示灯（亮）→继电器节点 a →搭铁；另一条是：蓄电池→点火开关→继电器节点 b → IG →磁场线圈→ F → VT_2（导通）→搭铁，或者蓄电池→点火开关→继电器节点 b → IG →电阻 R_2 → VT_2 基极→ VT_2 射极→搭铁。因为三极管 VT_2 在导通位置，所以磁场线圈有电流通过产生磁力线。

如图 7-68 所示，当起动发动机后，发电机开始发电。刚开始发电机发出电压低，不足以给蓄电池充电，大量电流均由 B 点输出经过节点 b 至磁场线圈、VT_2 搭铁。发电机发出的电，另由中性点 N 输出至继电器而搭铁。线圈有电流通过而产生吸力将节点 a 吸至另一侧，而使充电指示灯的回路中断，充电指示灯熄灭；另一节点 b 被吸至下侧。当发动机高速运转时，随着转速上升，发电机发出电压高于稳压二极管 VD_Z 的设置电压

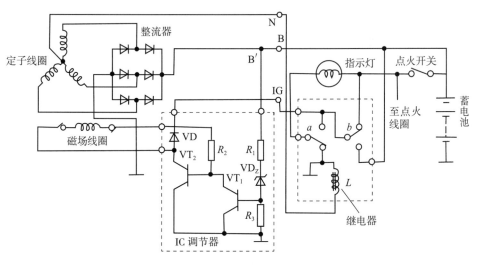

图 7-68 充电系统（发动机运转时）

时(14~14.7V),电流由 B 点经电阻 R_1、稳压二极管 VD_Z 至 VT_1 的基极而使 VT_1 导通。当 VT_1 导通时,VT_2 基极的电流全部流至 VT_1,而使 VT_2 截止。VT_2 截止时,磁场线圈电流中断,发电机发出电压降低至低于 VD_Z 的设置电压时,则 VT_1 截止、VT_2 又导通,磁场线圈又有电流通过电压又升高,如此反复动作,以维持一定的输出电压。

二、含 IC 调节器的交流发电机充电电路

这种 IC 调节器均要装在发电机内部,简化了充电电路的配线,发电机中多了 3 个整流二极管。起动发动机以后,进入磁场线圈的电流则直接由这 3 个整流二极管整流后供应,充电指示灯继电器更为简单。图 7-69 所示为含 IC 调节器的发电机。

如图 7-70 所示,当发动机停止时,点火开关置于 ON,电流从点火开关→IG→整流二极管 VD_1→电阻 R_1→磁场线圈→F→VT_2 搭铁。(因为 VT_2 的基极导通,所以 VT_2 导通)。电流同时经过充电指示灯继电器 IG→整流二极管 VD_2→L→电阻 R_2→VT_2 搭铁。继电器因电流通过产生吸力,使指示灯开关闭合,充电指示灯亮。

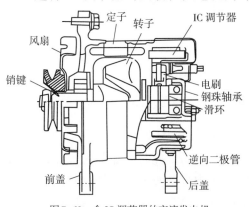

图 7-69 含 IC 调节器的交流发电机

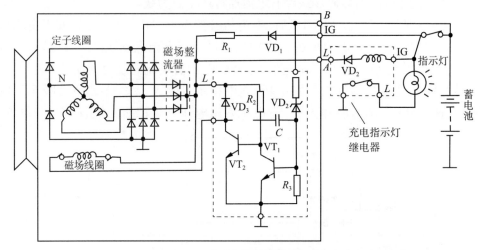

图 7-70 发动机停止时的工作原理

如图 7-71 所示,起动发动机后,随着转速上升而使输出电压跟着上升,整流二极管的输出电压与正极整流二极管电压相同,所以刚开始时其电压比发动机静止时 L 的端电压低,因此电流全部流至磁场线圈,使发电量增加,电压升高。

当发电机输出电压高于蓄电池电压时,充电电流从 B 充电至蓄电池;同时整流二极管端的输出电压高于 L 端电压,使经充电指示灯继电器电流中断,控制开关分开,指示灯熄灭,表示开始充电。此时磁场线圈的电流直接由经过整流二极管的电流供应。

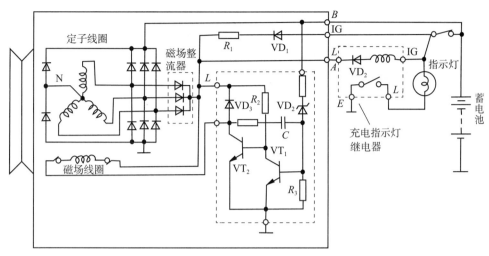

图 7-71　发动机运转时的工作原理

当发动机高速运转,输出电压调节器的调节电压时,则稳压二极管 VD_Z 导通,使三极管 VT_1 导通、VT_2 截止,因此流经磁场线圈电流减少,输出电压降低。当输出降低至低于稳压二极管 VD_Z 的设置电压(14~14.7V)时,则稳压二极管 D_Z 不导通,使 VT_1 截止、VT_2 导通,磁场线圈电流又增加,输出电压上升;VT_1 及 VT_2 的交互作用,使输出电压保持在一定值。

另外,在中性点 N 加装了两个整流二极管,主要目的是当在高转速时,若中性点 N 的电压高于输出电压,将中性点感应的电流经整流二极管整流后在原来的输出端一起输出。根据试验,在 5000r/min 时可使输出电流由 45A 增至 50A,输出功率增加 10%~15%。

三、无充电指示灯继电器的 IC 调节器

这种交流发电机充电电路大致与前面所述相同,唯一不同是取消了充电指示灯继电器,使构造更加简单。其工作原理也与前述相同,如图 7-72 所示。

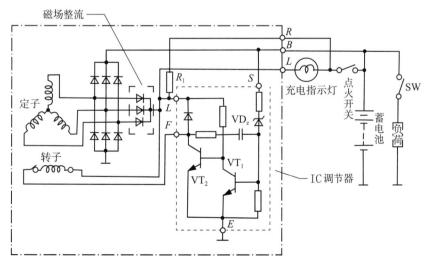

图 7-72　无充电指示灯继电器的 IC 调节器

当发动机停止,点火开关在 ON 时,电流的流经路线为 R→电阻 R_1→磁场线圈→VT_2(导通)→搭铁,或者由指示灯→L→VT_2(导通)→搭铁(充电指示灯亮)。

起动发动机后,发电机开始发电,从整流二极管输出的电压高于 L 电压时,则充电指示灯熄灭;当输出电压 B 超过调节器调节电压时,稳压二极管 VD_Z 导通,使 VT_1 导通、VT_2 截止,则磁场线圈电流减少,以控制输出电压在一定值之内。

7.4.2 汽车电子点火电路

普通点火系统由于断电触点所通过电流受限制、发动机高速时,输出电压反而降低,经常需要调整维护;在性能上无法适应现代高转速、高输出、低污染的发动机需求。因此,当今汽车都改用高性能的电子点火装置。

电子点火设备广义上称为三极管控制的点火系统,主要工作原理只是将控制点火线圈初级电流的断电触点改成由三极管来控制而已,其他如高压配电机构、点火提前设备等则与断电触点火系统相似。电子点火系统,虽然各厂家产品设计线路有所不同,但其所要求的控制性能是一致的。

为解决普通断电点火系统,发动机在低速时,断电处产生火花,在高速时输出电压降低等缺点,改成半晶体点火系统;但这种形式的点火信号来源仍为断电触电,使用断电而引起了如凸轮与胶木顶块的磨损,导致点火时间的改变问题是无法避免的,故断电的调整更换与维修是必需的。全晶体点火系统系将断电设备改成由点火信号发生器来控制(为交流发电机作用的一种),如图 7-73 所示,信号发生器是由转子、永久磁铁及拾波线圈等所组成。转子装在分电盘轴上,拾波线圈绕于永久磁铁边的支架上,两者成为一体装在分电盘的底板上。

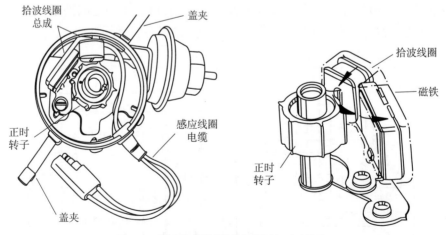

图 7-73 装在分电器中的拾波线圈与正时转子

当转子凸起部靠近拾波线圈中心的支架时,空气间隙小,磁阻小,通过的磁力线最多且磁力线变化量最小($\Delta\Phi=0$),所以拾波线圈没有感应电压($u=0$),反之当空气间隙改变时,则磁力线变化量大,则感应的电压高,其作用如图 7-74 所示。

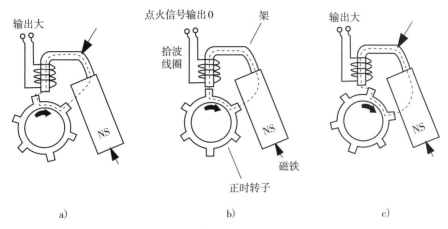

图7-74 拾波线圈与正时转子的工作原理

如图7-75及图7-76所示,当发动机运转时,转子旋转,拾波线圈感应出交流信号,转子凸起部对着支架中心时,波形由⊕变至⊖;这交流信号当P点对着⊕方向时,P点电位(电压)不变,三极管在导通状态,若P点对着⊖方向的电压时,则P点的电位比三极管的动作电压低(因拾波线圈感应出的反电压使P点电压降低),故三极管成截止状态,使初级电流中断,次级线圈感应高压电。以上动作,当转子旋转时,则重复产生,次级线圈则不断感应出高压电。

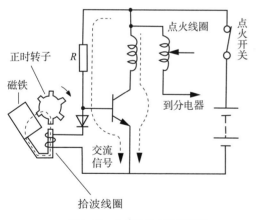

图7-75 全晶体点火工作原理

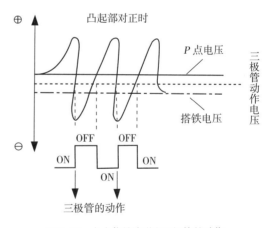

图7-76 点火信号波形和三极管的动作

图7-77所示为全晶体点火系统原理图,整个点火器为一IC控制设备,体积变得很小,装于分电器中,使整个点火系统作用更确实可靠,减少维护困扰。图7-78所示为IC点火器装在分电器中的分解图。

当发动机停止,点火开关置于ON挡时,如图7-79所示,电流经R_3由基极流入,使VT_1导通;VT_1导通时,B点电压等于搭铁电压,故使VT_2及VT_3变成在截止状态,初级电流不导通。当发动机不起动时,点火开关在ON挡时,虽连续通电也不会烧坏点火线圈。

发动机运转,点火开关在ON挡时,如图7-80所示,当拾波线圈的⊖信号发生时,电

153

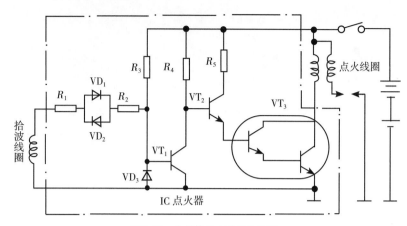

图7-77　全晶体点火系统电路图

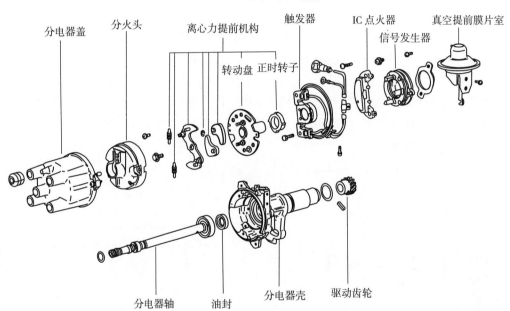

图7-78　IC点火器装在分电器中的分解图

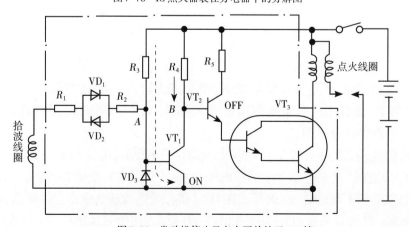

图7-79　发动机停止且点火开关处于ON挡

流从整流二极管 VD_3→电阻 R_2→整流二极管 VD_2→R_1 而形成回路；其结果因 VD_3 的顺向流动的电流使得 A 点的电压低于 VT_1 的工作电压，造成 VT_1 截止。

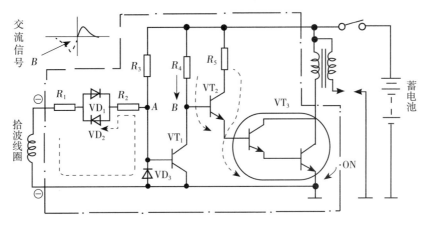

图 7-80　发动机运转时

当 VT_1 截止后，使 B 点的电压上升至高于 VT_2 工作电压时，则 VT_2 导通，VT_2 导通时，使得 VT_3 导通；因此点火线圈初级电流经 VT_3 搭铁，使点火线圈充磁。

如图 7-81 所示，拾波线圈的 ⊕ 信号产生时，则电流从 R_1→整流二极管 VD_1→电阻 R_2→A 点→VT_1 基极、射极（VT_1 导通）→搭铁。其结果使 A 点电压升高，B 点电压又成搭铁电压，使得 VT_2 及 VT_3 截止。当 VT_3 截止时，切断点火线圈初级电流，使次级线圈感应高压电，经分电器传至火花塞跳火。

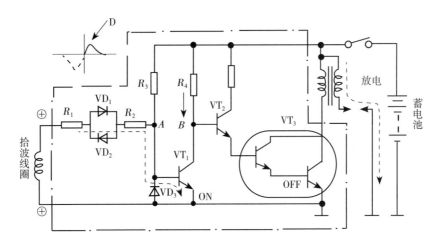

图 7-81　拾波线圈感应 ⊕ 信号时

理 论 测 试

一 填空题

1. 三极管工作在放大区时，发射结_____偏置，集电结_____偏置。
2. 三极管工作在截止区时，发射结_____偏置，集电结_____偏置。
3. 三极管工作在饱和区时，发射结_____偏置，集电结_____偏置。
4. 三极管作开关使用时，应工作在特性曲线的_____和_____。
5. 整流电路是将_____变换成_____。其核心元件是_____，是利用其_____性实现整流的。

二 选择题

1. 三极管在作开关应用时，三极管处于____，相当于开关断开。
   (A) 放大区　　　　　　　　　(B) 截止区
   (C) 饱和区　　　　　　　　　(D) 击穿区
2. 三极管在作开关应用时，三极管处于____，相当于开关接通。
   (A) 放大区　　　　　　　　　(B) 截止区
   (C) 饱和区　　　　　　　　　(D) 击穿区
3. 三极管组成的放大电路在工作时，测得三极管上各电极对地的直流电位为 U_E=2.1V，U_B=2.8V 和 U_C=4.4V，则这三极管已处于____。
   (A) 放大区　　　　　　　　　(B) 截止区
   (C) 饱和区　　　　　　　　　(D) 击穿区
4. 负载电流越大，放大器的电压放大倍数则____。
   (A) 越大　　　　　　　　　　(B) 越小
   (C) 不变　　　　　　　　　　(D) 略有增大
5. 由于运算放大器的差模输入电阻很高，故可认为两个输入端____。
   (A) 输入电压相等　　　　　　(B) 输入电阻相等
   (C) 输入电流相等　　　　　　(D) 输入电流为0
6. 桥式整流电路中，如果其中一只二极管开路，会导致____情况出现。
   (A) 电路中电流很大，烧毁变压器
   (B) 电路无法正常工作，输出电压为0
   (C) 桥式整流将变成半波整流，输出电压下降
   (D) 正常，不会有什么影响

三 判断题

1. 由于三极管的穿透电流 I_{CEO} 受温度影响大，为了使放大器稳定工作，应该选穿透电流小的管子。　　　　　　　　　　　　　　　　　　　　　　　　　　　(　　)

2. 由于放大电路的输出信号是按输入信号电压规律变化的,因此负载上得到的交流信号能量也是由输入信号提供的。（　　）

3. 将桥式整流电路中所有的整流二极管都反接,则会烧坏变压器。（　　）

4. 将桥式整流电路中的二极管任意一个开路,电路仍然能够整流。（　　）

5. 若串联三极管稳压电路中的基准稳压二极管击穿时,输出电压会上升至滤波后电压。（　　）

6. 不管晶闸管是导通还是关断,控制极对它的控制作用始终存在。（　　）

7. 晶闸管导通之后,控制极就失去了控制作用。（　　）

8. 滤波电容的容量越大则滤波效果越好,所以滤波电容越大越好。（　　）

四 简答题

1. 试画出桥式整流电路图。

2. 试比较 RC 滤波器和 LC 滤波器的优劣点。

3. 放大器的工作点不同时,是否会影响输出波形?请画图说明。

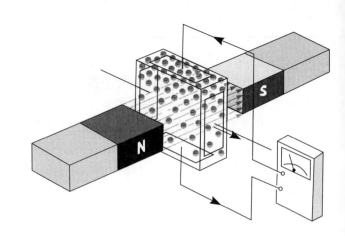

单元8

数字电路

● 知识目标:

1. 正确描述基本门电路;
2. 简单叙述电路组成、逻辑符号、逻辑表达式、真值表的含义,并说明其使用方法。

● 能力目标:

1. 会进行常用集成门电路的逻辑功能,应用管脚排列、识别;
2. 能简单分析电路和解决生产实践中一些实际问题。

● 建议学时:

8学时

就汽车电子化的发展来看,车辆上已出现越来越多的数字化元件,除了各系统所使用的电子控制模块(ECM),其内部全以数字方式处理信号之外,许多传感器也渐制成能产生数字输出信号,来替代原本的模拟型传感器,例如霍尔效应式转速传感器,除此之外,ECM 也能控制更多的数字型执行器,如步进电动机。

以数字方式处理信号具有速率快、精确以及能处理大量数据等优点,因此,采用数字技术,汽车上各电子元件之间的沟通才得以建立,并在车上出现类似局域网(LAN)的控制局域网络 CAN。

可以想象:在全新的数字时代里,驾驶着具有行驶导航系统的汽车,在人烟罕至的乡道间发生故障,通过 OBD Ⅲ 系统,便可将故障信号以数字方式传送出去,并获得原厂以空中传输方式做故障排除……

8.1 模拟与数字

所谓模拟,是指在某一时间范围内的连续性变化,而数字式信号则只会在高、低两种状态间做变换。图 8-1 为模拟与数字电压波形的比较。现以一个 5V 灯泡为例,来说明模拟与数字意义上的不同。图 8-2 所示的 5V 灯泡采用的是模拟控制方式。当可变电阻式开关旋转于低电压位置时,因小电流送入灯泡,使得灯泡微亮。当开关转至 5V 高电压位置时,流经灯泡的电流增加,就会使灯泡亮度增加。电阻式开关可以在 0~5V 之间任意变化,灯泡的亮度也可以做无级式的连续性变化。这种电压变化信号称作模拟式电压信号。汽车电路系统中,大多数的传感器以产生模拟电压信号为主。

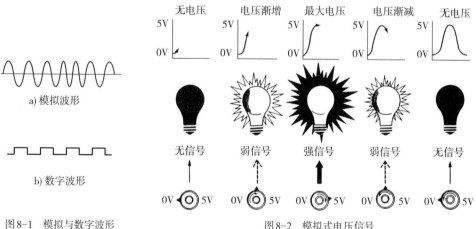

图 8-1　模拟与数字波形　　　　图 8-2　模拟式电压信号

如图 8-3 所示,不同于模拟式控制的是将控制开关改成一个 ON/OFF 开关。当开关置于 OFF 位置时,灯泡得到 0V 电压,无电流流过,故不亮。而当开关切换至 ON 位置,5V 电压信号被送入灯泡,灯泡流过最大电流,灯泡最亮。假如开关置为 OFF,则灯泡便熄灭。开关的电压信号只在 0V 或 5V,高或低两种状态间转换。这种电压变化的方式便是所谓的数字信号。如果控制开关快速地在 ON 与 OFF 间切换,则灯泡便接收到一方波数字电压信号。

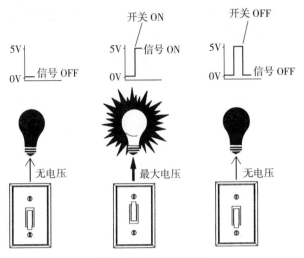

图8-3 数字式电压信号

在汽车电脑里,微处理器内有数量庞大的微型开关,它们能够在1s内产生许多的数字电压信号。这些数字电压信号用来控制系统内各种不同的继电器和电子元件。处理器能改变数字信号高、低状态的时间长短,以达到更精确的控制,如图8-4所示。

电流靠电压的推动流过导体,电压并不能"流过"导体。尽管如此,电压却能够用来作为信号。电脑只能读取电压信号,不论是模拟或数字电压输入信号,电脑所使用的程序都是以一系列的数值烧录在IC芯片内。这些数值分别代表电脑所能"了解"的各种电压信号组合。这一系列的数字便产生了所谓的二进制码。

电脑内部以三极管来做"微型开关"的动作,当电压信号从OFF转换成ON时,三极管的输出也会从OFF切换成ON。此ON—OFF信号便代表了二进制数字的1和0。以一组8位(bit)信号为例,它是由8个1或0的数字组成的一个字节,如图8-5所示。这个字节具有了特定的意义,例如当冷却液温度传感器测得发动机冷却液温度为65℃时,便将此信号送入电脑,经过A/D转换成数字式的二进制信号:10010110,让电脑了解。若冷却液温度增加1℃,则二进制码变成:10010111。

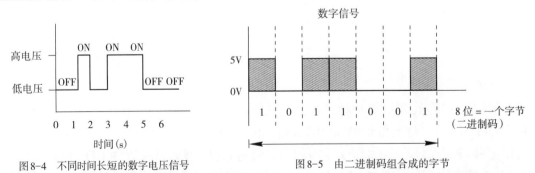

图8-4 不同时间长短的数字电压信号   图8-5 由二进制码组合成的字节

8.2 二进制数与布尔代数

不知起源于何时的十进制码,在人类发展进程中扮演着虽然微小但却很重要的角色。对现代人来说,它是一种既古老又熟悉的概念,可是对当时的人们而言,十进制码的出现,简直是一项划时代革命性的发明。在十进制码系统中,有0、1、2、3、4、5、6、7、8及9十个数字分别代表十种数量,在数量上满9之后便归回0,并且往前进一位数,这个动作称为归零与进位。例如当三位数达"999",则其后的数字便是"1000",依此类推。

十进制数的发明除了带给我们方便外,更在科学测量上给予了一种共同的标准。这就是现今国际标准,ISO多采用米制标准,而少用英制的原因。

8.2.1 二进制数

既然十进制数如此方便与习惯,为什么还要使用二进制数?答案是由于电脑(或称计算机)的需要。电脑虽然拥有"过人"的记忆力和高速的计算能力,但是它却无法了解人类的语言(十进制码),在其内部所用的语言、符号全是一种由0和1所构成的数字。这种只含0和1两种数字的演算方式便是"二进制数"或称"二进制"。

以汽车电脑为例,任何传感器所传送来的信号,不论是模拟式或数字式信号,都经过电脑内部转换成二进制数据后,再做处理。

在数字电子学中,电路设计多以双态为设计基础。此双态指的是:Yes或No、高电位或低电位、5V或0V、1或0等。例如在逻辑电路中,2.4V以上为"1",而0.3V以下为"0"。数字式电子设备只能允许双态操作,以三极管应用在二进制数系统上,则只有两个状态:不是饱和就是截止,而非其正常的工作范围。因此,三极管的动作变得稳定,不像在线性电路中,易受三极管特性变化及温度变化所影响。

图8-6所示为一双态电路设计。当三极管的基极输入电压为0V时,三极管处在截止状态,故集电极端的输出电压为5V,如VT_2和VT_3。反之,VT_1和VT_4三极管在饱和状态。由于基极电压只有0V和5V两种,故三极管的操作不是截止就是饱和,此即双态的意义。

数字电子学中以"0"代表低电位,"1"代表高电位,因此,图8-6电路的输出电压信号以二进制数表示为1001,输出端信号则是0110。

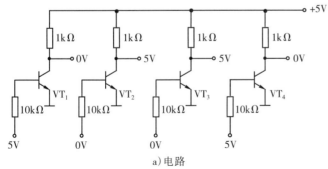

三极管	输入端	输出端
VT_1	1	0
VT_2	0	1
VT_3	0	1
VT_4	1	0

a) 电路　　　　　　　　　　　　　b) 真值表

图8-6 三极管的双态操作

电脑采用二进制数运算,是基于下列理由:

(1)适于生产:由于计算机内部集成电路都以双态方式操作,故采用高低电位的二进制数系统特别适合计算机制造。

（2）运算简单且快速：因为只有两种数字，不如其他进制庞大繁杂，故运算容易且快速。其加法和乘法如下所示：

加法				乘法		
+	0	1		×	0	1
0	0	1		0	0	0
1	1	1		1	0	1

（3）便于逻辑推演：电脑不仅做加减运算，更能够依据已知条件数据来处理逻辑性（真假）的问题。将各项数据输入电脑后，再编写成二进制数形式，与逻辑电路的0和1兼容。

8.2.2 二进制数的转换

在十进制数系统中由0~9十个数字作为基数按如图8-7方式排列，当最右边框内的数字由1,2,3,……到满9时，便归回0，并且在右边第二个框内的数字会由0跳到1。接着，最右边框内数字又从1开始……我们给这些框定名为：个位数、十位数、百位数……其框内的数字则代表着10^n的系数。在十进制数系统中的整串数字便是各项系数与10的次幂的乘积和。例如：1357的意义便是$1×10^3+3×10^2+5×10^1+7×10^0$。

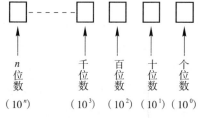

图8-7 十进制数的排列意义

同理可知，二进制数的数字也具有同样的意义，唯一不同的是基数不采用10，而是2，数字也仅有0、1两个而已。例如十进制数的34等于二进制数的100010，因为：

$$100010=1×2^5+0×2^4+0×2^3+0×2^2+1×2^1+0×2^0$$
$$=32+0+0+0+2+0$$
$$=34$$

接着，我们来看看如何将十进制数转换成二进制数。较常使用的方法称为"除2取余法"，也就是将十进制数连续除以2，然后保留每一次的余数，如此重复下去，直到商数等于0为止。余数所代表的数列即是二进制数了。现以十进制数13为例，其转换过程如下：

（1）步骤1：将13除以2，并保留余数，即

$$2\overline{)13}\;\;6……1（余数）$$

（2）步骤2：再将商数6除以2，同样保留余数，即

$$2\overline{)13}\;\;3……0（余数）$$
$$2\overline{)6}……1$$

（3）步骤3：将上一步骤所得的商数，除以2，并保留余数，即

$$
\begin{array}{r}
1\cdots\cdots 1\text{（余数）}\\
2\overline{)3}\cdots\cdots 0\\
2\overline{)6}\cdots\cdots 1\\
2\overline{)13}
\end{array}
$$

（4）步骤4：同上，再用2除，得商数等于0，即完成转换。

$$
\begin{array}{r}
0\cdots\cdots 1\text{（余数）}\\
2\overline{)1}\cdots\cdots 1\\
2\overline{)3}\cdots\cdots 0\\
2\overline{)6}\cdots\cdots 1\\
2\overline{)13}
\end{array}
$$
由上往下读出二进制数

（5）步骤5：将所得的余数列，由上往下读，便可得到对应的二进制数字，即：十进制的13转换为二进制为1101。

8.2.3　布尔代数

古希腊哲人亚里士多德完成了很多关于双态逻辑的理论：一叙述若符合事实，则为真；若不符合事实，则为假。双态逻辑假设一叙述不是为真，便是为假。

1854年，39岁的英国天才数学家乔治·布尔研究提出将逻辑化简成简单的代数，他把逻辑转换成数学了。布尔先生许多的知识都是通过自学获得的，例如12岁以前便通过自修方式，很好地掌握了拉丁文，20岁开始自学数学。虽然从未受过正规学院训练，但在16岁却成为助教，20岁时已开办了自己的学校……

受到Duncan Gregory的鼓励，除了自习关于法国数学家拉普拉斯和拉格朗日等的数学理论外，更以研究代数方法解决微分方程式的应用著名。1849年，34岁的布尔成为皇后学院数学系主任及杰出教师，直到去世。

布尔先生是符号逻辑学的创始者，他所提出的特殊代数，利用符号和字母来代表各种叙述及其逻辑状态，建立了逻辑代数的理念，故称此特殊代数为布尔代数。布尔代数中的每一个变量均有两种状态：真或假，即，布尔代数为一种双态代数，或二进制代数。

英年早逝的布尔无法想象他的发明对百年后的计算机（结构）设计和数字交换电路带来的巨大启蒙。1938年美国信息理论大师、数学家Claude Shannon利用布尔代数来分析及设计电话交换电路后，布尔代数才成为热门话题。在C.Shannon将布尔代数应用于实际的电子电路中，今天，布尔代数已成为数字电子学和计算机电子学中主要的设计工具。

在本单元所讨论的逻辑电路都能以布尔代数来做分析。在逻辑电路中，低电压与高电压分别代表两种状态，各以二进制数中的"0"和"1"表示。

在学习逻辑电路以前，让我们先来熟悉一下逻辑电路中所需要的各种基本逻辑门。

8.3 基本逻辑门

假如将数字电路比做一个生物有机体,那么基本逻辑门便是其组成细胞。任何较复杂的逻辑电路,如数学运算电路、触发器、寄存器等,也都是由基本逻辑门排列组合、重复运用所构成具有计算、记忆等功能的生物有机体。

常用逻辑门有6种,分别是:

(1)非门(NOT)。

(2)或门(OR)。

(3)与门(AND)。

(4)或非门(NOR)。

(5)与非门(NAND)。

(6)异或门(XOR)。

本书在介绍这些逻辑门时,以"1"代表逻辑上的"真",以"0"代表逻辑上的"假"。另外,也采用专门用来做逻辑运算的布尔方程式。

8.3.1 非门

非门又称为反相器,是一种只有一个输入端的门,其输出永远和输入信号的状态相反。非门电路如图8-8a)所示,图中为一共射极式放大器,只在截止和饱和两状态间转换。当输入端 A 为低电平(0V)时,三极管被截止不导通,使输出端 X 为高电平(5V)。反之,当 A 为高电平(5V)时,三极管饱和导通,使 X 输出为低电平(0V)。归纳电路动作所制成的表称作真值表。如图8-8b)所示,低电平输入(0)产生高电平输出(1);高电平输入(1)则产生低电平输出(0)。

非门的符号如图8-9a)所示。在任何逻辑电路上,只要有此符号,便代表输出为输入的补数,即相反之意。布尔代数以横杠"—"加在代数符号上表示,如图8-9b)所示。

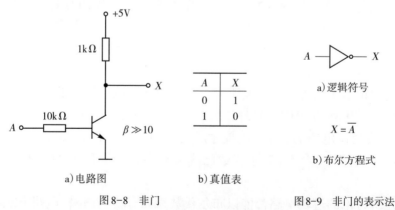

图8-8 非门　　　　　图8-9 非门的表示法

若将两个非门串联,可得到一个非非门,又称为缓冲器,如图8-10所示。缓冲器的作用像是一个射极跟随器,可以增加输入阻抗的值。低电平输入产生低电平输出;高电平输入产生高电平输出。当电路中因为低阻抗而使逻辑电路过载时，可在逻辑电路与阻抗之间串联一缓冲器，以增加逻辑电路的负载阻抗，而不会改变信号的相位。

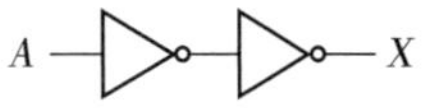

a）双非门

b）缓冲器符号

A	X
0	0
1	1

c）真值表

图8-10　缓冲器

8.3.2　或门

或门有两个或两个以上的输入端，只要有任何一个输入信号为高电平，则输出信号便是高电平。电路工作情形如图8-11a）所示，当 A 端为5V时，则不论 B 端为5V或0V，输出 X 端都是5V。只有 A、B 端均为0V时，输出 X 端才会为0V。真值表如图8-11b）所示。

或门的符号如图8-12a）所示。“或”的意思即是只要有任一输入为“1”时，便能输出“1”，不论其输入端有多少个。布尔代数中以“+”符号代表“或”。

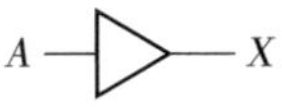

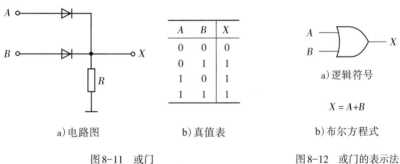

a）电路图

A	B	X
0	0	0
0	1	1
1	0	1
1	1	1

b）真值表

图8-11　或门

a）逻辑符号

$$X = A + B$$

b）布尔方程式

图8-12　或门的表示法

图8-13为多位或门，如果所有输入均为低电平，则所有二极管都被截止，使输出为低电平。只要有任一输入端出现高电平，则输出便为高电平。

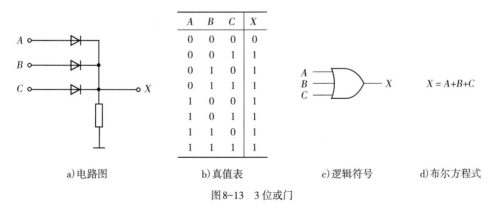

a）电路图

A	B	C	X
0	0	0	0
0	0	1	1
0	1	0	1
0	1	1	1
1	0	0	1
1	0	1	1
1	1	0	1
1	1	1	1

b）真值表

c）逻辑符号

$$X = A + B + C$$

d）布尔方程式

图8-13　3位或门

或门电路应用广泛，图8-14所示为两路防盗报警电路。该电路采用了一个2输入端的或门电路，S_1 和 S_2 为微动开关，可装在门和窗户上，当门和窗户都关上时，开关 S_1

和 S_2 闭合，或门输入端全部搭铁，$A=0$，$B=0$，输出端 $X=0$，报警灯不亮。如果门或窗任何一个被打开，相应的开关 S_1 或 S_2 断开，该输入端经 $1k\Omega$ 电阻接至 5V 电源，为高电平，故输出也为高电平，报警灯亮。输出端还可接音响电路实现声光同时报警。

在图 8-12 所示或门电路中，如果已知输入端 A、B 的输入波形，则根据或门电路的逻辑功能可以画出输出端 X 的波形，如图 8-15 所示。只要 A、B 中至少一个为高电平 1 时，信号就能通过，此时相当于门被打开；当 A、B 全为低电平 0 时，信号不能通过，无输出，相当于门被封锁。

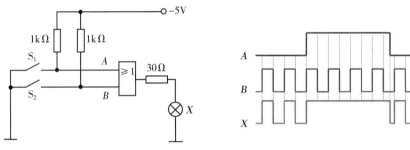

图 8-14　或门应用电路　　　　　图 8-15　或门应用举例

图 8-16 所示是一个利用或门所构成的简单编码器，它可以将十进制数转换成二进制数。当按下键 2 时，中间的或门会有 +5V 的高电平输入，所以 3 个或门的输出成为 010。如果按下键 5 时，则左边和右边或门的输入信号为"1"，使整个输出信号变成 101。若按下键 7 时，则所有或门均为高输入电平，使输出信号成为 111。

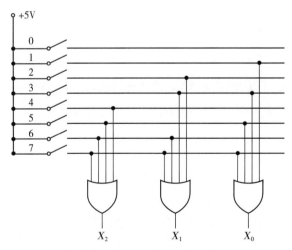

图 8-16　十进制转二进制编码器

8.3.3　与门

与门有两个或两个以上的输入端，唯有当所有输入信号均为高电平时，才会得到高输出电平。图 8-17a) 所示为与门的电路图。如果任一输入端为低电平信号"0"时，该二极管便导通，使输出信号为"0"。若两输入端信号皆为"1"时，则两个二极管均截止，使输出信号成为"1"。真值表如图8-17b)所示。

与门的符号如图8-18a)所示。"与"其实就是"且"的意思,即唯有全部输入为"1"时,才能输出"1"。在布尔代数中以"·"符号代表"与",如图8-18b)所示。

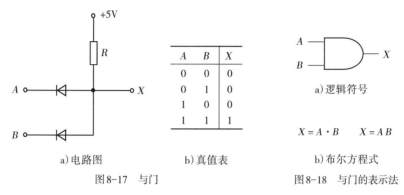

图8-17 与门　　　　图8-18 与门的表示法

与门也可以是多端输入,如图8-19所示。只要有任一输入信号为"0",则输出信号便为"0"。这与或门的"有任一输入为'1'即输出'1'的特性"有所不同。

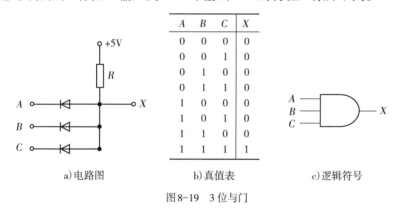

图8-19 3位与门

与门电路应用广泛,利用与门电路,可以控制信号的传送。例如有一个2输入端与门(图8-18),假定在输入端B送入一个持续的脉冲信号,而在输入端A输入一个控制信号,由与门逻辑关系可画出输出端X的输出信号波形,如图8-20所示。只有当A为1时,信号才能通过,在输出端X得到所需的脉冲信号,此时相当于门被打开;当A为0时,信号不能通过,无输出,相当于门被封锁。

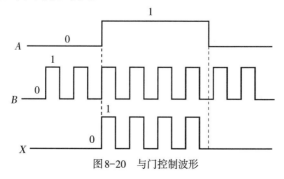

图8-20 与门控制波形

图8-21所示为利用与门特性所制成的控制开关。当ENABLE输入端为低电平信号（0）时，寄存器内的所有数据便无法传送出去；而当ENABLE为高电平信号（1）时，寄存器的高电平信号（1）才可以输出。

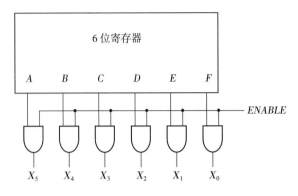

图8-21 利用与门制成的开关

8.3.4 或非门

或非门有两个或两个以上的输入信号，必须所有的输入信号均为低电平，输出信号才为高电平。即，或非门只辨认所有输入均为0的信号。图8-22所示为或非门的逻辑电路、符号和真值表。

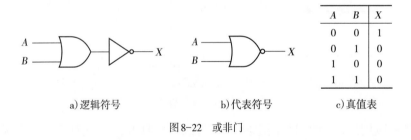

a) 逻辑符号　　　　　b) 代表符号　　　　　c) 真值表

图8-22 或非门

读者是否发现或非门的真值表恰与或门相反！对的，这正是"或非门"名称的由来。

8.3.5 与非门

与非门具有两个或两个以上的输入端，必须所有输入信号均为高电平，才能输出低电平。图8-23所示为与非门的逻辑电路、符号和真值表。

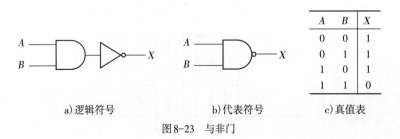

a) 逻辑符号　　　　　b) 代表符号　　　　　c) 真值表

图8-23 与非门

从与非门的真值表可以看出其值恰与"与"门相反,故称此门为"与非门"。

8.4 集成门电路简介

由分立元件构成的门电路应用时有许多缺点,如体积大、可靠性差等,一般只在电子电路中作为补充电路时用到。目前,在数字电路中广泛采用的是集成门电路。

集成门电路主要有两大类,一类是采用三极管构成的,如 TTL 集成电路。另一类是由 MOS 管构成的,通常有 NMOS 集成电路、PMOS 集成电路和 CMOS 集成电路。

和其他集成电路一样,我们一般不去讨论集成门电路的内部结构和工作原理,而更关心它的外部特性,如引脚功能、参数、使用方法等。这些资料可查阅集成电路的相关手册。下面以应用最广泛的 TTL 与非门电路为例来介绍其主要参数的含义。

8.4.1 TTL 集成门电路

TTL 是"三极管—三极管逻辑电路"的简称。TTL 集成电路产品相继有 74(标准)、74S(肖特基)、74H(高速)和 74LS(低功耗肖特基)4 个系列,其中 LS 系列综合性能最优,应用最广泛。常见的集成电路是将几个门封装在同一芯片上,如 74LS08 为 4 个 2 输入端与门,74LS20 为两个 4 输入端与非门。其内部结构如图 8-24 所示。

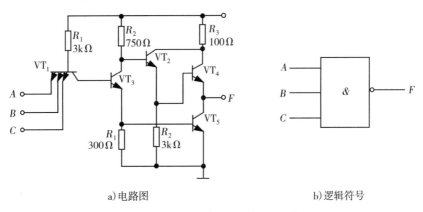

a)电路图　　　　　　　　b)逻辑符号

图 8-24　TTL 与非门电路和逻辑符号

一、TTL 与非门的组成

TTL 与非门由以下三部分组成:

(1)输入级:由多发射极三极管 VT_1 和电阻 R_1 组成。输入信号通过多发射极三极管 VT_1 实现"与"的功能。

(2)中间级:三极管 VT_2 和电阻 R_2、R_3 组成中间级,这一级又称为倒相极,即在 VT_2 的集电极和发射极同时输出两个相位相反的信号,能同时控制输出级的 VT_4、VT_5 管工作在截然相反的两个状态,以满足输出级互补工作的要求。

(3)输出级:三极管 VT_3、VT_4、VT_5 和电阻 R_4 及 R_5 组成推拉式输出级。其中三极管 VT_3、VT_4 组成达林顿电路,以提高负载驱动能力。

二、工作原理

（1）当输入信号 A、B、C 中至少有一个为低电平（0.3V）时，低电平所对应的 PN 结导通，VT_1 的基极电位被固定在 1V（0.3V+0.7V）上，由于 VT_1 的集电极经 VT_2 基极→发射结→R_3 搭铁，所以 1V 的基极电位无法使集电结导通。VT_1 的基极电流远大于集电极电流，VT_1 处于深度饱和状态。VT_2、VT_5 都截止，使 VT_3、VT_4 处于导通状态。因 R_2 和 I_{R_3} 都很小，均可忽略不计，所以输出为高电平：$F=3.6V$。

（2）当输入信号全部高电平（3.6V）时，电源经 R_1、VT_1 集电结向 VT_2、VT_5 基极提供电流，VT_2、VT_5 发射结导通后，VT_4 处于截止状态。这时输出电位为三极管 VT_5 的饱和压值，输出低电平，$F=0.3V$。

显然，TTL 电路满足与非门的输入、输出逻辑关系。

8.4.2 集成门电路的主要参数

现以 TTL 与非门的主要参数为例加以介绍，其他门电路的主要参数基本相同。

（1）输入高电平电压 U_{IH}。指符合高电平的相应输入电压值，取下限。一般为 2V。

（2）输入低电平电压 U_{IL}。指符合低电平的相应输入电压值，取上限。一般为 0.8V。

（3）输出高电平电压 U_{OH}。指符合高电平的相应输出电压值，取下限。一般为 2.4V。

（4）输出低电平电压 U_{OL}。指符合低电平的相应输出电压值，取上限。一般为 0.4V。

（5）噪声容限 U_N 指上级输出高电平和下级输入高电平之间的差别裕量，用 U_{NH} 表示；上级输出低电平和下级输入低电平的差别裕量，用 U_{NL} 表示。若裕量为零，则工作情况将不可靠。由前 4 个参数可知 $U_{NH}=2.4-2=0.4$（V），$U_{NL}=0.3\sim0.4V$。

（6）输入高电平电流 I_{IH}。用来估计前一级的带拉电源（电流由前级的输出端注向下级的输入端）负载能力。

（7）输入低电平电流 I_{IL}。用来估计前一级的带灌电流（电流由下级的输入端流向前级的输出端）负载能力。

（8）输出短路电流 I_{OS}。指输出端对地短路时的输出电流，可由 20~120mA，如持续时间长，集成电路将被烧毁。

（9）每个门的静态功耗 P_S。由电源电压和电源电流的乘积决定。一般为 10~20mW。

（10）扇出系数。指该门电路最多可以驱动多少个同样的门电路负载，74LS 系列的扇出系数为 $N=8\sim10$。

（11）传输延迟时间。通常以输入电压上升到 $0.5U_{IH}$ 的时刻起，到其输出电压下降到 $0.5U_{OH}$ 时刻止，将输出波形由高到低时的滞后时间记作 t_{PHL}，由低到高时的滞后时间记作 t_{PLH}，如图 8-25 中所示。74LS00 的 t_{PHL} 值最大为 15ms，t_{PLH} 值最大为 22ns。

（12）工作温度范围 T_A 和储存温度范围 T_S。TTL 门电路的 T_A 分成 3 个档次，Ⅰ类的 T_A 为 $-55\sim+125$℃；Ⅱ类 T_A 为 $-40\sim+85$℃；Ⅲ类 T_A 为 $0\sim70$℃。T_S 为 $-65\sim+155$℃。

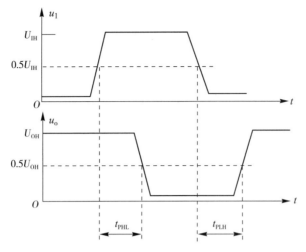

图 8-25 传输延迟时间的定义

理论测试

一 填空题

1. 将十进制 31 转换成二进制是_____。
2. 正逻辑用_____表示高电平,用_____表示低电平。
3. 某资料室由 3 人共同负责,各有一把挂锁,现令锁的开或闭作为逻辑输入,门的开或闭作为逻辑输出。若将 3 把锁并起来锁在一起,则构成_____逻辑关系;若将 3 把锁一把套一把地锁起来,则构成_____逻辑关系。
4. 在数字电路中,三极管一般都工作在_____状态,即三极管的_____区与_____区。
5. 目前在数字电路中应用最广泛的数制是_____。只有_____与_____两个数码。

二 选择题

1. 符合"有 0 则 0,全 1 才 1"的是____。
   (A) 与逻辑   (B) 或逻辑   (C) 非逻辑   (D) 或非逻辑
2. 符合"有 1 则 1,全 0 才 0"的是____。
   (A) 与逻辑   (B) 或逻辑   (C) 非逻辑   (D) 与非逻辑
3. 符合"有 1 则 0,全 0 则 1"的是____。
   (A) 与逻辑   (B) 或逻辑   (C) 与非逻辑   (D) 或非逻辑
4. 符合"相同则 0,不同则 1"的是____。
   (A) 与逻辑   (B) 与非逻辑   (C) 或非逻辑   (D) 异或逻辑

5. 8421码（00111001）代表十进制数____。
(A) 38　　　　(B) 39　　　　(C) 49　　　　(D) 321

三 判断题

1. $Y=A+B+C$ 是与逻辑关系的函数表达式。（　）
2. 真值表、逻辑代数式及逻辑电路图是同一逻辑关系的3种不同的表达方式，只要知道其中一种，便可推出其他两种。（　）
3. $Y=ABC$ 是与逻辑关系的函数表达式。（　）
4. 在逻辑代数中，$A+A=2A$。（　）
5. 在逻辑代数中：$A+(B+C)=(A+B)+C$。（　）

四 简答题

1. 3个阀门中必须有两个或两个以上开通时，才算正常工作，后则不发出正常信号。试设计一个逻辑电路满足要求。

2. 3个工厂由甲、乙两个变电站供电。如一个工厂用电，则由甲站供电；如两个工厂用电，则由乙站供电；如3个工厂同时用电，则由甲、乙两站供电。试设计一个供电的逻辑控制电路。

3. 与模拟电路相比较，数字电路具有哪些优点？

4. 何为二进制？二进制中0和1与逻辑门电路中的0和1含义是否相同？为什么？

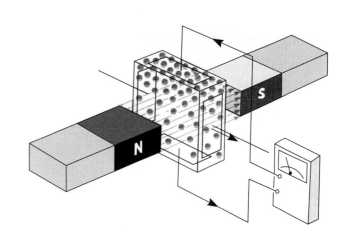

单元 9

汽车电子控制系统

● 知识目标:

1. 正确描述汽车电子控制系统的组成部分,各部分的工作过程;
2. 简单叙述汽车电子控制系统各传感器、电控单元、执行器的工作原理。

● 能力目标:

1. 会对汽车电子控制系统进行简单电路分析;
2. 能判别汽车电子控制系统各传感器、电控单元、执行器应用了哪些汽车电工电子知识。

● 建议学时:

20 学时

汽车电控系统的功用是提高汽车的整体性能，包括动力性、经济性、安全性、舒适性、操纵性、通过性以及排放性能等。虽然汽车车型不同、档次不同，采用电控系统的功能和多少也不尽相同，但是汽车电子控制系统基本结构都是由传感器与开关信号、电子控制模块和执行器3个部分组成，这是电控系统共同的特点。传感器是电子控制系统的"眼睛"，它用于观察各种变化的物理、化学量，并将这些物理、化学量转变为ECM可识别的电信号，例如冷却液温度传感器、空气流量计等。执行器是电子控制系统的"手"，它用于执行ECM发出的各种命令，它可把命令变成对控制对象的具体动作，例如喷油器、怠速电动机、点火线圈等。ECM是整个控制系统的"指挥部"，它用于分析处理各种信息，并操作各个执行器来完成整个系统工作。

汽车电控技术所涵盖的范围是非常宽的，几乎遍及了汽车的各个系统，例如：电控发动机、电控自动变速器、电控制动防抱死装置、电控安全气囊、电控悬架装置等。

9.1 电子控制模块

汽车电子控制模块(Electric Control Module,ECM)通称为汽车电脑，是一个电子装置，它能够储存并处理数据，并根据数据来控制其他的装置。基本的电子控制模块(ECM)可以说就是个小型电脑，如图9-1所示。它包含7个主要部分，分别为稳压器、输入信号处理器、输入存储器、中央处理单元(CPU)、程序存储器、输出存储器和输出信号处理器，7大部分内的每一个部分又分别由更小的部分所组成。

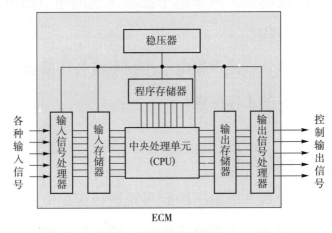

图9-1 电子控制模块的框图

稳压器负责供应电脑内各元件的稳压电源。

输入信号处理器包括运算放大器、模拟/数字转换器、交/直流电压转换器、频率/直流电压转换器。

输入存储器负责经过转换的数字式输入信号，它包括随机存取存储器和保持存储器。

中央处理单元(CPU)是整个电脑的核心，由数千个置于一微小芯片内的三极管所构成。CPU负责将大量数据自存储器中读取和存入。CPU也被称作微处理器。

不同的发动机一般都有不同的程序设计，程序存储器中储存了维持车辆运转所需的系统程序及元件的测试参数，它们无法被删除或重写。例如：只读存储器和可编程只读存储器。

输出存储器用于存储由 CPU 运算后的数字控制输出信号。规格与输入存储器相同。

输出信号处理器包括数字/模拟转换器、开关三极管、电压/占空比转换器、电压放大器。

9.1.1 输入信号处理器

对于汽车微处理器，会常有一些共同的误解，许多技术人员认为输入信号是在不经意中进入处理器的，而同时变成了输出信号。这是因为处理器的作用速度很容易使我们对它的工作情形进行简化。事实上，控制模块所接收的信号并不能以它们被接收时的形式来使用，而必须将每一个输入信号都转换成数字（或称作二进制数）式的数值信号。所谓数字数值即是一种结合了"有电压/无电压"两种信号的表示法。有电压用1表示；无电压则用0表示。如此做是因为控制模块只能在0或1两种电压间工作。

由于汽车上传感器的种类繁多，每种传感器所产生的信号形式都不相同，所以这些信号需要不同的转换方法，将它们所产生的信号都转换成控制模块所能接受的数字信号。输入信号处理器在 ECM 中的位置如图9-2所示。

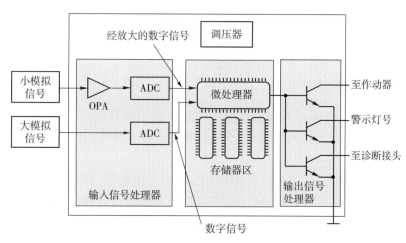

图9-2　输入信号处理器在电脑（ECM）中的位置

ECM 内信号处理部分最常见的转换器就是模拟/数字转换器。它主要用于将变化的直流电压信号转换成可以被微处理器使用的数字信号。模拟信号转换成数字信号的技术远比数字信号转换成模拟信号的技术复杂。汽车上所使用的开关型传感器，如挡位开关，以及模拟信号型传感器，所产生的信号，一为有电压/无电压信号；一为不规则变化性的模拟电压信号。它们都须被模拟/数字转换器转换成可使用的数字信号。

汽车电子控制系统中所使用的许多传感器都是以交流电压信号作为输出，例如检波线圈类传感器。交流电压信号无法像直流电压信号般可以直接转换成数字信号，所以必须通过交/直流电压转换器转换成直流信号后，再送到模拟/数字转换器去。

汽车上使用的一些产生频率波形的传感器，如进气歧管绝对压力传感器，此传感器用于检测出歧管内的绝对压力值，并且输出变动频率波形来代表平均读数。但是频率信号在被 CPU 使用前，必须先经过频率/直流电压转换器将信号转换成直流电压，之后电压紧接着被送到模拟/数字转换器去。

9.1.2 存储器

再经过了输入信号处理器的处理之后，信号将变成为二进制数值，并且以此二进制数字来代表先前的输入信号。紧接着，输入信号以 8 位（或 16 位）的二进制形式送入存储器。

微处理器所用的存储器是由数以千计的存储单元所组成，所有单元都包含在模块内的一些小芯片上。微处理器的计算、比较等工作都必须由各类存储器支持。存储芯片在外观上很类似微处理器芯片，汽车电脑内常用的存储器种类如下。

一、随机存取存储器（RAM）

微处理器将需要临时存储的数据送到 RAM。由于车辆行驶中状况随时在改变，所以 RAM 内存储了这些变动的数据。微处理器也将计算结果和其他可以改变的数据写入 RAM 中。RAM 里面的数据能够被微处理器读取或删除。

如果 RAM 属于挥发性存储器，则当点火开关关掉后，RAM 所存储的数据也一并被清除。若 RAM 属于非挥发性存储器，如 FLASH（闪存），则熄火后数据仍能保存。

二、只读存储器（ROM）

微处理器只能从 ROM 读取数据，却不能写入或删除数据。所有数据在存储器芯片制造过程中便以程序方式烧入 ROM 内，因此即使拔掉电源线，ROM 里的存储数据也不会消失。

ROM 有一地址数据表。该表包含使车辆维持运作的数据，例如表内含有发动机在各种不同工作状态下的理想歧管真空值。微处理器利用这张表来比对实际的传感器输入信号与理想真空值，并做出适当的调整动作。

三、可编程的只读存储器（PROM）

有许多车厂，如 GM，在汽车电脑中安装了一个可拆卸的 PROM，对它可以进行独立的检修。PROM 内含有一些特定的程序，例如点火提前程序，它针对特定的车型而做设定。若要更改设定值，如最大功率速限，只需拆下，更新程序内容即可。

目前，也有不需拆下只要通过手持扫描仪（Scanner）便可通过车上的诊断接头进行程序内容的更新工作的 PROM。

四、保持存储器（KAM）

KAM 在特性上很像 RAM。微处理器可以从 KAM 上读取、写入和删除数据。当点火开关关掉后，KAM 内的数据仍可保存；但是若拔掉 ECM 的电源线之后，KAM 所存储的数据便消失了。

所谓程序是指一组令微处理器工作时得以遵循的指令。也就是说，微处理器的运算、比较等工作全由程序所决定。例如程序会告诉 ECM 何时该从传感器获取信号，以及该如何处理这些输入数据等。存储器（ROM）内即含有程序和其他有关于车辆的数据，甚至包括现今已逐渐受到重视的车辆防盗辨识数据。

当发动机运转期间，ECM 正接收大量的传感器输入数据，ECM 也许不立刻处理所有的数据；许多时候，ECM 要搜集足够的输入信号后才能做决定。此时，ECM 便需要一个 RAM 来存放所搜集到的数据，微处理器将搜集的数据写入 RAM，然后再从中读取数据……

ROM 储存有关于各种行车状况下所需的理想空燃比（A/F）。传感器则负责将发动机和车辆的运作状况传送到 ECM。微处理器自 ROM 中读取理想的 A/F 数据，并与传感器输入数据做对比，然后根据程序做喷油的修正量，以使车辆维持在最佳行驶状态。

9.1.3 微处理器

微处理器具有许多不同的功能，它能够查询或寻找数据，利用内建的时钟电路来控制工作时序，依据数学计算的结果做出决定。

举例来说，使用计算器时，您会通过计算器上的按键来输入数据。在此同时，您也会告诉计算器该执行什么运算。因此可以把微处理器想象成计算器，所不同的是，它可以自行按动按键，而无须您的协助。这是因为借助内部程序的结果。

图9-3 所示为微处理器内部程序将存储于存储单元11与存储单元12内的二进制数值相加后存入存储单元30的工作过程。虽然计算的结果会因输入的改变而改变，但是内部程序却不能改变。换句话说，微处理器不能"思考"，它只按原先已经设计好的程序来进行工作。

在上例中，所设计好的程序会一直将存储单元11和12里的内容相加，然后储存到存储单元30中。

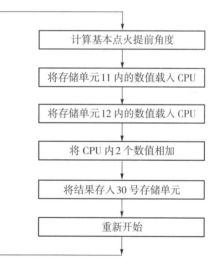

图9-3 微处理器内部程序的工作情形

同样地，用于汽车上的微处理器通过预先写好的程序来计算并控制系统的运作。程序写得非常的详细并且可以应对系统运作时各种可能发生的状况组合。

微处理器是整个 ECM 的"大脑"，常被称为中央处理单元（CPU），由数千个三极管置于一微小芯片上所构成。CPU 将数据送进及送出 ECM 的存储器。输入数据在 CPU 内被处理并且和存储器内的程序做比数据，CPU 也会根据程序的参数来检查存储器任何其他的数据。由 CPU 所获得的数据则会根据程序指令而改变；程序也许令 CPU 对数据做出逻辑性的决定。一旦所有计算工作完成，CPU便传送命令来对控制系统的动作，做出必要的修正或调整。

CPU有3个主要组成部分，分别为寄存器、控制单元和数学逻辑单元。寄存器用以组成累加器、数据计数器、程序计数器和指令寄存器等；控制单元负责指令寄存器内的各种指令；数学逻辑单元执行数学和逻辑功能。

9.1.4 输出信号处理器

在微处理器执行完计算后，计算结果便存储在特别保留给输出数据用的存储器内。这些存储器被称作输出存储器，常置于与输入存储器相同的RAM中，甚至可能将两者制在相同的芯片上。输出数据可被临时储存，直到被覆盖为止。

CPU以输出存储器作为存储数据的地方，这些数据将被输出信号处理器使用，以产生各种不同的控制信号。CPU并不直接驱动输出装置。

输出信号的形式依据输出装置本身的需要而定。就像输入信号处理器一样，输出信号处理器也是由数个不同装置所组成，它们可以是单独的，也可以是组合的，以产生输出信号。

一、数字/模拟转换器

数字/模拟转换器可将存储在输出存储器内的数字信号转换成模拟电压信号，以驱动各种执行器，如喷油嘴、继电器或电动机等。

汽车电子控制模块(ECM)中最常见的输出处理器便是数字/模拟转换器了，简单来说，数字/模拟转换器与模拟/数字转换器作用相反，模拟/数字转换器将直流电压转变成具有高低两种电压变化的数字信号；数字/模拟转换器则将一个二进制数字信号转换成为一个我们所熟悉的模拟直流电压值。数字数值越大，则转换成的模拟电压值也越大；反之，则越小。

二、开关三极管

三极管基本功用之一便是能够提供良好的开关作用。在汽车电子控制模块(ECM)中，第2个常见的输出处理器便是三极管，又称为开关式三极管。

一个开关三极管可以说是传统单线圈继电器的"固态电子版"，如图9-4所示。继电器线圈与触点开关共用搭铁端子，线圈通过一个简单的控制开关与电源连接，当开关接通时，线圈通电产生吸力将触点吸合，使负载元件完成搭铁回路，元件因此得以运作。继电器利用非常小的电流而可以控制大电流的导通。

在三极管式开关电路中，当控制开关接通后，微小电流流经开关三极管的基—发射极间，并搭铁完成回路。该微小电流一旦让三极管达到正向偏压后，三极管便允许电流自集电极流向发射极，完成搭铁回路。整个过程中，三极管的作用就是"开"与"关"，故称开关三极管。当电压加在基极时，开关三极管便接合；去掉基极电压时，三极管便如同一个断开的开关。

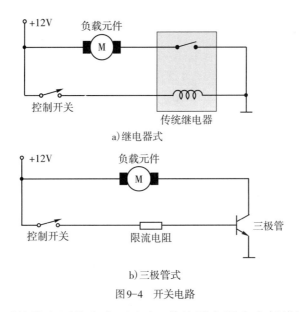

图9-4 开关电路

利用三极管作开关的主要优点在于速率。传统继电器在内部线圈通电后必须有一段充磁(建立磁场)的时间,才能将触点吸合。因此继电器触点常常无法作即时性的控制之用。虽然以肉眼来看,继电器的触点似乎很快,但和三极管式的开关相比,两者在触点闭合的时间,却相差100倍以上。速率在电路的控制上占有非常重要的影响地位,例如喷油嘴或ABS中的电磁阀,它们的开、关动作都需要以极高的速率来完成。

在某些要求大电流、低频率,却不需要求切换速率的电路中,如汽油泵线路,常常将一个速率高但电流小的开关三极管连接到继电器的线圈端,作为一控制开关,让12V电流可以流到汽油泵,如图9-5所示。这种开关控制方式的缺点是需要线圈充磁时间,故只可用在无须对速率要求太高的地方。

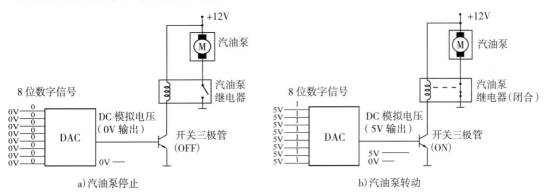

图9-5 利用开关三极管控制继电器

三、电压/占空比转换器

占空比是指工作脉冲宽度与脉冲周期之比,即脉冲使元件作用(ON)的时间与周期的比值,如图9-6所示。

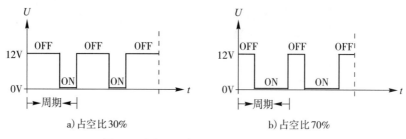

图9-6 汽车上的占空比（搭铁端控制电路用）

汽车上许多电子控制元件，如喷油嘴、各种电磁阀都由数字方波（脉冲）的ON/OFF时间比例所控制，此数字方波便须通过电压/占空比转换器来产生。电压/占空比转换器属于一种电压/频率转换器，而前者可产生变频式方波信号，即其频率与占空比皆为变动的，如图9-7所示。

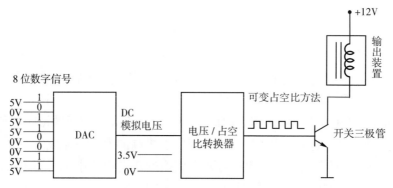

图9-7 电压/占空比转换器电路

为了产生可变式占空比的方波控制信号，CPU根据输出存储器内的数据，令三极管做ON-OFF切换，而以8位数字形式传送到数字/模拟转换器。由数字/模拟转换器送出的直流模拟电压再作用于电压/占空比转换器，而使信号转换成方波输出。

输出方波信号的ON/OFF时间由送到转换器的直流电压大小所决定。直流输入电压越高，ON时间便越长，OFF时间越短；反之，当输入到电压/占空比转换器的电压降低时，OFF时间增加，而ON时间则缩短。自转换器送出的方波信号便被用来改变开关三极管的导通与截止。

开关三极管具有开关作用。电压作用于基极上，可使集电极—发射极导通，于是让电流流到输出装置上。这种单晶体线路形式可用在负载电流不超过晶体规格的条件状况下。

四、直接模拟电压输出控制

微处理器控制模块（ECM）内的输出处理器也可以产生一个直接的模拟电压输出。如图9-8所示，存储在输出存储器内的数值经数字/模拟转换器转换为定值的模拟电压值，此电压再送入一模拟电压放大器，利用放大器所产生的较大电流来驱动如电动机类的执行元件。

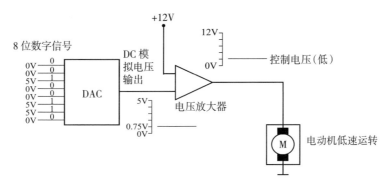

a) 模拟电压为 0.75V 时

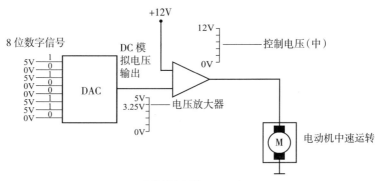

b) 模拟电压为 3.25V 时

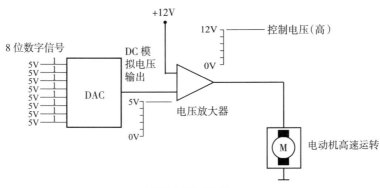

c) 模拟电压为 5V 时

图 9-8 直接模拟电压输出控制

9.2 传感器

就像人体的感觉器官一样，传感器可以把车辆在动作时的一些测量值转换成电信号，并输入到控制运算电路，以使其维持最适当的运作模式。传感器有许多不同的设计，其中有一些形式只不过是一种简单的开关，只负责对电路做 ON-OFF 的动作。而另外一些传感器则利用复杂的化学、物理或材料科学上的反应特性所制成，它们会在不同状态下产生特定的电压。不管采用哪种特性，大致来说，传感器都必须具备持久的稳定性、精确性、特定的工作范围、具有线性的特性等4种基本条件。线性代表传感器能够以一固定比例关系,将所测量的数值即时地呈现出来,它也间接地表示传感器的精度。汽车常用的传感器大致有速度传感器、温度传感器、流量传感器、压力传感器、其他传感器等几类。

9.2.1 速度传感器

汽车上所使用的速度传感器大多是检测旋转运动时的角速度变化率,即指圆弧长与时间的变化率,如图9-9所示。由于利用这样的物理现象可以获得转动的变化率,因此汽车上的速度传感器也常常提供作为"位置"检测的重要依据,例如发动机曲轴位置传感器(CPS)、方向性旋转位置(角度)传感器。

以 CPS 为例,在发动机控制电脑(ECM)各输入信号中,CPS 可以算是最基本的参考信号了,大多数的发动机 ECM 若取不到此信号,发动机便无法起动。CPS 不只提供曲轴位于活塞上止点时的角度(位置)信号,更常常作为发动机转速信号用。曲轴位置传感器(或发动机转速传感器)通常装在飞轮壳、分电器内或曲轴皮带轮上,如图9-10所示。

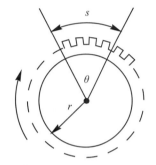

$\omega = \dfrac{\Delta s}{\Delta t}$(单位时间内弧长的变化率)

图9-9 角速度的变化率

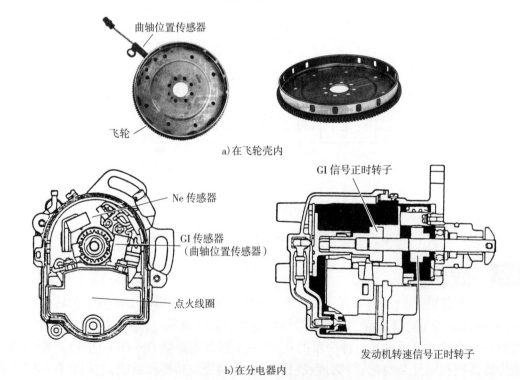

图9-10 曲轴位置传感器(发动机转速传感器)

下面介绍两种常见的速度传感器,电磁线圈式速度传感器和光电式速度传感器。

一、电磁线圈式速度传感器

电磁线圈式速度传感器利用磁力线经切割而产生感应电压的原理所制成,故又常称作磁阻式传感器。如图9-11所示,当曲轴旋转时,由低磁阻金属制成的圆盘转轮跟着一起转动,在转轮上的凸齿便会周期性地切割由永久磁铁所形成的磁场,磁力线回路因此会出现扩散或集中的变化(即磁阻的增减),此变化可使绕于其上的线圈感应出不同方向的电压。电压信号会因转速的加快而增大而且频率变大,反之,则电压信号会变小且频率变小,如图9-12所示。

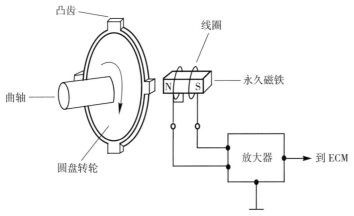

图9-11 电磁线圈式传感器原理

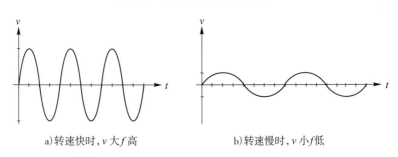

a) 转速快时,v 大 f 高　　　　b) 转速慢时,v 小 f 低

图9-12 电磁线圈的感应电压与转速的关系

图9-13说明凸齿转动与感应电压的关系。当凸齿 A 点接近磁场时,磁回路开始变化,使感应线圈感应出正电压,如图9-13a)所示。当凸齿 A 点转到90°/4时,磁回路的磁阻最大,感应出最大正电压,凸齿继续转动,电压也随着下降,如图9-13b)所示。等到凸齿 A 点与永久磁铁尖端对正时,磁阻最小,磁力线最集中,使感应电压为零,如图9-13c)所示。转轮继续转动,凸齿逐渐离开,磁阻变化亦由小而大,使线圈感应出负电压。当凸齿 A 点再转90°/4时,磁阻最大,感应出最大负电压,如图9-13d)所示。待凸齿转完90°回到如图9-13e)所示位置时,磁场中断,无磁回路,感应电压为零,但因转轮继续旋转,使线圈能够维持不断地感应出电压信号。

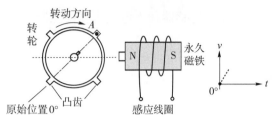
a) 0° 时无磁回路,准备感应电压

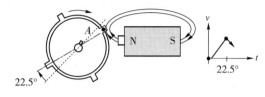
b) 22.5° 时,磁阻最大,感应最大正电压

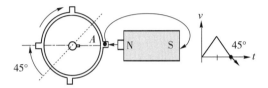
c) 45° 时,磁阻最小,感应电压为零

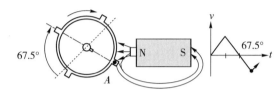
d) 67.5° 时,磁阻最大,感应最大负电压

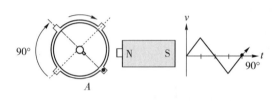
e) 90° 时无磁回路,准备第二次磁感应

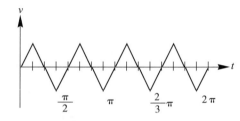
f) 转轮旋转一圈感应出 4 个锯齿波

图 9-13　凸齿转动与感应电压的关系

从图 9-13 得知,电磁线圈式速度传感器所送出的电压信号与转轮上的凸齿数成比例关系,如图 9-13f) 所示。转轮旋转一圈所能输出的电压波形数即为转轮上的凸齿数。以图 9-13 为例,凸齿数为 4,故转轮旋转一圈可输出 4 次波形,并且每一个波相隔 90°(=360°/4)。依此类推,若分电器内的发动机转速传感器上的凸齿数目为 24 齿时,则轴转动一圈便可产生 24 个电压波形,且对分电器轴而言,每一电压波形相隔 15°(=360°/24)。但是因为分电器每旋转 1 圈,曲轴必须转动 2 圈,故分电器轴的 15°代表曲轴转角 30°,如图 9-14 所示。

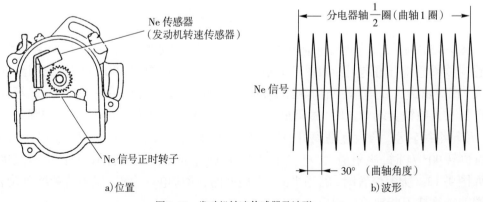

a) 位置　　　　　　　　　　　　b) 波形

图 9-14　发动机转速传感器及波形

图9-14b)为分电器轴转半圈,曲轴转1圈的电压输出波形。ECM通过计算每单位时间(s)内的电压脉冲数来决定发动机曲轴的转速。至于曲轴或活塞上止点的位置则由另一个传感器G1取得,如图9-15所示。分电器轴转1圈(360°)代表曲轴旋转2圈(720°),共产生4次电压脉冲,也就是说,每一次的脉冲表示曲轴转了180°。

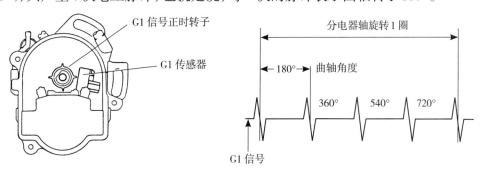

图9-15 曲轴位置传感器

在现代电子点火系统中,分电器并非一个必需的元件,由实验结果得知,不用分电器感应方式,点火线圈的二次最大电压将增加20%。许多发动机已将发动机转速传感器和CPS从分电器中移出,改装到曲轴上,如图9-16所示。其感应原理与前述相同,只是传感器的位置不同。如图9-17所示,CPS感应出与转轮上相同数目的电压波形,ECM并据此获得曲轴的位置和发动机的转速。

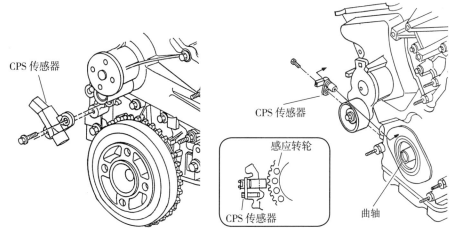

图9-16 曲轴位置传感器

图9-18为发动机内3个与点火正时关系密切的传感器电压信号波形。TDC为发动机上止点信号,CRANK为曲轴位置(发动机转速)信号,CYL信号则告诉ECM第一缸发动机的正确位置。

利用电磁线圈式的速度传感器除了用在感测发动机转速之外,也常应用在轮速传感器上,在一些后轮防抱死制动系统中,差速器内就采用了电磁式的轮速传感器,如图9-19所示。

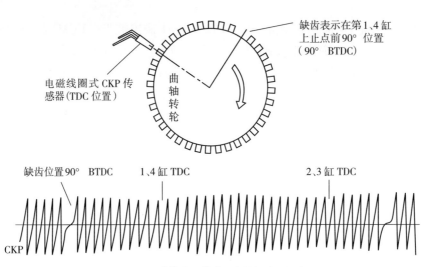

图9-17 曲轴位置传感器齿数与波形的关系

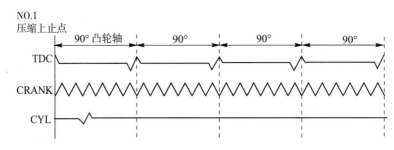

图9-18 TDC/CRANK/CYL 传感器脉冲信号

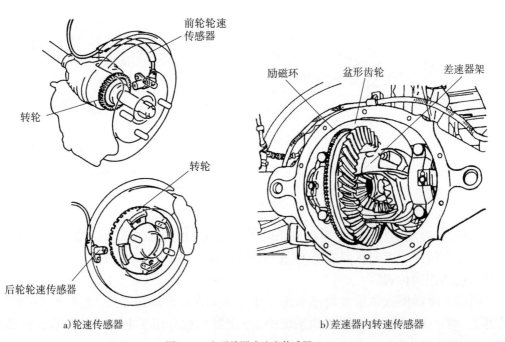

a) 轮速传感器　　　　　　　　b) 差速器内转速传感器

图9-19 电磁线圈式速度传感器

二、光电式传感器

在汽车的电子辅助转向系统和电子悬架控制系统中都采用了光电式传感器用于监控转向盘的转角。在这两种系统中,传感器的作用均相同。如图9-20所示,在回转传感器内有两个LED(发光二极管)及两个光电三极管。传感器安装在转向柱支块上,带孔的圆形薄片则固定在轴向轴,圆形薄片可以通过传感器上的狭槽,并且跟着转向轴一起旋转。

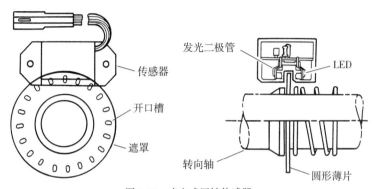

图9-20 光电式回转传感器

传感器内的两个LED将光从槽的一侧照向另一侧,使一侧的光电三极管可检测到另一侧LED所射过来的光。随转向盘(轴)一起转动的圆形薄片上的孔可以让光线通过,但孔与孔间的部分则会阻止光的通过。因此,当圆形薄片旋转时,LED发出的光便会产生出连续性的交替信号。

光电式回转传感器包括电子控制模块、光学式传感器和接口与电路3个部分。

(1)电子控制模块(ECM),它包括:

①稳压器。提供稳压5V。

②信号处理器(VR)。根据传感器所送来的电压信号以判断旋转的速率与方向。

(2)光学式传感器,它包括:

①机械性元件。如圆形薄片。

② LED。射出光束。

③光电三极管。基极由光激发,三极管导通后便会输出固定值的电压信号(方波)。

(3)接口与电路。

如图9-21所示,ECM接收两条线路所送来的检测信号。当光线通过圆形薄片上的孔时,光电三极管便因此导通,于是线路A在M_1点的电压值为0;但当光线被圆形薄片遮住时,光电三极管不导通,使M_1点的电压变成5V。线路B的作用与线路A相同,但两个电压脉冲信号则回转角相差约5°,如图9-22所示。

ECM利用这两条线路来决定转向盘回转的转速、角度和方向:

(1)ECM依据单位时间内的脉冲数决定回转量。

(2)转动方向则是根据哪一条线路开始送出第一个脉冲而决定的。当圆形薄片顺时针转动时,线路A的输出电压会先出现变化,然后才是线路B,如图9-22所示。反之,若

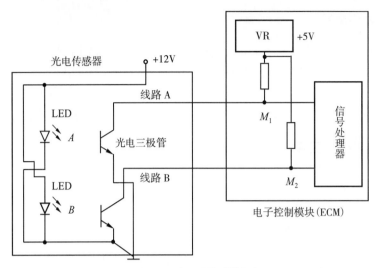

图 9-21 光电式传感器电路

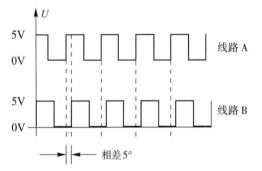

图 9-22 两线路设计 5° 角度差

转向盘逆时针旋转时，线路 B 会先发生电压变化，然后才是线路 A。ECM 即是根据这个原则来判别转向盘的转动方向。

线路中出现任何不正常状况都将导致 ECM 输入不正确。如果两条线路同时出现下列情形，将使 ECM 内的电压为 5V：

（1）电源线或搭铁线的接线不良或断路。

（2）电源线出现搭铁短路。

若只有 1 条线路发生断路或搭铁短路、接线不良，则只会使该条线路的电压为 0，不会影响另一条线路的电压变化。

图 9-23 所示为转向机柱上的光电式转向传感器；图 9-24 所示为用于仪表板内的光电式车速传感器。目前，许多车厂多已将光电式车速传感器(VSS)应用于速率表上，如 FORD、GM 和 TOYOTA。车速传感器送出的信号经集成电路(IC)计算后便可以以数字方式显示出车速。

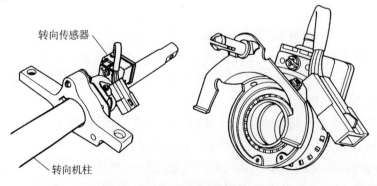

图 9-23 光电式转向传感器(FORD)

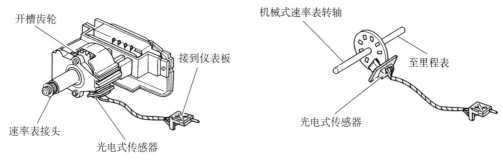

图9-24 光电式车速传感器

9.2.2 温度传感器

在车辆运转与行驶时,对于车上各种系统进行温度监控,是维持车辆正常工作的必要条件。顾名思义,温度传感器就是测量物体的温度变化,汽车上常用的多为对流体的测量,如空气、冷却液、润滑油及变速器油等。

常见的温度传感器(或温度开关)根据其构造可分为热敏电阻式、双金属式和铁氧体式。同一般的传感器作用一样,温度传感器可以根据温度的变化而送出开关信号(温度开关);也可以精确且即时地输出温度改变时的线性变化(温度传感器)。ECM可根据温度传感器所送来的变化信号做必要的调整。

温度传感器除用于上述控制系统中外,它常常用在元件的保护装置里,例如采用双液压泵(DPS)的HONDA全时四轮驱动器中,就有一保护CVT油温过高的温度开关。

另外,温度传感器也用于仪表显示屏上,供驾驶人获悉车上各系统的工作温度。

一、热敏电阻式

车上使用的温度传感器绝大多数都是利用温度对电阻变化的特性所制成,即通常所称的热敏电阻。它是对温度变化具有极大电阻值改变的特殊电阻器。电阻的大小与温度变化成正比关系的,称为正温度系数热敏电阻(PTC);反之,若电阻的变化与温度值成反比关系,则称为负温度系数热敏电阻(NTC)。通常使用的多是NTC型,故一般所称的热敏电阻,多半指NTC热敏电阻。

车上常用的热敏电阻式温度传感器,其形状多呈棒状,但也有比较特殊的呈薄片或薄膜状。其作用原理是利用不同温度对半导体材料有不同的电子传导度,当温度升高时,半导体中的导电载流子增多,使电阻减少,同时,电阻也随晶体的转变而发生大幅度变化。图9-25所示为热敏式温度传感器的电阻温度特性曲线。

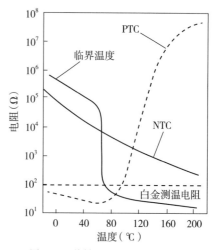

图9-25 热敏电阻的电阻温度特性

NTC 型温度传感器是将氧化镍（NiO）、氧化钴（CoO）、氧化锰（MnO）等过金属氧化物混合烧结制成反应材料，覆于基材上（有些不需要），再封入抗酸蚀、耐高温的封装体内，常用的封装材料有金属、树脂或陶瓷等。在封装之前须先从混合材料内引出导线或端子，通常为一条或两条。两条的，一为信号线，一为搭铁线；一条的则利用传感器外壳搭铁。传感器导线并无极性区别。NTC 温度传感器广泛用于发动机冷却液温度、进气温度、各式油温及空调系统的空气温度控制中。

PTC 型温度传感器制法与 NTC 型大致相同，但其烧结混合材料以陶瓷材料 $BaTiO_3$ 为主要成分。通常 PTC 型的电阻随温度变化剧烈，这可以从图 9-26 中的 PTC 的温度特性曲线看出。

除了利用氧化陶瓷的半导体材料作为温度传感器内的反应材料外，现还可利用薄膜技术制成金属材料的热敏电阻。这种称为薄膜金属电阻的温度传感器搭配两个热敏电阻，可以制成单一薄片形状，如图 9-27 所示。这种温度传感器可以在制造过程中制得非常精确，并且可以通过激光切割修整出具有良好反应曲线且耐久、稳定性佳的产品，所制成的温度传感器属于 PTC 型传感器。虽然薄膜金属式较传统的半导体材料的温度传感器对温度变化的较不灵敏，但它却具有较佳的线性和重现性。

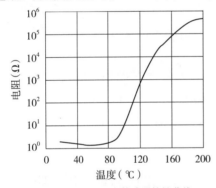

图 9-26 PTC 型温度传感器特性曲线

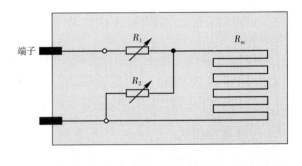

图 9-27 薄膜金属式热敏电阻（R_m 为金属薄膜电阻）

以发动机冷却液温度传感器（ECT）为例，ECT 内通常含有 NTC 型热敏电阻，当发动机冷态时，ECT 有较高的电阻，而在发动机达到正常工作温度后，ECT 的电阻值便会下降。典型的 ECT 在 20℃时，电阻值在 2~4kΩ，冷却液温度达到 80℃时，电阻值大多在 400Ω 以下（仍需视厂家规范而定）。在 ECT 与电子控制模块（ECM）之间有两条线：一条为电压信号线，另一条则是提供用于搭铁，如图 9-28 所示。

由于冷却液温度改变可使 ECT 内的电阻发生变化，因此 ECM 可根据 ECT 两端的电压降改变来控制温度变化的输入信号。举例来说，在低温时，ECT 为高电阻，使得 ECT 两端有 4.5V 的电压降；而当高温时，ECT 电阻降低，使 ECT 两端电

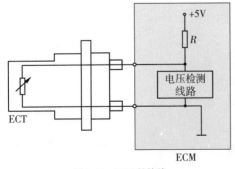

图 9-28 ECT 的接线

压降仅为0.5V。因此,电脑(ECM)便可据此进行控制输出。

二、双金属式

双金属又称作热偶片,是由两种热膨胀系数相异的金属以刚性连接方式制成一体。当金属受热时,会向膨胀系数小的金属侧弯曲。将金属片的一端固定,另一端制成白金触点,即可作为受温度控制的开关元件。它可用于过负荷保护或温度开关等装置上。图9-29所示为用于早期电子汽油喷射发动机上的热时开关。在多点喷射发动机(MFI)中除了各缸的喷油嘴外,还有一个供冷车起动时专用的冷起动阀,如图9-30所示。与喷油嘴不同的是,它的喷油并不由ECM控制,而是由热时开关依据发动机冷却液温度的高低来控制。

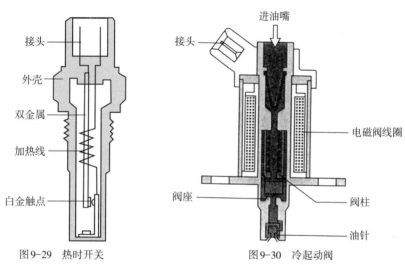

图9-29 热时开关　　　　图9-30 冷起动阀

热时开关内有一双金属片,上面绕有加热线,当加热线通以电流时,双金属便会因受热而向一侧弯曲,使断电触点打开。冷起动阀的电路即是由热时开关内的断电触点而搭铁完成回路,如图9-31所示。

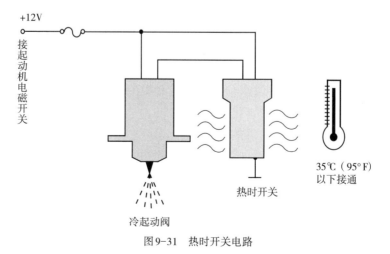

图9-31 热时开关电路

当起动机转动时，电压从起动机电磁开关进入冷起动阀。如果发动机冷却液温度低于35℃，则热时开关使冷起动阀由其内的断电触点搭铁，于是冷起动阀便可以喷出额外的燃料使起动容易。在此同时，电流也流进热时开关内的加热线，双金属开始受热产生变形，8s以内，断电触点即会因双金属弯曲而断开，于是冷起动阀停止喷油。如此设计可避免因机械故障发动机无法起动时，冷起动阀仍持续喷油，导致混合比过浓。

一旦发动机达到正常工作温度后，热时开关内的双金属也会受热弯曲，使触点断开，冷起动阀也不作用。

三、铁氧体式

铁氧体（Fe_2O_3）在常温下能够被磁铁吸住，但是当铁氧体的温度逐渐升高时，则无法被磁铁所吸引。铁氧体从具有磁性骤变成失去磁性的温度点，称为"居里温度"。通常情况下，Fe_2O_3的居里温度为80℃，但也可以通过改变烧结体成分和热处理方法改变其居里温度。

发动机冷却系统中的水温开关，即是应用饱和磁通密度现象制成，它负责控制冷却风扇的运转，如图9-32所示。水温开关为单线式，利用内部的簧片触点做回路开关，外壳锁于发动机体提供搭铁。

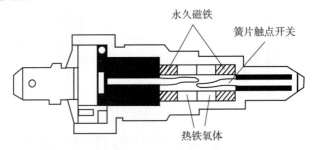

图9-32　利用饱和磁通密度现象制成的水温开关

9.2.3　流量传感器

为使发动机能够在油耗、功率与排放废气之间取得最佳的平衡，能否有效测得发动机的进气量便成为关键。汽车上的流量传感器大多采用发动机的进气测量，称作空气流量传感器（Mass Air Flow Sensor），简称MAF。

目前采用以下两种物理方法来检测进入发动机的空气量。

❶ 空气密度系统

该系统直接利用MAF所提供的信号来代表空气量。但由于MAF只根据通过空气的容积大小送出信号，无法检测出空气密度的变化（即气压的变化）。因此，采用该系统还必须加装一个大气压力传感器，以避免MAF无法判断海拔高低时的差异。目前大气压力传感器多安装在ECM盒里。

❷ 速度密度系统

由于空气的密度直接与压力大小成正比关系。因此该系统利用装在进气歧管上的

MAP 传感器所提供的压力信号与发动机转速信号(RPM)的乘积来表示进入发动机的空气量,即:

$$空气量 = 发动机转速 \times 空气密度(歧管气压)$$

故称为速度密度系统。采用这种形式,对 ECM 而言,最重要的两个输入信号为 MAP 和 RPM。

一些汽车制造厂同时使用 MAF 和 MAP,在这样的系统中,MAP 是作为 MAF 发生故障时的备用元件。

空气流量传感器(MAF)常安装于空气滤清器与节气门阀体之间的通道上,这样可使吸入汽缸的空气完全通过传感器。常见的 MAF 形式有:流量板式、加热电阻式、热线式及卡门涡流式。

一、流量板式

流量板式空气流量传感器又称作翼片式空气流量传感器。传感器内有一可转动的空气流量板(翼片),平时它通过弹簧的弹力保持在关闭位置,如图9-33所示。

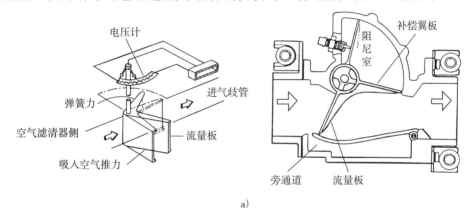

a)

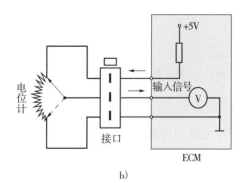

b)

图9-33 流量板式 MAF

当发动机转动时,吸入的空气会推开流量板,流量板的移动量即代表发动机的进气量。流量板上的转轴有一随轴移动的触点,该触点与一可变电阻(电位计)相接触。进气量与电阻间的关系如下:

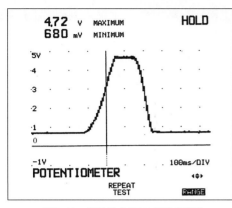

图9-34 流量板式 MAF 的输出波形

（1）当进气量小时，流量板移动量小，电位计触点在电阻最小位置。

（2）当进气量增加时，流量板移动量大，使电位计触点移至电阻增加的位置。

电阻大小随进气量而改变，通过简单的分压电路，便可以让 ECM 获得电压的变化信号，如图9-34所示，其变化规律为：

（1）进气量小，电阻小，输入电压低。

（2）进气量大，电阻大，输入电压高。

为了使空气流量传感器所送出的信号 U_S 不会受到蓄电池电压 U_B 双重的影响（例如充电系统的不稳定），MAF 内的电路多设计成图9-35所示的分压电路。当流量板位于同一开度时，虽然 U_B 值有变动，但 ECM 通过比较 U_C 与 U_S 间对蓄电池电压的比值（即 $\dfrac{U_C - U_S}{U_B}$），便可使空气流量所代表的电压输出值维持稳定，不受到蓄电池电压的变化影响。

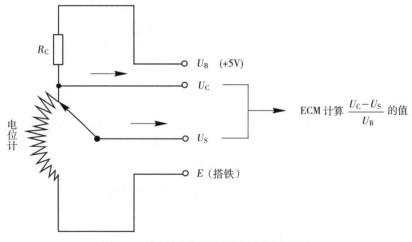

图9-35 减少蓄电池电压变动影响的电路设计

二、加热电阻式

加热电阻式 MAF 内有一加热型电阻，固定在进气通道的中央，电子模块则位于传感器侧面，如图9-36所示。

当点火开关转到 ON 时，电流到达进气通道中的加热电阻，使电阻维持一定的温度值。在发动机温度仍低时突然加速，吸入的冷空气试图使加热电阻降温，此时，电子模块会提供额外电流使电阻保持额定温度。电子模块将该增加电流的信号送入发动机 ECM，信号与进气量成比例关系。当 ECM 接收到增加电流的信号时，ECM 便会发出空气燃料混合比增浓的指令，以配合进气量的增加。加热电阻式 MAF 在维持固定的电阻温度过程中,其反应时间约为数毫秒(ms)。

加热电阻式 MAF 可送出频率式电压信号(Hz)或是输出以占空比形态的直流脉冲电压信号。在构造上,加热电阻也常常以电子格栅来取代。

三、热线式和热膜式

严格来说,热线式 MAF 传感器所采用的测量原理很接近前面分类中的"速度密度系统"所采用的方法。这是因为热线式 MAF 传感器利用空气在圆柱中由热线探针来测量对流冷却的热传速率与空气流速两者的关系,而得出空气流量,因此,热线式在精确性、反应时间和机械设计上都优于流量板式。再加上其成本正在逐渐降低,如今它已成为空气流量传感器的主流。

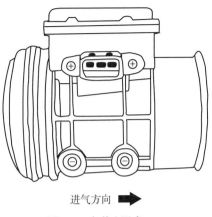

图9-36 加热电阻式 MAF

热线式 MAF 分为全流式与分流式,如图9-37所示。其主要不同点在于量取空气的全部或是一部分。通常,排气量大的发动机采用全流式,排气量小的发动机则采用分流式。其考虑因素是要减少进气时的阻力。

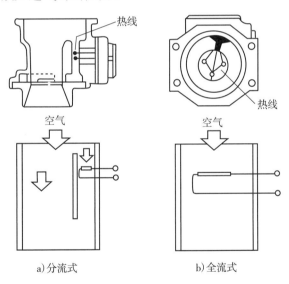

图9-37 全流式与分流式

热线式 MAF(图9-38)安装在发动机进气口处,在进气通道中有一加热线,属于 PTC 电阻线,在它的旁边则有另一组称为温度补偿电阻的冷线,负责检测进气温度并对加热电流做调整。

当点火开关转至 ON 位置时,MAF 内的电子模块会送出足够电流加热热线,使其温度保持在比冷线(室温)高出200℃的高温状态。如果发动机突然加速,突增的冷空气会使热线降温,于是电子模块立刻送出更多的电流到热线,使热线维持比冷线高160℃的温度。电子模块将增加电流的信号通过电桥电路中的精密电阻,转换成电压信号输入至发动机 ECM,该电压信号与发动机进气量成正比关系。发动机一旦运转后,热线即保持比冷线高 160℃的温度。

图 9-38　热线式 MAF

由于"冷线"为 NTC 型热敏电阻,随时根据进气温度高低而改变其电阻值,所以它能够提供空气因温度变化所产生密度(质量)改变的修正。这个优点是流量板式 MAF 做不到的。因此,热线式 MAF 又常被称为空气质量计。

热线由于需要让大量的空气流过,所以在使用 4km 后常会生积炭,导致温度升高、测量不准等缺点。一些热线式 MAF 另外设有点火开关 key-off 之后通电数秒的功能,使热线温度达 900℃,以此烧掉灰尘污物。图 9-39 所示为 MAF 的接线图。常用的 MAF 为 5 线、7 线式。

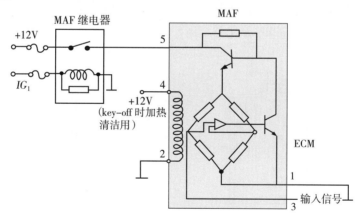

图 9-39　MAF 接线图(5 线式)

目前已有车厂采用一种与热线式类似的 MAF,称作热膜式空气质量传感器,如图 9-40 所示。大致上来说,它的电桥电路、热作用原理都与热线式相似,只是利用热膜取代热线(电阻)来测量空气量。其元件如图 9-41 所示。

热膜式空气流量传感器上的加热元件为一铂膜电阻,通过半导体技术,将铂膜与其他热敏电阻材料(温度传感器用)一起植入硅晶底层上,彼此之间并形成电桥电路,如图 9-42、图 9-43 所示。在加热铂膜旁的加热器温度传感器 S_H 会与前端的进气温度传感器 S_H 一起维持加热铂膜 S_H 在固定的高温状态(约 185℃)。如上所述,在热线式空气流量传感器的电桥电路中，ECM 利用加热电流来换算成输出电压信号；而此处却是靠两个传感器 S_1 与 S_2 监测空气的温差输出信号。这两个温度传感器，一个位于前端（上游端），另一个位于后端（下游端）。

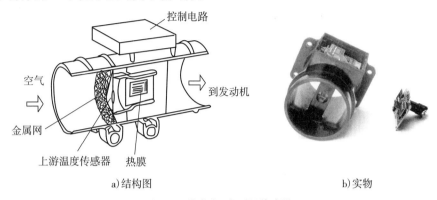

a）结构图　　　　　　　　　　　　　　　b）实物

图 9-40　热膜式空气质量传感器

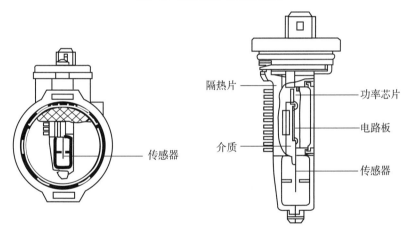

图 9-41　热膜传感器元件

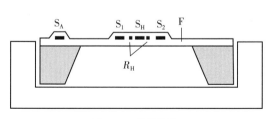

图 9-42　热膜结构

S_A- 进气温度传感器；S_H- 加热器温度传感器；S_1、S_2- 上、下游温度传感器；R_H- 加热电阻；F- 非导电薄膜

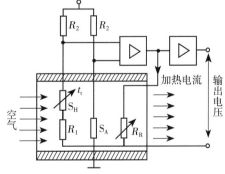

图 9-43　热膜式 MAF 电路

换句话说，热膜式的原理是利用电桥电路内的两个温度传感器（流量传感器）来监控加热铂膜发热量，从而判断出空气的进入量。如此可避免测量时受到气流动力所产生的影响。

从图9-42中可以看出在加热铂膜 R_H 与进气温度传感器 S_A 之间的凹陷齿状，如此制造可形成两者间的热解偶。在实物上，整个控制电路全部制成一块很小的薄片形集成块，加热铂膜提供了重要的空气流量信号。此装置无须加热清洁电路便可维持长时间精确的测量。

热膜式MAF的接线如图9-44所示。热膜式MAF以3线和4线式为多。图9-45所示为热线（热膜）式空气流量传感器输出电压波形。

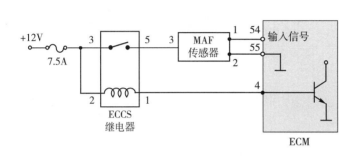

图9-44 热膜式空气流量传感器接线图

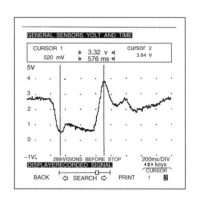

图9-45 热线式空气流量传感器波形

四、卡门涡流式

卡门涡流式空气流量传感器检测进气时所产生的涡流状况，并以此涡流作为空气流量的依据。卡门涡流的检测方式很多，如热阻器、热线、压力差或超声、光学等方式。日本三菱汽车公司是率先采用超声式卡门涡流式MAF的制造厂，并已安装在多款车型上，如图9-46所示。

如图9-47所示，空气被吸入进气通道，在流过三角柱（涡流产生柱）之后会形成转动方向相异的稳定漩涡，称为卡门涡流。请注意，在三角柱的两侧，其涡流的旋转方向并不相同。在三角柱上游处的侧壁上装有一超声发射器，它可以发射出固定频率的超声波；而在发射器的对面则装有超声接收器，如图9-48所示。

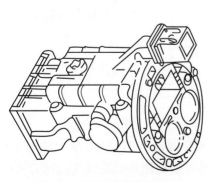

图9-46 超声卡门涡流式MAF

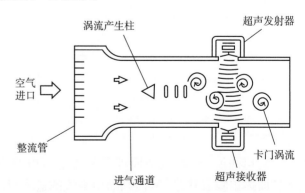

图9-47 超声卡门涡流式MAF基本结构

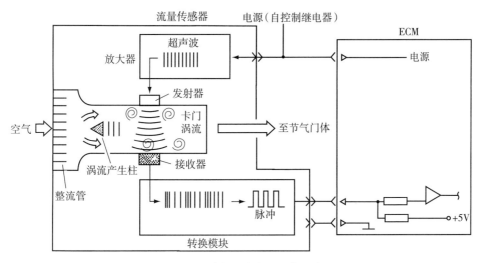

图9-48 卡门涡流式MAF作用图

卡门涡流式MAF利用测量超声波从发射器到达接收器的时间作参数来决定进气量(容积):

(1)当发动机未起动时,由于没有空气流过传感器,这时超声发生器(放大器)会建立一固定的参考时间值 T,供发射器与接收器之间传送用,如图9-49a)所示。

(2)发动机起动后开始有空气被吸入通道,由发射器所送出的固定频率超声波会与上半部顺时针方向旋转的涡流发生作用。正向涡流在上半部因与超声波同方向,故超声波会加速,使接收时间缩短,记为 T_1,下半部涡流则相反,如图9-49b)所示。

(3)逆时针旋转的涡流在上半部因与超声波方向相反,故时间较长,但在下半部则时间会较短,记为 T_2,如图9-49c)所示。

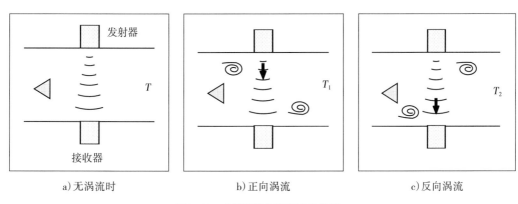

a)无涡流时　　　　b)正向涡流　　　　c)反向涡流

图9-49 卡门涡流与超声波的关系

(4)正向、反向涡流交替与超声波产生作用,而产生图9-50a)所示的波形。接收器将此波形送到转换模块而形成频率型的输出脉冲信号,如图9-50b)所示。图9-51所示为进气量与输出脉冲信号的关系。

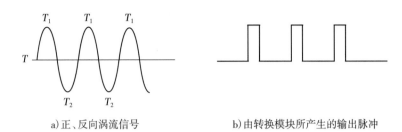

a)正、反向涡流信号　　　　b)由转换模块所产生的输出脉冲

图9-50　信号的转换

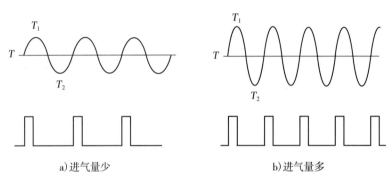

a)进气量少　　　　　　　　b)进气量多

图9-51　脉冲频率与进气量的正比关系

图9-52所示为另外一种利用卡门涡流现象所制成的压力差式MAF。涡流产生柱同样位于进气通道中，涡流的产生与空气流速（空气容积）成正比。在涡流产生柱的下游端有一压力入口，此压力入口则连接到上方的压力传感器。涡流的产生导致压力的变化，当流过MAF的空气增加时，压力的变化也增大。由压力变化所造成的电压改变量先被转换成数字脉冲信号，然后该数字脉冲电压信号再被传送到发动机ECM，如图9-53所示。

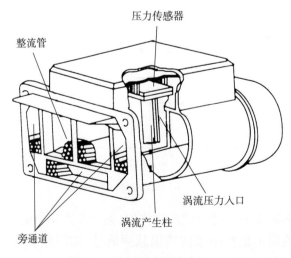

图9-52　压力差卡门涡流式MAF

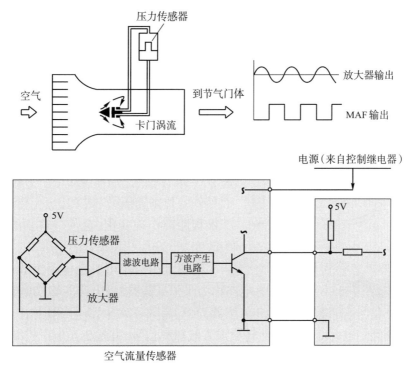

图9-53　压力差卡门涡流式 MAF 作用图

9.2.4　压力传感器

除了使用传统材料外，近年来也将半导体制造技术引入压力传感器的制造，因而种类繁多的，如厚膜式、硅半导体式、压电式和金属膜片式等传感器相继问市。也许，就在您读完这几行文字时，另一项新材料技术所研制出来的压力传感器又诞生了。

压力的测量主要通过膜片的变形或作用力来直接取得。汽车上需要进行压力检测的地方很多，例如：

（1）进气歧管压力（0.1~0.5MPa）。

（2）电子式空气辅助制动系统中的制动压力（1MPa）。

（3）空气悬架系统中的气压（1.6MPa）。

（4）胎压（绝对压力 0.5MPa）。

（5）ABS、动力辅助转向系统中的储油室油压（约 20MPa）。

（6）空调系统中的制冷剂压力（3.5MPa）。

（7）自动变速器内的调节器压力（3.5MPa）。

（8）OBD 系统中所采用的油箱压力（真空）（50KPa）。

（9）燃烧室压力（10MPa）供爆震检测用。

（10）涡轮增压器压力（轻增压型多在 100KPa 以下）。

（11）电子柴油喷射系统的柴油泵压力（100MPa）。

一、压容式

压容式又称作可变电容器压力传感器,常使用在歧管绝对压力(MAP)的感测。

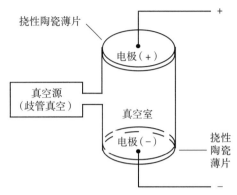

图9-54 可变电容器

如图9-54所示,可变电容器属于一种对压力产生反应的电容器,称为压敏电容器。它由两片彼此平行的陶瓷材料(氧化铝)薄膜片构成电极板,一正一负,中间抽成真空。当两极板间的压力发生变化(正压或负压)时,两片挠性极板间的距离也会跟着改变。通常是令其中一片为固定片,而另外一片则随压力(或真空)变化产生变化。由于极板距离出现变化,会使电容器的电容量也发生改变。

电容量的大小可决定电路充放电的时间,并直接控制频率。图9-55所示的OPA电路称为张弛振荡器,该电路能够依据电容器的充放电而输出频率信号(方波)。以MAP传感器为例,将频率发生器电路放在传感器内,MAP便可根据感应到的电容变化信号而转换成方波频率信号,并输出至电子控制模块(ECM)。频率变化与传感器电容量的变化成比例。

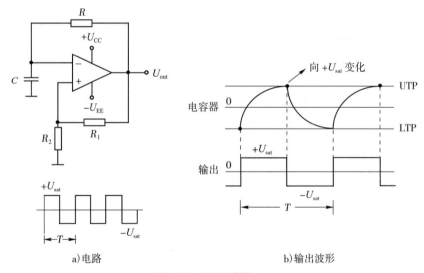

a) 电路 b) 输出波形

图9-55 张弛振荡器

图9-56所示为采用压容式的FORD MAP。MAP将进气歧管压力转换成变频式数字电压信号,如图9-57所示。事实上MAP是感测大气压力与歧管真空之间的压差。当发动机在怠速时,歧管真空大(约0.06MPa),此时,MAP的输出信号约为95Hz。因为歧管真空与大气压力的压差大,所以歧管绝对压力值为低状态;当发动机起动后,且节气门在全开位置时,歧管真空约为0.006MPa,此时MAP输出信号约160Hz。由于歧管真空较接近大气压力,所以被视作高的MAP值。

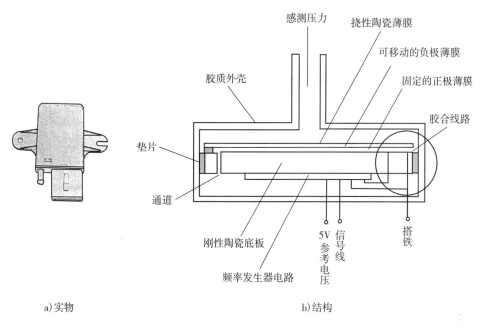

a) 实物　　　　　　　　　　b) 结构

图 9-56　压容式 MAP (FORD)

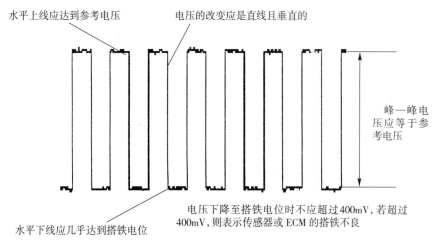

当节气门打开时（真空减小）信号的频率会增加，节气门关闭时信号的频率会减小

图 9-57　频率式输出信号

图 9-58 所示的 MAP 电路为一特别的电路，因为它所送出的信号为频率信号（请留意，并非所有 MAP 的输出信号都是数字式信号）。传感器与 ECM 之间采 3 线式连接，和其他传感器相比，变容式 MAP 的输出信号非常快，它送出固定在 0 与 5V 间转换的电压信号，类似由开关线路所产生的开关信号。最大的不同点在：这种装置提供给 ECM 的信号乃是随频率变化的。

MAP 电路由 3 部分组成：

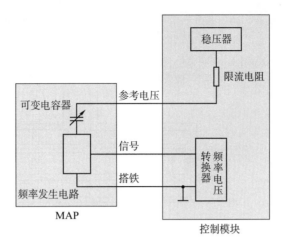

图9-58 MAP电路

（1）电子控制模块(ECM)：稳压器(VR)提供稳定电压给电路使用，电源必须稳定以使系统工作正常。限流电阻保护线路免受大电流冲击。当ECM与传感器间发生搭铁短路时，限流电阻限制电流量。频率电压转换器将传感器的输入方波信号转变成模拟电压信号。

（2）MAP：可变电容器随压力（真空）大小而改变其电容量。频率发生电路负责将电容变量转变成频率式数字方波信号（占空比为固定的）。

（3）接口与电路。

电路中若出现任何异常，都将使ECM的输入变得不准确：

（1）如果传感器和ECM之间出现断路或搭铁短路的话，电压值将呈现0V。

（2）若接线不良，则会使线路中电阻增加，如此，送往ECM的信号将变弱，如图9-59所示。信号严重减弱时，将使频率电压转换器无法判别与动作。

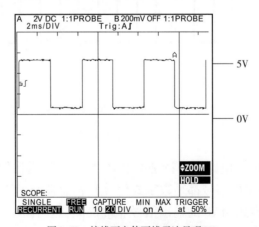

图9-59 接线不良使下线无法呈现0V

当MAP信号因故障而无法被ECM接收时，大多数的汽车制造厂都以"跛行"信号值取代。MAP信号的替代值多以节气门位置传感器(TPS)的输入信号为原则。

二、压阻式

压阻式传感器是利用压力变化时产生的作用力,使传感器内的电阻值改变,同时改变输出信号的。图9-60所示的机油压力传感器为电阻式传感器的简单实例。此传感器锁在发动机机油的油道中,当机油压力作用在膜片上时,膜片弯曲使接触片沿着可变电阻滑动。电阻在滑动接触片上的位置决定了输出电路的电阻大小,同时也决定了从机油表到搭铁间的电流。

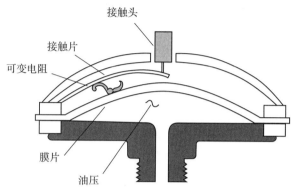

图9-60 压阻式机油压力传感器

接着再来看看另一个压阻式传感器的例子,它应用了简单的电桥电路来控制输出电压。如图9-61所示,将4片电阻利用半导体加工技术植入到硅质基板上,当压力作用于硅基板上时,由于硅基板为一挠性膜片,故会随压力变化而产生弯曲变形,进而造成两侧电阻R_1拉长(电阻变大),且中央电阻R_2压缩(电阻变小),使原本通过R_1、R_2电阻形成的平衡电桥电路,因电阻值改变而产生电桥不平衡,于是,在电桥的a、b两点间因有电位差而输出电压信号。

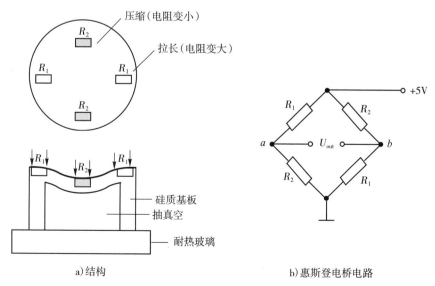

图9-61 (硅质)压阻式压力传感器

这种形式的压力传感器体积很小,可应用于 MAP、胎压监控系统,甚至于只要硅片不直接暴露在 600℃ 以上的高温,压阻式压力传感器也可以使用在监控燃烧室压力上。这可通过精密的微机械技术将机械性引动装置连接于压阻传感器来完成。

由于压力变化所产生的变形量都很小,因此传感器输出信号微弱,这必须通过放大电路以及校正电路,才能使整个感测动作具有价值。目前的传感器都将前面所提到的电阻、硅基板以及放大、校正电路合在一起,制成复合电路,这样就会对信号的调校、补偿都有更完美的表现。也许在不久的未来,连基准值和修正值都能够以数字形式储存在 PROM 中呢!

三、压电式

如前所述,在汽车电子控制系统中需要获得许多不同压力源的信号,例如气压、油压以及因振动而产生的压力。压电式传感器便是因此需要而出现的电子元件。

在汽车的电子式仪表和发动机电子控制系统(EECS)中常用到这种压电元件。虽然两者都采用了压电式传感器,然而 EECS 所使用的爆震传感器却和仪表系统中所用的压电式压力传感器不太一样。

压电式传感器其实就是一个电压发生器,如图 9-62 所示,它将陶瓷薄片(材料成分多为铅、氧化锆及钛等)与金属膜片结合成一体,制成压电晶体。以发动机爆震传感器为例,当发动机发生爆震时,震波经由发动机金属传出,而形成压力作用在金属膜片上,金属膜片便挤压位于陶瓷薄片内的压电晶体(常用石英制成)。压电晶体在受到压力负荷后,表面产生电荷,并将此电荷经由金属膜片传送出去。陶瓷薄片所产生的电压大小根据震波的强弱而定。爆震越严重,金属膜片所引发的作用压力也越大;陶瓷薄片也因此产生较大的电压信号。每一次爆震出现时,传感器便产生一尖峰脉冲信号。

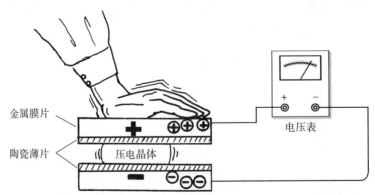

图 9-62 利用压电晶体产生电压的原理

图 9-63 所示为爆震传感器电路,包含 3 个部分:

(1)电子控制模块(ECM):它主要为一判读传感器所送来电压信号的电压表。当传感器感测出发动机有爆震,便将此振动转换成电压信号,电压波形属于上下对称的交流波,正负电压范围为 0~2V,有时甚至会更高,如图 9-64 所示。

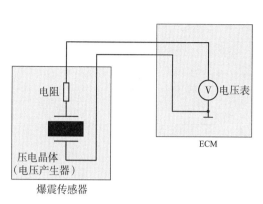

图9-63 爆震传感器电路

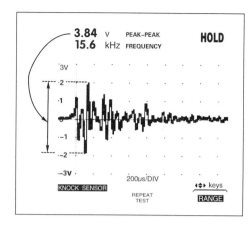

图9-64 爆震传感器波形

（2）爆震传感器内的保护电阻和电压发生器。保护电阻与电压发生器串联，主要用于保护传感器，以免因传感器与ECM间出现搭铁短路而烧毁。每当爆震发生时，电压发生器便产生一个尖峰电压信号。

（3）接口与电路。

在线路中若出现任何异常状况都将使ECM的输入信号不准确，若信号线出现断路或搭铁短路，则ECM的输入信号将变成0V。若传感器与ECM间的接线不良，则会导致线路电阻过大。因此，由传感器所产生的电压会被消耗在线路中，于是ECM接收到的电压信号会比传感器所送出的小。这种输出信号的衰减，将可能造成一些小信号电压无法被ECM所判读。

虽然利用压电效应所制成的爆震传感器为目前汽车上所最普遍使用的压电式传感器，但是还有一种传感器也是应用压电原理来感测压力变化，但其作用却不太相同。这类传感器可使用在ECCS或电子仪表等系统里。

这种传感器的作用类似一可变电阻，如图9-65所示，当压电晶体上的作用压力改变时，传感器的电阻值也跟着改变：

①压力增加时，电阻亦增大。

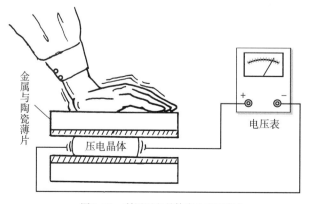

图9-65 利用压电晶体产生电阻变化

②压力降低时,电阻亦变小。

通过将限流电阻与压电传感器串联,便可形成一简单的分压电路,如图9-66所示。传感器电路包含3个部分:

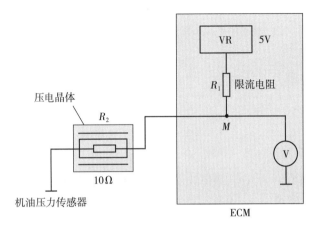

图9-66 压电式压力传感器(机油压力传感器)电路

(1)电子控制模块(ECM)包括稳压器(VR)、限流电阻、信号处理器(电压表)。信号处理器负责测取 M 点的电压值。此电压大小根据传感器所获取的压力(电压变化)而定。

(2)压电传感器。

(3)接口和电路。

当压电晶体的电阻改变时,ECM内的电压表通过取得 M 点的电压大小,来判断出传感器上的压力大小。当压电晶体电阻增加时,U_M 值亦增加;当压电晶体电阻减少时,U_M 值也降低。

ECM利用 M 点的电压(U_M)作为输入信号,以决定系统该做何种调整。此电路能产生一模拟电压信号,范围为0~5V。

任何不正常状况,如断路或短路,都会使线路无法根据传感器的压力变化来产生精确的电压:

(1)若线路的电阻超过规定值时,将影响 M 点处的压力值,导致ECM输入失效。

(2)若ECM与传感器搭铁之间出现断路,将使 M 点电压读数变成5V。

(3)若在ECM和传感器间出现搭铁短路,将造成 M 点电压值变为0V。

(4)当ECM与传感器搭铁间电阻太大时,将使 M 点电压高于正常值。

只要线路存在异常状况,电路所输入的信号便无法代表所感测到的压力状态。

图9-67所示为日本三菱汽车上的大气压力传感器,它负责把大气压力转换成电压信号送入ECM。由于大气压力会随纬度、大气状况(如湿度)而变化,所以在使用MAF形式的发动机中,常需另外提供ECM关于大气压力的信号,以便能够对空燃比和点火正时做适当的修正。

如图9-67b)所示,大气压力传感器为一种半导体扩散型压力传感器,它利用高浓度混合物（硼）扩散在半导体膜片表面，而形成一个应变计。当压力作用在膜片表面产生应变时，在压电效应下，应变计的电阻发生变化，再通过电桥电路，使输出电压信号能准确地代表实际的大气压力值，如图9-68所示。

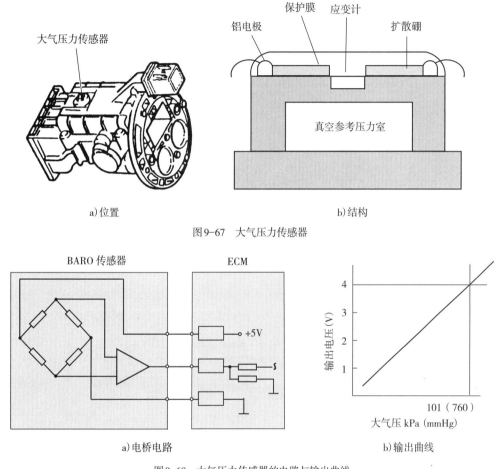

图9-67　大气压力传感器

图9-68　大气压力传感器的电路与输出曲线

9.2.5　氧传感器

汽车氧传感器是电喷发动机控制系统中关键的传感部件，是控制汽车尾气排放、降低汽车对环境污染、提高汽车发动机燃油燃烧质量的关键零件，如图9-69所示，当混合比小时，排气中的氧较多，使氧传感器输出电压低，ECM便因此调整喷油量让混合比维持在14.7：1的状况下。当混合比比先前大时，排气中的氧变少，使氧传感器传送到ECM的电压升高，ECM根据此变化持续进行喷油量的调整。

为了使车辆排放废气能够符合越来越严格的标准，发动机ECM对氧传感器的依赖程度便日趋提高。氧传感器按其材质可分成二氧化锆型和二氧化钛型。

传统的二氧化锆（ZrO_2）型氧传感器内部有一个由陶瓷材料 ZrO_2 所制成的套管，其表面上涂有一层薄薄的铂作为电极，如图9-70所示。通过传感器外壳裂缝，新鲜的空气可以流进套管内部,使其充满含氧气的新鲜空气(20%氧),而套管外侧则暴露在缺氧的排放废气中(1%~2%氧)。因此,在套管的内外表面之间便会形成化学反应:氧离子从浓的一侧流向稀的一侧,而产生出电压,其作用就像电池的两片材质相异的极板一样。当内、外部的含氧量不同,且氧传感器已达工作温度315℃(600°F)时,化学反应便开始了!输出电压值的高低是根据所获得的废气中氧气多少而定,当废气中的氧减少时,输出电压会增加。当废气中的氧增加时,输出电压会降低。图9-71为氧传感器波形。

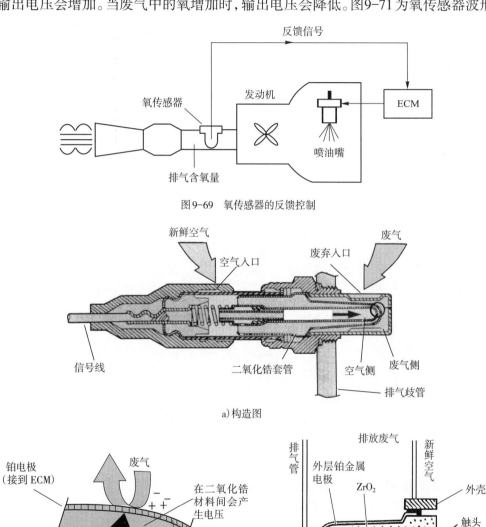

图9-69 氧传感器的反馈控制

图9-70 二氧化锆型氧传感器

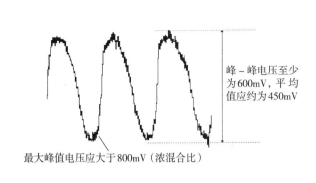
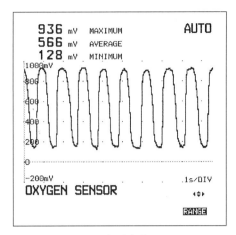

a) 基本波形的意义　　　　　　　　　　b) 实测波形

图9-71　氧传感器波形

氧传感器是一个特殊的传感器,它必须安装在排气所通过的地方,以便能将废气中的含氧量提供给ECM。如图9-72所示,氧传感器线路包括3个部分:

(1) 电子控制模块(ECM):即发动机ECM,主要有一能读取氧传感器所传来信号的电压表。

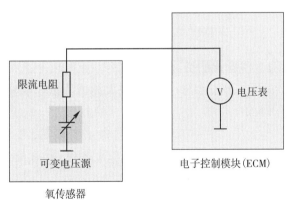

图9-72　氧传感器电路图

(2) 氧传感器:传感器内部有一个可变电压源,它会产生0~1V的模拟电压信号。另外,在传感器内还串联了一个限流电阻,当传感器与ECM之间发生搭铁短路时,它可以保护传感器免于受到大电流而烧毁。

(3) 接口与线路:目前二氧化锆型氧传感器接口有下列几种形式:

① 单线式:利用单一条导线将信号传回ECM,而以外壳做搭铁回路。

② 两线式:一条为信号线,另一条则为搭铁线。

③ 三线式:使用在加热型氧传感器上,其中两条同上述,而第三条线为来自继电器(或点火开关)的12V加热线。

④ 四线式:信号线与加热线各自完成搭铁回路,因此会有两条搭铁线。

在氧传感器线路中出现异常时,将会造成ECM的输入信号不准确,如果在ECM与氧传感器间有断路或搭铁短路的话,ECM的输入信号会变成零。若接线不良的话,将使线路的电阻增大,这会使得ECM所接收到的电压信号比氧传感器所发出的低。

氧传感器电路除了对线路电阻非常敏感外,也受车上其他的电子脉冲源干扰,例如:火花塞高压线、充电系统线路等。因此,传感器到控制模块间的线材必须采用包覆性良好的绝缘材料作保护。

近年来,在使用德国西门子发动机控制系统的车上(如:BMW M3 98′及3、5、7系列)出现以二氧化钛(TiO_2)取代ZrO_2材料的氧传感器。与传统二氧化锆型氧传感器不同的是:二氧化锆型氧传感器检测含氧量差异而产生电压输出;二氧化钛型氧传感器却是根据含氧量的变化而改变其内部电阻值,并将此改变传送到ECM。图9-73为二氧化钛型氧传感器。

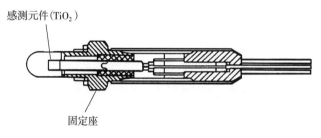

图9-73 二氧化钛型氧传感器

二氧化钛的电阻随着混合比的稀或薄而变动:

(1)当混合比为浓时,二氧化钛本身会因缺氧而成为低电阻状态,于是提供较高的电压信号(接近5V)给ECM。

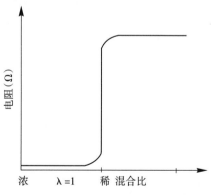

图9-74 二氧化钛型O_2传感器的电阻曲线

(2)当混合比变稀时,二氧化钛因吸收氧气而形成高电阻的氧化物,使送入ECM的电压信号降低(接近0V)。

从图9-74可以看出二氧化钛型氧传感器提供了非常优异信号转换性,在理想混合比($\lambda=1$)前后的电阻(电压)变化几乎是瞬间的。

通过加热电路,可使冷发动机起动后不久便可进入二氧化钛氧传感器的有效控制范围。构造简单、小型及制造成本低为该型氧传感器的优点,但其电阻的变化受排气温度影响极大,故需要加装温度补偿电路,其内有加热电路以确保温度的安定性。图9-75所示为二氧化钛型氧传感器电路。由于信号获取电路设计的不同,早期的二氧化钛型氧传感器曾出现高电平代表"稀",低电平代表"浓"的输出波形。但如今大部分的二氧化钛型氧传感器波形都与二氧化锆型氧传感器相似,可避免判读上的误解。

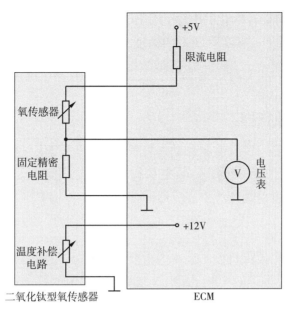

图9-75 二氧化钛型氧传感器电路

9.3 执行器

在汽车电控系统中，执行器是指按照ECM的指令通过改变位置或状态，使被控对象发生预期的变化的装置。常见的执行器有电磁阀、继电器、电动机等。有关电磁阀和继电器的工作原理及电动机的原理，在前面已经详细讲述了，这里就不再重复了。

9.3.1 线性电磁阀

线性电磁阀是一种由电磁铁控制的液压阀，根据电磁阀的工作特性可以将其分为通断型和连续型两类。

通断型电磁阀在电磁线圈通过的电流发生通断变化时，液压阀的通断状态将会改变，通断型电磁阀在汽车计算机控制系统中的应用非常广泛，如发动机控制系统中的喷油器和防抱死制动控制系统中的调压电磁阀等。

连续型电磁阀有脉宽调制式(PMW)和电压调制式两种控制方式。脉宽调制式电磁阀是通过改变电磁线圈中通电断电脉冲周期中通电时间所占的比例，对线圈的平均通电电流进行调节，使电磁阀的运动行程能够在一定的范围内进行连续变化，达到调节输出油液压力或流量的目的。电压调制式电磁阀是通过电压调节器对加在电磁线圈上的电压进行调节，使电磁阀线圈中通过的电流发生可控变化。在电磁线圈中的电流发生变化时，衔铁受到的电磁作用力随之发生变化，由衔铁带动的液压调节阀阀芯将发生相应位移，使压力调节间的输出压力随着加在电磁线圈上的电压变化能够在一定范围内连续变化。

9.3.2 回转电磁铁（转矩电动机）

回转电磁铁可以产生回转运动，转矩电磁铁有两个电磁线圈，两个电磁线圈交替通电时,转子所受到方向交替变化的电磁力作用,使转子能够在一定角度范围内进行回转运动。由于转子存在惯性,其实际转过的角度与加在两个线圈上的电压相对应,这种电磁铁既具有转矩大的特点,又具有响应速度快的特点,非常适合作为汽车计算机控制系统的执行器使用。

9.3.3 电磁真空执行器

电磁真空执行器是一种真空膜片动作装置,其驱动力是大气压力或发动机进气管的真空度。电磁铁的作用是控制阀门对真空执行器中膜片两侧的压力差进行调节,使膜片在两侧压差的作用下带动阀杆产生直线运动。

9.3.4 继电器

继电器是许多汽车计算机控制系统的重要组成部分,继电器是不进行直接操纵的开关,所以,继电器是非常适合于进行远程控制和以小电流的控制信号对大电流进行控制的装置。继电器实际上是一种铁芯固定的电磁铁,当线圈通电时,电磁作用力将衔铁吸向铁芯,通过杠杆将触点闭合;当线圈断电后,在杠杆弹力的作用下又将触点打开。有些继电器的触点是常闭的,当电磁线圈通电时才将触点打开。

9.3.5 电动机

像电磁铁一样,电动机也是利用电磁作用原理进行工作的,所不同的是:在电磁铁中,衔铁进行的是直线运动;而电动机中的电枢进行的是旋转运动。在汽车计算机控制系统中,直流电动机和步进电动机是使用最为普遍的执行器,功率为100~150W。

直流电动机具有调速特性良好、起动转矩较大、响应速度快等显著优点。直流电动机主要由定子、转子和换向器三部分组成。定子是直流电动机的磁场部分,如果磁场由绕在磁极上的线圈通电产生,称为励磁式直流电动机,如果磁场由永久磁铁产生,称为永磁式直流电动机。

步进电动机是一种将电脉冲信号转换成相应的角位移或线位移的执行器。它可以直接实现数字控制,并且不需要反馈就能对位置或速度进行控制,因此,在汽车计算机控制系统中被广泛地作为执行器使用。

理 论 测 试

一 填空题

1. 基本的电子控制模块(ECM)就是一个小型电脑,它包含7个主要部分,分别为稳压器、_____、输入存储器、_____、程序存储器、输出内存和_____。

2. CPU 有 3 个主要组成部分,分别为_____、_____和_____。

3. 占空比是指_____与_____之比,即,脉冲使元件作用(ON)的时间与周期的比值。

4. 在汽车上所使用的速度传感器大多是检测旋转运动时的_____,即指圆弧长与时间的变化率。

5. 电磁线圈式速度传感器利用磁力线经切割而产生_____的原理所制成,故常又称作磁阻式传感器。

二 选择题

1. 下列部件属于执行器的是____。
   (A)电磁阀　　　　　　　　(B)空气流量计
   (C)节气门开关　　　　　　(D)进气压力传感器

2. 混合气完全燃烧时空气与汽油的质量之比为____。
   (A)12.7∶1　　　　　　　　(B)13.7∶1
   (C)14.7∶1　　　　　　　　(D)16.7∶1

3. 从氧传感器的输出特性看出,当混合气浓时,氧传感器输出电压为____V。
   (A)0.8~0.9　　　　　　　　(B)0~0.4
   (C)0.1~0.2　　　　　　　　(D)0.5

4. 汽车计算机控制系统用于感测信号的部分属于____。
   (A)传感器　　　　　　　　(B)电控单元
   (C)执行器

5. 热膜式 MAF 属于____传感器。
   (A)速度传感器　　　　　　(B)温度传感器
   (C)流量传感器　　　　　　(D)压力传感器

三 判断题

1. 电阻值随着温度的升高而减小的温度传感器属于负温度系数型热敏电阻。(　　)

2. 压阻式传感器是利用压力变化时产生的作用力,使传感器内的电阻值改变,同时改变输出信号。(　　)

3. 热线式 MAF 分为全流式与分流式,主要不同点在于量取空气的全部或是一部分。通常,排气量小的发动机采用全流式,排气量大的发动机则采用分流式。(　　)

4. 步进电动机是一种将电脉冲信号转换成相应角位移或线位移的执行器。(　　)

5. 空气流量传感器(MAF)常安装于空气滤清器与节气门阀体之间的通道上,这样可使整个吸入汽缸的空气完全通过传感器。(　　)

四 简答题

1. 电控单元基本工作原理是什么？

2. 输入信号处理电路的作用是什么？

3. 输出信号处理电路的作用是什么？

4. 热敏电阻型温度传感器有何特点？

5. 说明氧传感器的工作原理。

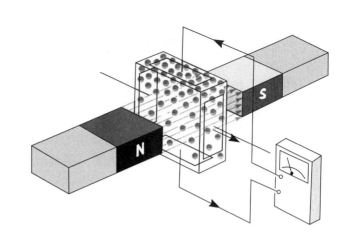

单元10

汽车电工常用仪器

知识目标:

1. 描述普通指针式万用表、数字式万用表和汽车万用表的结构原理,性能特点;
2. 掌握各种万用表的使用方法及使用时的注意事项。

能力目标:

1. 能熟练使用各种指针式万用表、数字式万用表,并掌握汽车万用表的特殊功能;
2. 能正确进行一般操作。

建议学时:

6学时

10.1 指针式万用表

指针式万用表的基本原理是利用一只灵敏的磁电式直流电流表(微安表)做表头。当微小电流通过表头,就会有电流指示。但表头不能通过大电流。所以,必须在表头上并联与串联一些电阻进行分流或降压,从而测出电路中的电流、电压和电阻。

图10-1所示是108-1型指针式万用表,在其表盘面上标注的字符意义为:

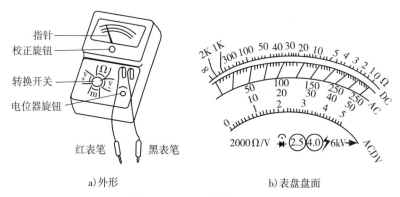

a) 外形　　　　　　　　　　b) 表盘盘面

图10-1　108-1型指针式万用表

(1) "2000Ω/V"表示测试电压为刻度盘上最大值时的仪表内电阻值。

(2) 磁铁和二极管的符号表示该仪表为电磁式测量机构,测试交流电压时采用二极管整流。

(3) "2.5"、"4.0"表示仪表的测量精度等级,表示测试直流电和交流电时的最大误差分别为满量程的2.5%和4%。

(4) "6kV"表示仪器的耐压试验电压值为6kV。

(5) "→"表示测试时仪表应水平放置。

10.1.1　指针式万用表的使用方法

一、使用前的准备工作

(1) 将万用表平放在桌面上,观察表针是否指在刻度线左端"0"位置,如果未指向该位置,进行下一步操作。

(2) 将表针调到刻度盘电压刻度线的"0"刻度处(或欧姆刻度线的"∞"刻度处)。

(3) 将红表笔插入"+"端插孔,将黑表笔插入"-"端插孔。

二、基本使用步骤

(1) 测量前先估测被测物的最大值选择合适的挡位。

(2) 如测量电阻,把万用表的两根表笔端接,旋转欧姆调零旋钮,使指针在所选挡位的"0"端。

（3）将两根表笔分别接触被测物的两端。（注：测直流电压时，红表笔接被测电压的高电位处，黑表笔接被测电压的地电位处，交流电压无正负之分，故红、黑表笔可随意接。测电阻时，电阻必须与其他元件断开。）

（4）观察表针指在何数值上，然后根据所选挡位确定读数。（注：电阻的数值由指针所指数值与挡位的乘积来确定。）

三、测量电流、电压和电阻

测量电流时，将万用表串联于被测电路中，其红色（+）表笔接电流输入端，黑色（−）表笔接电流输出端，注意不能接反，以防指针反转打坏。将转换开关转到"电流"挡，并选择测量量程。为避免万用表超负荷，可选稍大点的量程，但也不能使量程过大，一般应使测试值达到全量程的1/2~3/4，以减小测量误差。

测量电压时，把万用表并联于电路中，其转换开关置"电压"挡，并选择适当测量量程。注意若转换开关在电流测量挡，千万不能使万用表与电路并联，因为电流挡电阻小，错接会使测量电路超负荷而损坏仪表。

测量电阻之前，先把被测电源切断，将万用表接入电路。接通电源，短接两测试笔，转动电位器旋钮，将表针调零，然后操作表笔进行测量。

四、测量二极管

选用万用表欧姆挡（$R \times 1k\Omega$），将万用表的黑表笔接二极管正极，红表笔接二极管负极，可测得其正向电阻，如图10-2a）所示；反之，将黑表笔接二极管的负极，红表笔接二极管的正极，测得阻值为反向电阻，如图10-2b）所示。

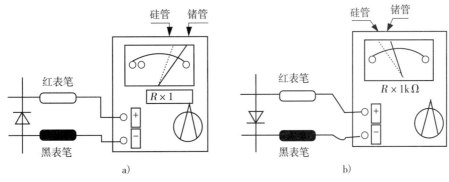

图10-2 二极管极性判别及性能测试方法

利用正、反两次测量电阻值的方法，并根据正向和反向电阻值大小，可判别二极管的性能好坏。一般情况下，正向阻值在几千欧以下，反向阻值应在$200k\Omega$以上；其正向阻值越小，且反向阻值越大，则表明二极管的单向导电性能较好。

以下几种情况表明二极管性能差或已损坏：

（1）若测得正向阻值太大，表明二极管失去单向导电作用。

（2）若测得反向阻值太小，也表明二极管失去单向导电作用。

(3)若测得正、反向阻值都为无穷大,表明二极管断路。

(4)若测得正、反向阻值均为零,表明二极管短路。

五、测量三极管

(1)万用表欧姆挡判别法。如图10-3所示,选用万用表欧姆挡的 $R \times 1k\Omega$ 挡。

首先判定基极方法:用万用表黑表笔碰触某一极,再用红表笔依次碰触另外两个电极,并测得两电极间阻值。若两次测得电阻均很小(为PN结正向电阻值),则黑表笔对应为基极且此管为NPN型;或者两次测得电阻均很大(为PN结反向电阻值),但交换表笔后再用黑笔去碰另两极,也测得两次,若两次阻值也很小,则原黑表笔对应为管子基极,且此管为PNP型。

其次,判别集电极和发射极。其基本原理是把三极管接成基本放大电路,利用测量管子的电流放大倍数值的 β 大小,来判定集电极和发射极。

下面以NPN管为例说明:如图10-3a)所示,基极确定后,不管基极,用万用表两支表笔分别接另两个电极,用 $100k\Omega$ 的电阻一端接基极,另一端接万用表黑表笔,若表针偏转角度较大,则黑表笔对应为集电极,红表笔对应为发射极。也可用手捏住基极与黑表笔(但不能使两者相碰),以人体电阻代替 $100k\Omega$ 电阻的作用(对于PNP型,手捏红表笔与基极)。

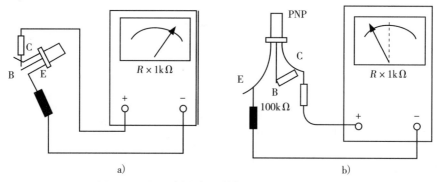

图10-3 用万用表判别三极管集电极和发射极的方法示意图

(2)硅管、锗管的判别。根据硅材料PN结正向电阻较锗材料大的特点,可用万用表欧姆挡的 $R \times 1k\Omega$ 挡测定,若测得PN结正向电阻值为 $3 \sim 10k\Omega$,则为硅材料管;若测得正向电阻值为 $50 \sim 1k\Omega$,则为锗材料管。或测量反向阻值约为 $500k\Omega$,则为硅材料管;测量反向阻值约为 $100k\Omega$,则为锗材料管。

(3)高频、低频管的判别。先用万用表欧姆挡的 $R \times 1k\Omega$ 挡,测量三极管的正向:PN结阻值,再转换到 $R \times 10k\Omega$ 挡测量,观察指针偏转角度增大情况,偏转角度较大的为高频管,偏转角度较小的为低频管。

(4)测量 I_{CEO} 和电流放大倍数 β 值。方法如图10-3所示,基极开路,用万用表欧姆挡的 $R \times 1k\Omega$ 挡测量,万用表黑表笔接NPN管的集电极C,红表笔接发射极E(PNP型管相反)。记录C、E间电阻值的大小。若测得电阻值大,则一般表明 I_{CEO} 小;若测得电阻值小,则表明 I_{CEO} 大。

用手指代替基极电阻,用上述方法测 C、E 间电阻值,并观察指针偏转情况。指针偏转角度越大,则表明值 β 越大。

如果万用表有 h_{FE} 挡用,也可用万用表 h_{FE} 挡测量 β 值,按表上规定的极性及管子型号插入三极管,即可直测得电流放大倍数 β 值。

(5) 三极管性能的简易测试。在上述测量 β 值大小的过程中,若万用表指针不偏转,则说明管子性能差或已损坏。和二极管检测方法相同,也可用万用表欧姆挡测三极管的极间电阻值,判别其性能好坏,具体方法如下所述。

如图10-4所示,以 NPN 型三极管为例,图中:"红""黑"分别表示万用表红、黑表笔;"大""小"分别表示三极管的极间电阻值。用万用表两表笔正、反两次分别测量 B、C、E 间电阻值,共有 6 种不同接法。正常情况下,发射结和集电结正向电阻阻值较小(相当于二极管正向电阻值),其他 4 种接法阻值均很大(相当于二极管反向电阻值),且硅管比锗管电阻值大。

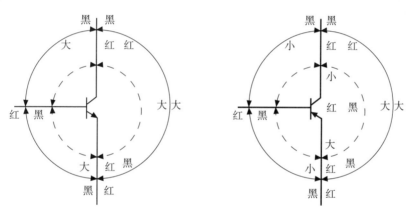

图10-4 三极管性能的简易测试方法示意图

若测量结果不符合上述情况,则说明三极管已损坏;若发射结或集电结正反向电阻值均很小,则表明管子内已短路;若正反向电阻值均很大,则表明管子内已开路;若测得集、射极间电阻小于几百千欧,则说明 I_{CEO} 较大,性能差。

10.1.2 使用指针式万用表的注意事项

万用表是比较精密的仪器,如果使用不当,不仅造成测量不准确且极易损坏。但是,只要掌握万用表的使用方法和注意事项,谨慎从事,那么就能经久耐用。使用万用表时应注意如下事项。

(1) 测量电流与电压不能选错挡位。如果误将电阻挡或电流挡去测电压,就极易烧坏电表。

(2) 测量直流电压和直流电流时,注意"+""−"极性,不要接错。如发现指针反转,应立即调换表笔,以免损坏指针及表头。

（3）如果不知道被测电压或电流的大小，应先用最高挡进行估测，再选用合适的挡位来测试，以免表针偏转过度而损坏表头。所选用的挡位越靠近被测元件的真实值，测量的数值就越准确。

（4）测量电阻时，不要用手触及元件裸体的两端（或两支表笔的金属部分），以免人体电阻与被测电阻并联，使测量结果不准确。

（5）测量电阻时，如将两支表笔短接，调"零欧姆"旋钮至最大，若指针仍然达不到0点，则这种现象通常是由于表内电池电压不足造成的，应换上新电池方能准确测量。

（6）万用表不用时，不要旋在电阻挡，因为内有电池，如不小心易使两根表笔相碰短路，不仅耗费电池，严重时甚至会损坏表头。最好将挡位旋至交流电压最高挡，以免损坏。

10.2 数字式万用表

以测电流来说明数字式万用表的工作原理：在测电流时，电流由表笔插孔进入数字式万用表，在内部经挡位选择开关（开关置于电流挡）后，电流送到 I/U 转换电路，转换电路将电流转换成直流电压再送到数字式电压表，最终在显示屏显示数字。被测电流越大，转换电路转换成的直流电压越高，显示屏显示的数字越大，指示出的电流数值越大。不管数字式万用表在测电流、电阻，还是测交流电压时，在内部都要转换成直流电压。

数字式万用表不仅可以测量电压、电流、电阻阻值、二极管、三极管等基本参数，有些功能齐全的还可以测量电容、电感、温度和频率等。

数字式万用表由挡位选择开关、功能转换电路和数字电压表组成。数字电压表只能测直流电压，由 A/D 转换电路、数据处理电路和显示器构成。它通过 A/D 转换电路将输入的直流电压转化成数字信号，再经过数据处理电路处理后送到显示器，将输入的直流电压的大小以数字的形式显示出来（图10-5）。

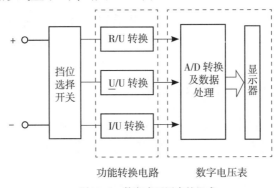

图10-5　数字式万用表的组成

在测量不同的量时，挡位选择开关要置于相应的挡位。挡位有直流电压挡、交流电压挡、交流电流挡、直流电流挡、温度测量挡、容量测量挡、频率测量挡、二极管测量挡、欧姆挡及三极管测量挡。

10.2.1 数字式万用表的使用方法（以 DT930G 数字式万用表为例，见图10-6）

一、使用前的准备工作

（1）使用前，应认真阅读其使用说明书，熟悉电源开关、量程开关、插孔、特殊插口等的作用。

（2）将电源开关置于 ON。

二、基本使用方法步骤

（1）测量前先估测被测物的大约数值，以选择合适的挡位。

（2）测试：

①交直流电压的测量：根据需要将量程开关拨至 DCV（直流）或 ACV（交流）合适量程，红表笔插入 V/Ω 孔，黑表笔插入 COM 孔，并将表笔与被测线路并联，读数即显示。

②交直流电流的测量：将量程开关拨至 DCA（直流）或 ACA（交流）的合适量程，红表笔插入 A 孔（<200mA 时）或 20A 孔（>200mA 时），黑表笔插入 COM 孔，并将万用表串联在被测电路中即可。测量直流量时，数字式万用表能自动显示极性。

③电阻的测量：将量程开关拨至 Ω 的合适量程，红表笔插入 V/Ω 孔，黑表笔插入 COM 孔。如果被测电阻值超出所选择量程的最大值，万用表将显示"1"，这时应选择更高的量程。测量电阻时，红表笔为正极，黑表笔为负极，这与指针式万用表正好相反。因此，测量三极管、电解电容器等有极性的元器件时，必须注意表笔的极性。

（3）读数显示屏上的数字为测量值。

使用后，拔出表笔，将选择开关旋至交流电压最大挡，并关闭电源。若长期不用，应将表内电池取出，以防电池电解液渗漏而腐蚀内部电路。

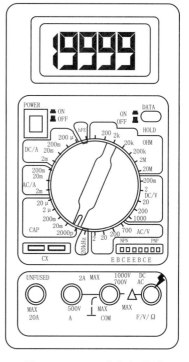

图10-6 DT930G 数字式万用表

10.2.2 使用数字式万用表的注意事项

（1）如果无法预先估计被测物电压或电流的大小，则应先拨至最大量程挡测量一次，再视情况逐渐把量程减小到合适位置。测量完毕，应将量程开关拨到最大电压挡，并关闭电源。

（2）满量程时，仪表仅在最高位显示数字"1"，其他位均消失，这时应选择更大的量程。

（3）测量电压时，应将数字式万用表与被测电路并联。测电流时应与被测电路串联，测直流量时不必考虑正、负极性。

（4）当误用交流电压挡去测量直流电压，或者误用直流电压挡去测量交流电压时，显示屏将显示"000",或低位上的数字出现跳动。

(5)禁止在测量高电压(220V以上)或大电流(0.5A以上)时换量程,以防止产生电弧,烧毁开关触点。

10.2.3 指针式万用表和数字式万用表的对比

指针式万用表靠指针的摆动,其状态稍有变化用眼睛便可看见,但是刻度较密集,容易看错;在使用电阻挡时,每次更换量程都需要重新"调零";当不注意表笔极性而造成表针反向摆动时,会损坏仪表;仅能测定较小的电流;不同万用表的测试范围不同;必须断开电路,方可测定电流。

数字式万用表能直接读出数值,不会造成人为读数误差;在电阻挡时,只需确认0Ω即可;可不考虑表笔的极性,若表笔接反时,显示为负值,不会损坏仪表;使用钳形电流表,不必断开接线,就可测量大电流。同时也有一些缺点,比如数值是跳动着的,虽然清楚被测的量在变化,但变化动向不清,需要一定时间使指示值稳定下来;在测量电阻、电压、电流前,都要重新确认参数的初始值,包括钳形表的对零。

10.3 汽车万用表

汽车万用表也是一种数字多用仪表,其外形和工作原理与数字式万用表几乎没有区别,只增加了几个汽车专用功能挡(如 DWELL 挡、TACHO 挡)。前面已介绍了数字式万用表,这里不再重复汽车万用表的工作原理,仅介绍汽车万用表的功能及其使用。

汽车万用表除具有数字式万用表功能外,还具有汽车专用项目测试功能:可测量交流电压、电流、直流电压、电流、电阻、频率、电容、占空比、温度、二极管、闭合角、转速;也有一些新颖功能,如自动断电,自动变换量程,模拟条图显示,峰值保持,读数保持(数据锁定),以及电池测试(低电压提示)等。为实现某些功能(例如测量温度、转速),汽车万用表还配有一套配套件,如热电偶适配器、热电偶探头、电感式拾取器以及 AC/DC 感应式电流夹钳(5~2000A 等)。

10.3.1 汽车万用表的功能要求

在发动机电控系统故障的检测与诊断中,除经常需要检测电压、电阻和电流等参数外,还需要检测转速、闭合角、频宽比(占空比)、频率、压力、时间、电容、电感、温度、半导体元件等。这些参数对于发动机电控系统的故障检测与诊断具有重要意义。但是这些参数用一般数字式万用表无法检测,需用专用仪表即汽车万用表。汽车万用表一般应具备下述功能:

(1)测量交流、直流电压。考虑到电压的允许变动范围及可能产生的过载,汽车万用表应能测量大于40V的电压值,但测量范围也不能过大,否则,读数的精度下降。

(2)测量电阻。汽车万用表应能测量1MΩ的电阻,测量范围大一些使用起来较方便。

(3)测量电流。汽车万用表应能测量大于10A的电流,测量范围再小则使用不方便。

(4)记忆最大值和最小值。该功能用于检查某电路的瞬间故障。

（5）模拟条显示。该功能用于观测连续变化的数据。

（6）测量脉冲波形的频宽比和闭合角。该功能用于检测喷油器、怠速稳定控制阀、EGR 电磁阀及点火系统等的工作状况。

（7）测量转速。

（8）输出脉冲信号。该功能有于检测无分电器点火系统的故障。

（9）测量传感器输出的电信号频率。

（10）测量二极管的性能。

（11）测量大电流。配置电流传感器（霍尔式电流传感器）后,可以测量大电流。

（12）测量温度。配置温度传感器后可以检测冷却液温度、尾气温度和进气温度等。目前国内生产的汽车万用表,如"胜利-98"、笛威 TVAY9206、TWAY9406A 和 EDA-230 等型号的汽车万用表,都具有上述功能。有些汽车万用表,除了具有上述基本功能外,还有一些扩展功能。例如,EDA-230 型汽车万用表在配用真空/压力转换器（附件）时可以测量压力和真空度,并且它还具有背光显示功能（使显示数据在光线较暗时也能被看清楚）。

10.3.2 汽车万用表的基本结构及使用方法

一、汽车万用表的基本结构

如图 10-7 所示,汽车万用表主要由数字及模拟量显示屏、功能按钮、测试项目选择开关、温度测量座孔,公用座孔（用于测量电压、电阻、频率、闭合角、频宽比和转速等）、搭铁座孔、电流测量座孔等构成。

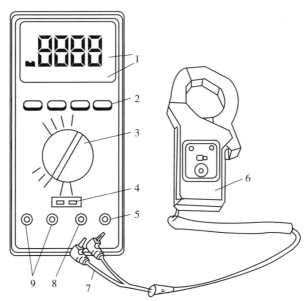

图 10-7 汽车万用表及电流传感器

1-数字及模拟量显示屏;2-功能按钮;3-测试项目选择开关;4-温度测量座孔;5-公用座孔;
6-霍尔式电流传感夹;7-霍尔式电流传感夹引线插头;8-搭铁座孔;9-电流测量座孔

二、汽车万用表的量程

直流电压：400mV~400V（精度 ±0.5%），1000（1±1%）V。
交流电压：400mV~400V（精度 ±1.2%），750（1±1.5%）V。
直流电流：400（1±1%）mA，20（1±2%）A。
交流电流：400（1±1%）mA，20（1±2.5%）A。
电阻：400（1±1%）Ω，4kΩ~4MΩ（精度 ±1%），400（1±2%）MΩ。
频率：4Hz~4kHz（1±0.05%）最小输入 10Hz。
二极管检测：精度 ±1% dgt。
音频：电路通、断音频信号测试。
温度检测：-18~300℃（精度 ±3℃），301~1100℃（精度 ±3%）。
转速：150~3999r/min（精度 ±0.3%），400~10000r/min（精度 ±0.6%）。
闭合角：±0.5%。
频宽比：±0.2%。

三、汽车万用表使用方法

❶ 信号频率测试

测试项目选择开关置于频率（Freq）挡，黑线（自汽车万用表搭铁座孔引出）搭铁，红线（自汽车万用表公用座孔引出）接被测信号线，显示屏即显示被测频率。

❷ 温度检测

测试项目选择开关置于温度（Temp）挡，按下功能按钮（℃/F），将黑线搭铁，探针线插头端插放汽车万用表温度测量座孔，探针端接触被测物体，显示屏即显示被测温度。

❸ 闭合角的检测

测试项目选择开关置于闭合角（Dwell）挡，黑线搭铁，红线接点火线圈负接线柱，发动机运转，显示屏即显示点火线圈初级电流增长的时间（即闭合角）。

❹ 频宽比测量

测试项目选择开关置于频宽比（Duty Cycle）挡，红线接电路信号，黑线搭铁，发动机运转，显示屏即显示脉冲信号的频宽比。

❺ 转速测量

测试项目选择开关置于转速（RPM）挡，转速测量专用插头插入搭铁座孔与公用座孔中，感应式转速传感器（汽车万用表附件）夹在某一缸高压点火线上，在发动机工作时，显示屏即显示发动机转速。

❻ 起动机起动电流测量

测试项目选择开关置于400mV挡（1mV相当于1A的电流，即用测量电流传感器电压的方法来测量起动机起动电流），把霍尔式电流传感器夹到蓄电池线上，其引线插头插入电流测量座孔，按下最小/最大功能按钮，然后拆下点火高压线，用起动机转动曲轴2~3s，显示屏即显示起动电流。

❼ 氧传感器测试

拆下氧传感器线束连接器,将测试项目选择开关置于"4V"挡,按下 DC 功能按钮,使显示屏显示"DC",再按下最小/最大功能按钮,将黑线搭铁,红线与氧传感器相连;然后以快怠速(2000r/min)运转发动机,使氧传感器工作温度达 360℃以上。此时,如混合气浓,氧传感器输出电压约为 0.8V;如混合气稀,氧传感器输出电压为 0.1~0.2V。当氧传感器工作温度低于 360℃时(发动机处于开环工作状态),氧传感器无电压输出。

❽ 喷油器喷油脉宽的测量

先将功能选择开关转至占空比(Duty Cycle)位置。测量出喷油器喷油的占空比后,再将功能选择开关置于频率(Freq)挡,测量出喷油器的工作频率,按照下列公式即可计算出喷油器喷油的脉冲宽度(即喷油时间):

$$喷油脉宽 = \frac{占空比(\%)}{工作频率(s)}$$

10.3.3 汽车万用表的使用注意事项

(1)在检测之前,应先检查汽车电控系统中的熔断器、线束连接器(插头)是否良好。可参照汽车维修手册说明的安装位置,检查各熔断器的状态。

(2)汽车蓄电池应保持充足的电量,电控系统的电源线应接触良好,因为当电控系统的电源电压低于 11V 时,会使检测结果误差增大甚至测试错误。

(3)汽车万用表的输入阻抗应大于 10MΩ/V。若使用低阻抗的万用表,轻者会使测试数据不准确,严重时还会使电控系统中的集成电路元件和传感器等损坏,因此使用前应认真阅读汽车万用表的说明书,对输入阻抗的数值进行核对。

(4)测量电子控制器各个端子的电压时,各个连接器(插头)与各个执行器、传感器之间应保持连接状态,只有这样才能检测出准确的电压数据。

(5)测量电子控制器各个端子的电阻时,不要直接用普通万用表的电阻挡测量,特别是要注意不要将较高电压引入电子控制器内部,以免损坏电子控制器内部的元件。

(6)测量电子控制器、传感器及执行器时,由于需要断开各控制线路的线束连接器(插头),因此应先拆下蓄电池负极搭铁线,不可带电断开有关电子控制器的外围电路,否则可能会损坏电子控制器。

尽管汽车万用表的种类较多,但是基本原理和操作方法非常相似,使用前,应认真阅读使用说明书。利用汽车万用表对汽车电控系统的电参数、元件性能、工作状况进行分析和测试,能够方便快捷地判断和排除电控系统故障。选择适当的附件后,还可以扩展其功能,使测量过程得心应手。

10.4 双踪通用示波器

示波器是电气电子维修技术人员常用的设备,也是汽车维修人员必不可少的工具。示波器除了具备显示波形的功能外,还具有测量功能。学会使用示波器是汽车维修技术人员必须掌握的一项技能。

目前普遍使用的示波器是双踪示波器,它可同时观察和测定两种不同电信号的瞬变过程,以便进行定性和定量的测量、对比、分析和研究。现以YB4320(YB4320A、YB4340、YB4360功能相似)示波器为例说明其性能及使用方法。

10.4.1 示波器使用特性

(1)频率范围:20MHz,双踪。

(2)灵敏度高:最高偏转因数1mV/div。

(3)显示屏幕大:6英寸大屏,便于清晰观测信号波形。

(4)标尺亮度:便于夜间观测。

(5)交替扩展:正常(1)和扩展(5)。

(6)INT:无须转换CH1、CH2选择开关即可得到稳定触发。

(7)TV同步:运用新的电视触发电路可以显示稳定的TV-H和TV-V信号。

(8)自动聚焦:测量过程中聚焦电平可自动校正。

(9)触发锁定:触发电路呈全自动同步状态,无须人工调节触发电平。

(10)工作环境温度:0~40℃。

10.4.2 示波器面板功能

图10-8所示为YB4320示波器的面板图。按功能可分为电源、垂直控制、水平控制和触发四个区域和三个输入端口。现以面板标号说明其功用。

一、电源部分

将电源线插入交流电源插座,该插座下端装有熔断丝。检查电压选择器上标明的额定电压,并使用相应的熔断丝。

电源开关1:将电源开头按键按下为"开",弹出为"关"。

电源指示灯2:电源接通时指示灯亮。

亮度旋钮3:顺时针旋转亮度增强,反之减弱。接通电源前将该旋钮逆时针旋转到底。

聚焦旋钮4:调节聚集旋钮可使显示的轨迹达到清晰。

光迹旋转旋钮5:用于调节光迹与水平刻度线平行。

刻度照明控制钮6:用于调节屏幕刻度亮度。用于夜间操作。

二、垂直偏转系统

1通道1输入端[CH1 INPUT (X)]:用于垂直方向信号的输入。在X-Y方式时输入端信号作为X轴信号。

2通道2输入端[CH1 INPUT(Y)]:同上。但在X-Y方式时输入端信号作为Y轴信号。

9、10交流-搭铁-直流耦合选择开关(AC-GND-DC):选择垂直放大器的耦合方式。

交流(AC):在此方式时,信号经过一个电容器输入,输入信号的直流部分被阻隔,显示交流分量。

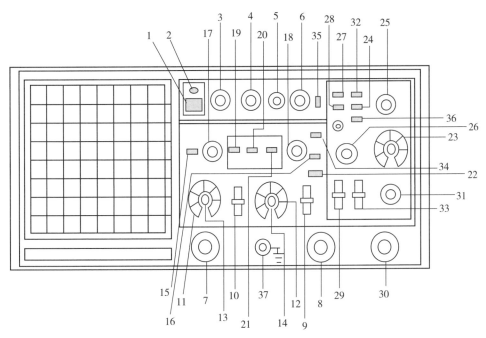

图10-8 YB4320示波器的面板图

1-电源开关按键;2-电源指示灯;3-亮度旋钮;4-聚焦控制旋钮;5-光迹旋转旋钮;6-刻度照明控制旋钮;7-通道1输入端;8-通道2输入端;9、10-交流-搭铁-直流耦合选择开关;11、12-衰减器转换开关;13、14-垂直微调旋钮;15、16-CH1×5扩展、CH2×5扩展;17、18-垂直移位旋钮;19-通道1选择按键;20-通道2选择按键;21-叠加按键;22-CH2极性按键;23-扫描时间因数选择开关;24-X-Y控制按键;25-扫描微调控制按键;26-水平移位旋钮;27-扩展控制按键;28-ALT扩展按键;29-触发源选择开关;30-外触发输入插孔;31-触发电平控制旋钮;32-触发极性按键;33-触发方式选择旋钮;34-通道1输出;35-校准信号;36-光迹分离控制键;37-搭铁柱

搭铁(GND):在此方式时,垂直轴放大器输入端搭铁。

直流(DC):在此方式时,输入信号直接送到垂直轴放大器输入端显示,信号中包含直流成分。

11、12 衰减器开关(VOLT/DIV):用于选择垂直偏转灵敏度的调节。如果使用的是10:1的探头,计算时屏幕上的读数要乘以10。

13、14 垂直微调旋钮(VARIBLE):用于连续改变电压偏转灵敏度。该钮在正常情况下应顺时针旋转到底。若将旋钮逆时针方向旋转到底,垂直方向的变化范围应大于2.5倍。

15、16 CH1×5扩展、CH2×5扩展(CH1×5MAG、CH2×5MAG):按下时垂直方向的信号扩展5倍,最高灵敏度变为1mV/div。

17、18 垂直位移(POSITION):调节CH1输入端和CH2输入端的信号在屏幕中的垂直位置。顺时针旋转波形上移,逆时针旋转波形下移。同时旋钮17当工作在X-Y方式时,该键用于Y方向和移位。

19 通道1选择(CH1):屏幕上仅显示CH1端的输入信号。

20 通道2选择(CH2):屏幕上仅显示CH2端的输入信号。

19、20 双踪选择(DUAL)：同时按下 CH1 和 CH2 按钮，屏幕上会出现双踪并自动以断续或交替方式同时显示 CH1 和 CH2 输入端的输入信号。

21 叠加(ADD)：显示 CH1 和 CH2 输入端输入电压的代数和。

22 CH2 极性开关(INVERT)：按下开关时 CH2 显示反相电压值。此位置功能与用于 CH1 的位置(18)是相关的。若按键(22)被按下，则输入 CH2 的信号是反相的。当比较不同极性的两个波形时，或者当 CH1 和 CH2 之间的信号有差别的波形要用 ADD 来测量时，用此按键很方便。

三、水平方向部分

23 扫描时间因数选择开关(TIME/DIV)：共 20 挡，能在 0.1 s/div~0.2s/div 范围选择扫描速率。

24 X-Y 控制：在 X-Y 工作方式时，垂直偏转信号接入 CH2 输入端，水平偏转信号接入 CH1 输入端。

25 扫描微调控制键(WARIBLE)：此旋钮顺时针旋转到底时处于校准位置，扫描由 Time/Div 开关指示。正常工作时，该旋钮位于校准位置。不在校准位置时，扫描因数连续变化，该旋钮沿逆时针方向旋转到底，扫描延迟低于 1/2.5。正常工作时，该旋钮应位于校准位置。

26 水平位移(POSITION)：用于调节轨迹在水平方向移动。顺时针旋转波形向右移动，逆时针旋转波形向左移动。

27 扩展控制(MAG×10)：按下时扫描因数扩展 10 倍。扫描时间是 TIME/DIV 开关指示数值的 1/10。

28 ALT 扩展按钮(ALT-MAG)：按下扫描因数 ×1、×5 同时显示。此时要把放大部分移到屏幕中心，按下 ALT-MAG 键。

同时使用垂直双踪方式和水平 ALT-AMG 可在屏幕上同时显示四条光迹。

四、触发部分

29 触发源选择开关(SOURCE)：内触发(INT)时，CH1 或 CH2 上的输入信号是触发信号；通道 2 触发(CH2)时，CH2 上的输入信号是触发信号；电源触发(LINE)时，电源频率成为触发信号；外触发(EXT)时触发输入上的触发信号是外部信号，用于特殊信号触发。

30 外触发输入插座(EXT INPUT)：用于外部触发信号的输入。

31 触发电平控制旋钮(TRIG LEVEL)：用于调节被测信号在某一电平触发同步。

32 触发极性按钮(SLOPE)：用于选择信号的上升沿和下降沿触发。

33 触发方式选择(TRIG MODE)：

自动(AUTO)：在自动扫描方式时扫描电路自动进行扫描。在没有信号输入或输入信号被触发同步时，屏幕仍然显示扫描线。

常态(NORM)：有触发信号才能扫描，否则屏幕上无扫描线显示。当输入信号的频率低于20Hz时,应该用常态触发方式。

TV-H:用于观察电视信号中行信号波形。

TV-V:用于观察电视信号中场信号波形。

注意:仅在触发信号为负同步信号时,TV-V 和 TV-H 同步。

Z 轴输入连接器(后面板)(Z AXIS INPUT):Z 轴输入端。加入正信号时,辉度降低;加入负信号时,辉度增加。常态下的 $5V_{p-p}$ 的信号就能产生明显的调辉。

34 通道1输出(CH1 OUT):通道1信号输出连接器,可以用于频率计数器输入信号。

35 标准信号(CAL):此时电压幅度为 $0.5V_{p-p}$,频率为1kHz 的方波信号。

36 光迹分离控制键。

37 搭铁柱:搭铁端。

10.4.3　物理量的测量及步骤

一、步骤

(1)将亮度和聚焦设定到能够最佳显示的合适位置。

(2)最大可能地显示波形,减小测量误差。

(3)如果使用了探头,检查电容校正信号的信号。

二、基本物理量的测量

(1)直流电压测量。设定 AC-GND-DC 开关至 GND,将零电平定位到屏幕上的最佳位置。将 Volts/Div 设定到合适的位置,然后将 AC-GND-DC 开关拨到 DC,直流信号将会产生偏移,DC 电压可通过刻度的总数乘以 Volts/Div 值的偏移后得到。

(2)交流电压测量。与测量直流电压一样,将零电平设定到屏幕任一方便的位置。如果探头有衰减,实际值应乘以衰减率。如果幅度 AC 信号被重叠在一个高直流电压上,AC 部分可通过 AC-GND-DC 开关设置到 AC。这将隔开信号的直流部分,仅耦合交流部分。

(3)频率和时间测量。将波形调整到方便观察的位置,观察波形一个周期的水平格数,再乘以 s/div 旋钮的指示值,即为周期。其倒数为频率。

时间差、上升(下降)沿、合成波形的同步、两个通道波形、电视同步信号的测量请参阅相关说明书。

10.4.4　主要技术指标

YB4320 示波器的技术指标见表10-1~ 表10-3。

垂 直 系 统　　　　　　　　　表10-1

项　目	技术指标
CH1 和 CH2 的灵敏度	5mV/div~5V/div,按1-2-5步进,共10挡(量程)(1mV/div~1V/div)
精度	×1:±5%、×5:±10%(室温)
可微调的垂直灵敏度	大于所标明的灵敏度值的2.5倍

续上表

项 目	技术指标
频带宽度5mV/div	DC：DC~20MHz −3dB　AC：10Hz~7MHz −3dB
扩展频带宽度5mV/div	DC：DC~7MHz −3dB　AC：10Hz~7MHz −3dB
上冲	≤5%
上升时间	≤17.5ns
输入阻抗	1M±2%，25pF±3pF 经探极1M±5 约17pF
最大输入电压	400V（DC+AC 峰值）
输入耦合系统	AC−GND−DC
工作系统	CH1：仅通道1工作；CH2：仅通道2工作；ADD：CH2和CH2的总和；双踪：同时显示通道1和通道2
转换	仅通道2的信号可转换

水平系统　　　　　　　　　　　　　　　　　表10−2

项 目	技术指标
扫描方式	×1、×5；×1、×5交替
扫描时间因数	0.1μs~0.2μs/div±5% 按1−2−5步进，共20挡
扫描扩展	20ns/div~40ms/div
交替扩展扫描	至多四踪
光迹分挡微调	≤1.5div

触发系统　　　　　　　　　　　　　　　　　表10−3

项 目		技术指标		
触发方式		自动，正常，TV−V，TV−H		
触发信号源		INT，CH2，电源，外		
极性		+，−		
耦合系统		AC 耦合		
TV 同步		内	1div	
		外	1V$_{p-p}$	
灵敏度		频率	内	外
	常态	10Hz~20MHz	2div	0.3V
	自动	20Hz~20MHz	2div	0.3V

理 论 测 试

一 填空题

1. 指针万用表上的直流电压用_____表示，交流电流用_____表示。

2. 用交流电压挡测直流电压时，表指针读数_____，用直流电压挡测交流电压时，表指针读数_____。

3. 指针万用表测直流电压时，将红表笔插入2500V专用插孔中，指针读数在2.5V的刻度线上为1.25V,实际电压应为_____V。

4. 测量直流电压时,红表笔应接被测电路的_____,黑表笔接被测电路的_____。

5. 测电阻时,指针表黑表笔为内部电池的_____,数字表黑表笔为内部电池的_____。

6. 电阻挡调零时,应先_____,然后再_____。

7. 如果不知道被测参数的大概数值时,应将量程放在_____位置,然后再_____,直到合适为止。

8. 测量电压时,应将万用表_____在电路两端,测量电流时,应将电流表_____在电路中。

9. 汽车万用表测量闭合角时,应将功能选择开关转向_____,在发动机_____时测量闭合角。

10. 测量发动机转速时,应将功能选择开关转向_____,再将_____夹在_____,发动机_____时,即可测得转速。

11. 测喷油脉宽时,应该先测出_____,然后再将测出_____,然后按公式_____计算即可得出喷油脉宽。

二 简答题

1. 数字式万用表和指针式万用表相比有何优点?

2. 为什么汽车电脑和传感器不能用普通指针式万用表测量?

3. 为什么指针式万用表测电阻时,每换一次量程必须重新调零?

4. 汽车万用表的脉冲信号发生器有何作用?

5. 怎样用汽车万用表检查判断氧传感器的好坏?

参 考 文 献

[1] 高义军.现代汽车电子技术[M].北京: 人民交通出版社, 2005.
[2] 任成尧.汽车电工与电子基础[M].北京: 人民交通出版社, 2005.
[3] 黄进添, 黄荣得.电子学[M].台北: 全华图书股份有限公司, 2007.

人民交通出版社汽车类中职教材部分书目

书 号	书 名	作 者	定 价	出版时间	课 件
一、全国交通运输职业教育教学指导委员会规划教材　教育部中等职业教育汽车专业技能课教材					
978-7-114-12216-3	汽车文化	李青、刘新江	38.00	2017.03	有
978-7-114-12517-1	汽车定期维护	陆松波	39.00	2017.03	有
978-7-114-12170-8	汽车机械基础	何向东	37.00	2017.03	有
978-7-114-12648-2	汽车电工电子基础	陈文均	36.00	2017.03	有
978-7-114-12241-5	汽车发动机机械维修	杨建良	25.00	2017.03	有
978-7-114-12383-2	汽车传动系统维修	曾丹	22.00	2017.03	有
978-7-114-12369-6	汽车悬架、转向与制动系统维修	郭碧宝	31.00	2017.03	有
978-7-114-12371-9	汽车发动机电器与控制系统检修	姚秀驰	33.00	2017.03	有
978-7-114-12314-6	汽车车身电气设备检修	占百春	22.00	2017.03	有
978-7-114-12467-9	汽车发动机及底盘常见故障的诊断与排除	杨永先	25.00	2017.03	有
978-7-114-12428-0	汽车自动变速器维修	王健	23.00	2017.03	有
978-7-114-12225-5	汽车网络控制系统检修	毛叔平	29.00	2017.03	有
978-7-114-12193-7	新能源汽车结构与检修	陈社会	38.00	2017.03	有
978-7-114-12209-5	汽车检测与诊断技术	蒋红梅、吴国强	26.00	2017.03	有
978-7-114-12565-2	汽车检测设备的使用与维护	刘宣传、梁钢	27.00	2017.03	有
978-7-114-12374-0	汽车维修接待实务	王彦峰	30.00	2017.06	有
978-7-114-12392-4	汽车保险与理赔	荆叶平	32.00	2017.06	有
978-7-114-12177-7	汽车维修基础	杨承明	26.00	2017.03	有
978-7-114-12538-6	汽车商务礼仪	赵颖	32.00	2017.06	有
978-7-114-12442-6	汽车销售流程	李雪婷	30.00	2017.06	有
978-7-114-12488-4	汽车配件基础知识	杨二杰	20.00	2017.03	有
978-7-114-12546-1	汽车配件管理	吕琪	33.00	2017.03	有
978-7-114-12539-3	客户关系管理	喻媛	30.00	2017.06	有
978-7-114-12446-4	汽车电子商务	李晶	30.00	2017.03	有
978-7-114-13054-0	汽车使用与维护	李春生	28.00	2017.04	有
978-7-114-12382-5	机械识图	林治平	24.00	2017.03	有
978-7-114-12804-2	汽车车身电气系统拆装	张炜	35.00	2017.03	有
978-7-114-12190-6	汽车材料	陈虹	29.00	2017.03	有
978-7-114-12466-2	汽车钣金工艺	林育彬	37.00	2017.03	有
978-7-114-12286-6	汽车车身与附属设备	胡建富、马涛	22.00	2017.03	有
978-7-114-12315-3	汽车美容	赵俊山	20.00	2017.03	有
978-7-114-12144-9	汽车构造	齐忠志	39.00	2017.03	有
978-7-114-12262-0	汽车涂装基础	易建红	30.00	2017.04	有
978-7-114-13290-2	汽车美容与装潢经营	邵伟军	28.00	2017.04	有
二、中等职业教育国家规划教材					
978-7-114-12992-6	机械基础（少学时）（第二版）	刘新江、袁亮	34.00	2016.06	有
978-7-114-12872-1	汽车电控发动机构造与维修（第三版）	王囤	32.00	2016.06	有
978-7-114-12902-5	汽车发动机构造与维修（第三版）	张嫣、苏畅	35.00	2016.05	有
978-7-114-12812-7	汽车底盘构造与维修（第三版）	王家青、孟华霞、陆志琴	39.00	2016.04	有
978-7-114-12903-2	汽车电气设备构造与维修（第三版）	周建平	43.00	2016.05	有
978-7-114-12820-2	汽车自动变速器构造与维修（第三版）	周志伟、韩彦明、顾雯斌	29.00	2016.04	有
978-7-114-12845-5	汽车使用性能与检测（第三版）	杨益明、郭彬	25.00	2016.04	有
978-7-114-12684-0	汽车材料（第三版）	周燕	31.00	2016.01	有
三、教育部职业教育与成人教育司推荐教材（技能型紧缺人才培养培训教材）					
978-7-114-11700-8	汽车文化（第二版）	屠卫星	35.00	2016.05	有
978-7-114-12394-8	汽车认识实训（第二版）	宋麓明	12.00	2015.10	有
978-7-114-11544-8	汽车机械基础（第二版）	凤勇	39.00	2016.05	有
978-7-114-12395-5	钳工实训（第二版）	石德勇	15.00	2016.05	有

书 号	书 名	作 者	定 价	出版时间	课 件
978-7-114-13199-8	汽车电工与电子基础（第二版）	任成尧	25.00	2016.09	有
978-7-114-08546-8	汽车电工电子基础（新编版）	张成利、张智	29.00	2016.04	有
978-7-114-08594-9	汽车发动机构造与维修（新编版）	王会、刘朝红	33.00	2016.05	有
978-7-114-09157-5	汽车发动机构造与维修习题集	邵伟军、李玉明	18.00	2016.05	
978-7-114-08560-4	汽车底盘构造与维修（新编版）	丛树林、张彬	27.00	2016.06	有
978-7-114-09160-5	汽车底盘构造与维修习题集	陈敬渊、刘常俊	25.00	2015.07	
978-7-114-08606-9	汽车电气设备构造与维修（新编版）	高元伟、吕学前	25.00	2016.06	有
978-7-114-09156-8	汽车电气设备构造与维修习题集	杜春盛、席梦轩	18.00	2015.07	
978-7-114-12242-2	汽车典型电路分析与检测	宋波舰	45.00	2015.08	有
978-7-114-11808-1	汽车典型电控系统构造与维修（第二版）	解福泉	38.00	2015.02	
978-7-114-12450-1	汽车车身电气及附属电气设备检修（第二版）	韩飒	36.00	2015.10	有
978-7-114-08603-8	汽车故障诊断技术（新编版）	戈国鹏、赵龙	22.00	2016.01	有
978-7-114-11750-3	汽车安全驾驶技术（第二版）	范立	39.00	2016.05	有
978-7-114-08749-3	汽车实用英语（新编版）	赵金明、林振江	18.00	2015.02	有
978-7-114-12871-4	汽车车身修复技术（第二版）	黄平	26.00	2015.06	
四、职业院校汽车运用与维修专业实训教材					
978-7-114-08057-9	▲汽车发动机常见维修项目实训教材	中国汽车维修行业协会	29.00	2016.06	有
978-7-114-08030-2	▲汽车底盘常见维修项目实训教材	中国汽车维修行业协会	39.00	2015.12	
978-7-114-08058-6	▲汽车电器常见维修项目实训教材（黑白版）	中国汽车维修行业协会	18.00	2016.06	有
978-7-114-08224-5	汽车维修常用工量具使用（黑白版）	中国汽车维修行业协会	16.00	2016.06	有
978-7-114-08464-5	汽车维修常用工量具使用（彩色版）	中国汽车维修行业协会	30.00	2016.07	有
978-7-114-09023-3	▲汽车钣金常见维修项目实训教材	中国汽车维修行业协会	38.00	2016.05	
978-7-114-13422-7	▲汽车喷漆常见维修项目实训教材（第二版）	中国汽车维修行业协会	40.00	2016.12	
五、国家示范性中等职业学校重点建设专业教材					
978-7-114-13953-6	▲汽车发动机维修实训教材（第二版）	朱军、汪胜国、黄元杰	34.00	2017.07	
978-7-114-14020-4	▲汽车发动机电控系统故障诊断实训教材（第二版）	汪胜国、李东江、陈建惠	33.00	2017.07	
978-7-114-13597-2	▲汽车维护实训教材（第二版）	朱军、汪胜国、王瑞君	34.00	2017.04	有
978-7-114-13508-8	汽车维修基础技能实训教材（第二版）	朱军、汪胜国、陆志琴	32.00	2016.12	有
978-7-114-13854-6	▲汽车底盘和车身电器检测实训教材（第二版）	汪胜国、李东江	19.00	2017.06	
978-7-114-11101-3	汽车电器维修理实一体化教材	王成波、忻状存	32.00	2016.06	
978-7-114-11417-5	汽车底盘维修理实一体化教材	郑军强	43.00	2014.08	
978-7-114-11510-3	汽车自动变速维修理实一体化教材	杨婷	22.00	2014.09	
978-7-114-11420-5	汽车空调系统维修理实一体化教材	方作棋	20.00	2016.05	
978-7-114-11421-2	汽车发动机性能检测理实一体化教材	颜世凯	30.00	2014.09	
978-7-114-12530-0	汽车钣金理实一体化教材	林育彬	30.00	2015.11	有
978-7-114-12525-6	汽车喷漆理实一体化教材	葛建峰、叶诚昕	30.00	2015.11	有
六、中等职业学校汽车运用与维修专业新课程教学用书					
978-7-114-10793-1	▲汽车发动机构造与拆装工作页（第二版）	武华、武剑飞	32.00	2016.06	
978-7-114-10771-9	▲汽车底盘构造与拆装工作页（第二版）	武华、何才	26.00	2016.06	
978-7-114-10719-1	汽车自动变速器维修工作页（第二版）	巫兴宏、齐忠志	21.00	2016.06	
978-7-114-10768-9	汽车发动机电器维修工作页（第二版）	林文工、李琦	24.00	2016.07	
978-7-114-10837-2	汽车发动机控制系统检测与维修工作页（第二版）	陈高路、蔡北勤	40.00	2015.08	
978-7-114-10776-4	汽车传动系统维修工作页（第二版）	邱志华、张发	24.00	2016.06	
978-7-114-10777-1	汽车制动系统维修工作页（第二版）	庞柳军、曾晖泽	24.00	2016.05	
978-7-114-10739-9	汽车空调系统维修工作页（第二版）	林志伟	28.00	2015.11	
978-7-114-10794-8	汽车悬架与转向系统维修工作页（第二版）	刘付金文、徐正国	24.00	2016.05	
978-7-114-10700-9	汽车车身电器维修工作页（第二版）	蔡北勤	24.00	2016.07	
978-7-114-10699-6	汽车发动机机械维修工作页（第二版）	刘建平、段群	25.00	2016.06	

▲为中等职业教育改革创新示范教材
咨询电话：010-85285962；010-85285977. 咨询QQ：616507284；99735898